日本国憲法の二〇〇日

半藤一利

角川新書

目次

プロローグ 「三月十日」の章

平凡な〝少国民〟として

その夜、いつものように父の大音声がわたくしを目覚めさせた。

「坊ッ、起きろ、空襲警報だ」

すっかり大胆になって警戒警報の長いサイレンでは起きようともしなかったが、空襲警報ではそうはいかない。学生服で寝ていたから、起きるとすぐズボンの上からゲートルを巻き、綿入れの袖《そで》なし半纏《はんてん》を着る、戦闘帽の上に鉄帽をかぶり、そして、いま思うとなぜか理解がつかないのであるが、夜の空襲のときにはゴムの長靴をはくのを常としていた。

当時、わたくしは満十四歳と十カ月、母と幼い弟妹は母の生家の茨城県下妻《しもつま》在の農村に疎開し、父とお手伝いさんとわたくしの三人だけの戦時下の東京での毎日を過ごしていた。東京都立第七中学校（現墨田川《すみだがわ》高校）の二年生である。といっても、昭和十九年十月下旬からすでに授業は一時間もなく、勤労動員令でかり出され、向島《むこうじま》の北十間川《きたじっけんがわ》ぞいにあった軍需工場・大日本兵器工場で、零戦《ゼロせん》用の二〇ミリ機関銃の弾丸の検査に従事していた。それまでだってほとんど勉強らしい勉強はしていない。連日のように「歩調とれッ、頭《かしら》ア右ッ」の軍事教練、剣道・柔道・銃剣道の稽古《けいこ》と試合、モールス信号や手旗信号の実地訓練、毎週水曜日には全校あげての金町《かなまち》・向島間のマラソン大会、戦士たるべき心身の鍛練をもっぱらしていたのである。

工場へ通うようになってからすぐに、マリアナ諸島から発進した四発の爆撃機B29少数機の日本本土偵察が開始された。十回余の十分な写真偵察ののち、十一月二十四日から大編隊による本格的な空襲がはじまった。晴れた飛行日和《びより》の冬の空を西から東へと、小さく銀色にかがやく編隊が、平行した白い雲の糸をうしろに長くひきながら、真っすぐに横切って飛んでいく。奇妙なほどの美しさに見とれるわが頭上に、超高空から精密な照準で爆弾が投下される。わが工場にも何発も命中した。迎撃《げいげき》する日本の戦闘機がすがるようにB29の尾部に体当たりし、黒煙を噴かせる殊勲《しゅくん》をあげたが、みずからは空中爆発して真っ逆さまに墜落していくのを、その眼に捉《とら》え悲痛な声をあげる、そんな体験をしばしばしていたのである。

その工場で、二年上の第七高女（現小松川《こまつがわ》高校）のUさんとままごとのような恋をしたのが、甘い記憶として残っている。華やかさなんかこれっぽっちもなく、一刻の逢瀬《おうせ》を見つける、そんなせっぱつまった感じである。空襲の激化で、明日はどうなるかわからない。工場が爆弾の直撃をうけたとき（二十年一月十七日に）などは、われを忘れて彼女の無事をたしかめにすっ飛んでいった。昼休みなど人目につかない工場内の一隅で日向ぼっこをしながら語り合った。何を話したのか、いや容貌《ようぼう》すら覚えていない。それを同じ勤労動員の物理学校（現東京理科大学）のおっさんみたいな学生に見つけられたのである。

「この厳しい戦局下にあって何事かッ。歯を食いしばれ」

しこたま往復ビンタを張られる。弁解は無用である。いらい札付きの〝非国民〟となり、なにかと鉄拳《てつけん》制裁を食うことになる。新聞に、荒鷲《あらわし》の爆撃写真があり、特号活字で「全弾命中」とあった。大きな中国大陸に上から落とせば命中するのは当たり前じゃないか、と呟《つぶや》いたばかりに、このときは何人かに袋叩《ふくろだた》きにされたりした。

当時「湖畔の宿」という流行歌がしきりに歌われていた。この歌の替え歌を歌っているのをだれかに告げられたときは、ほんとうに半殺しの目にあった。

きのう召されたタコ八が

弾丸《たま》に当たって名誉の戦死
タコの遺骨はいつ還《かえ》る
骨がないから還れない
タコの親たちゃ悲しかろ

いま思っても、よく出来た歌と思う。悲しみがいっぱいにある。別して反戦少年であったわけではない。そのへんにざらにいる少国民であったと思う。ただ眼を血走らせ狂気を剝《む》き出しにしている大人には辟易《へきえき》していたことだけは確かなのであるが。

三月十日の夜

こんな回想を書いていてはきりがない。三月十日夜の話に戻る――。

その夜の東京の上空は晴れ、一〇～二〇メートルの北風が紙屑《かみくず》を飛ばして吹き荒れていた。このため電波警戒器はほとんど正常に作動せず、東京防衛の第十飛行師団はうかつにもこの夜に限って、B29の大編隊の接近をしらなかった。B29は単機または数機編隊で、一万メートルの高度で房総《ぼうそう》海岸まで接近すると、波打ち際で爆音をとめ空中滑走により高度を二、三〇〇〇メートルに下げ、月光に冷たく光る東京湾から侵入し爆撃行に移る。先導の中隊が湾ぞいの深川《ふかがわ》一帯に〝準備火災《アプライアンス・ファイア》〟を発生させた後から、主力が四〇〇メートルおきに続行し、M69焼夷弾《しょういだん》を投下する作戦である。目標は隅田川《すみだがわ》と荒川《あらかわ》放水路と中川によって囲まれている広大な低地帯、それは人口のもっとも密集している東京の下町である。零時八分、第一弾が投ぜられ、七分後、空襲警報が発せられた。

深川地区に充分すぎる焼夷弾の投下後、B29群は目標地帯の最北にあたる荒川放水路ぞいの向島地区への攻撃を開始する。わたくしは当時その向島区吾嬬《あづま》町西八丁目に住んでいた。防空壕《ごう》の上から見上げるB29は怪物そのものである。巨大な機体が炎に赤く染まって、機首の機関銃が突き出ている。大きく広げた両翼は油でどす黒く汚れている。かえって獰猛《どうもう》な〝空の要塞《ようさい》〟の頑丈さを誇っているかのようである。わが家の真上を過ぎた、と思った瞬間、いわゆる「モロトフのパン籠《かご》」が頭上で炸裂《さくれつ》した。と見る間に、裏の油脂工場がどっと柱のごとき炎を噴き上げた。

「これは駄目だ。いかん。いいか、手ぶらで逃げるんだぞ」

という父の声をはっきりと耳にした。が、勇敢なる少国民は近所の仲間と一緒にバケツや鳶口《とびぐち》を手に消火に挺身《ていしん》した。それで逃げ遅れた。風上の荒川放水路の土堤のほうへ行こうにも、火がよんだ風はいっそう強くなり、火と煙とが束になり火流となって、渦巻きながら地面を走っている。真っ暗であるが火の手がすこしも見えない南のほうへ、同じ脱出の人の群れと一緒になっていくことに決める。その南の、ずっとさきのほうは視野いっぱいに、炎が何本もの円筒になって奔騰《ほんとう》している。しかも、ほぼ同数ぐらいそちらのほうから北上してくる避難民がいる。それらが、駄目だ、駄目だ、そっちは焼け死ににいくようなものだ、と互いに声をかけ合う始末なのである。右往左往しながら、逃げ道を自分で選択しなければならない。近所の仲間ともはぐれて、たったひとりで逃げているわたくしは、自分の判断で西の大きな隅田川を避けて、東のずっと幅の狭い中川への道をとることにした。

「おーい、そこへ行く中学生よ、背中に火がついているよ」

と声をかけられたのは、中居堀《なかいぼり》と呼ばれていた四つ角を左へ曲がってすぐのことであった。火の粉がとりついて、綿入れ半纏がぶすぶす燃え出している。あわてて脱いだとき、肩から斜めにかけていたズックの学用鞄《かばん》を落っことしてしまう。鞄の中には、とったりとられたりでやっと集めた命より大切な「宝物」の大相撲の全幕内力士のメンコ、それとUさんからの手紙の何通かが秘められていた。が、それを拾って肩にかける気がなぜか起きなかったので見捨てた。後のことになるが、それで命を拾うことになる。

中川の河岸に辿《たど》りつくと、平井橋畔《ひらいばし》のちいさな広場はすでに避難の老若男女で埋まっている。とにかく人が大勢いることは力強いことで、助かったとホッと息をつく思いをしたが、それはとんでもない間違いであった。追ってくる猛火の凄絶《せいぜつ》さは、火と風とが重なり合ってちょっとした広場なんかないにひとしいのである。ついに迫ってきた火の柱から噴き出される火の粉が喊声《かんせい》を上げるようにして人びとにとりつく。逃げ場を失って地に身を伏せる人間は、瞬時にして、乾燥しきったイモ俵に火がつくように燃え上がる。髪の毛は火のついたかんな屑のようでもあった。背後を焼かれ押されて人びとがぼろぼろと川に落ちていく。広場も川も生き死にをわける修羅《しゅら》場《ば》と化して、人間そのものが凶器になっている。

見るに見かねたのであろう、火焔《かえん》の危険をものともせず、何隻もの船が対岸より救いに漕《こ》ぎ出してきた。平井橋の上よりそれを認め、橋桁《はしげた》を伝わって川面《かわも》近くまで下り、その船の一隻にわたくしはうまく乗り込むことができた。船はそこで何人かの人を救い、その人びととともに、さらに川中で浮いたり沈んだりしている人びとの救助に向かった。「駄目だ、荷物を捨てろ」「しっかりこの手を見ろ」といった大声が川面にとび交った。わたくしも手助けをして何人かの人を船に引き上げた。船がもうこれ以上人を乗せては危険というほどになったとき、わたくしは大きな荷物を背負った女の人に、出した掌《て》ではなく肩のあたりをつかまれて、船縁《ふなべり》にかけた手がかえって梃《てこ》となり、もんどり打って川に落ちてしまった。

川のなかは上から見ていては想像もできないほど溺《おぼ》れそうな人びとでいっぱいであった。手をつかまれ背中に抱きつかれ、水中で身体がころころと旋回する。水面に浮かぶどころか、水面がどっちなのか見当もつかなくなる。ガブと水を飲んだ。いつの間にか鉄帽の紐《ひも》が解けて脱げ落ちている。また水を飲む。手足を無茶苦茶に振り回してすがりつく人を振り払う。鞄を肩にかけていたら、それをつかまれ自由はきかなかったであろう。そしてまた水を飲む。俺は死ぬぞ、という意識が、白くなりはじめた頭のなかに浮いた。そのとき、水でいっぱいになった長靴が両方ともするりと脱げてくれたのである。ゆらゆらと水底に沈んでいく長靴がいまも脳裡《のうり》に残っている。足が急に軽くなった。意識朦朧《もうろう》となり、半ば溺死《できし》の状態でわたくしは、水を、いやあるいは人を蹴飛《けと》ばしつつ、水面と思える方向へと懸命に浮かび上がろうとした。

突然、襟首をつかまれて強く引かれた。つづいて四本の太い腕がわたくしを軽々と船に引き上げてくれた。ゲエゲエと川面に水を吐いた。びしょ濡《ぬ》れには北風がこたえて、歯がガチガチと鳴っていたが、俺は助かったんだと無性に嬉《うれ》しく思ったことを覚えている。

家に、いや、家のあったところに戻ったのは、もう太陽も高くなった朝の九時ごろではなかったかと思う。びしょ濡れの洋服を乾かさないことには寒くて寒くてたまらなかったし、それに靴下だけでは焼け跡を歩くことはできない。洋服を乾かす火は周囲に山ほどあった。靴は川に飛び込もうと人が脱いだのが何足もあった。すべてそれを利用した。いま回想すれば、まわりには炭化して真っ黒になった焼死体がいくつも転がっていたのである。その人たちは船に乗る前にたしかに目にした、あのかんな屑のように燃え上がった人たちであったのであろう。しかし、過去に多くの死体を見てきたためか、感覚は鈍磨していた。家は綺麗《きれい》に焼けている。あまり帰りが遅いので焼け死んだかと思っていたらしい父が、どこからともなく姿を現わして、何もいわずにニコニコとしたのが嬉しかったことも覚えている。

「自分の体験」を書く

そしてその焼け跡で、俺はこれからは「絶対」という言葉を使うまい、とただひとつのことを思った。絶対に正義は勝つ。絶対に日本は正しい。絶対に日本は負けない。絶対にわが家は焼けない。絶対に焼夷弾は消せる。絶対に俺は人を殺さない。絶対に……と、どのくらいまわりに絶対があり、その絶対を信じていたことか。それが虚《むな》しい、自分勝手な信念であることかを、このあっけらかんとした焼け跡が思いしらせてくれた。俺が死なないですんだのも偶然なら、生きていることだって偶然にすぎないではないか。中学生の浅知恵であろうかもしれない。でも、いらい、わたくしは「絶対」という言葉を口にも筆にもしたことはない。

この夜の空襲で、記録によれば、向島区の死傷者は八千人以上というが、一家全滅もあり、正確な数は知りようもない。九割が焼け十五万区民のうち十二万が被災したという。学童疎開で子供たちが幾分でも難が避けられたのは不幸中の幸いであったが、疎開から帰った千百六十九人の子供は迎える人もない孤児となった。のちに、都の戦災孤児寮に入った三百四十五人のほとんどが、下町の子供たちであった。

そして戦争は戦後一年経っても向島では終わらなかったようである。川や土のなかから思いもかけないとき死骸《しがい》が姿を現わした。昭和二十一年秋、北十間川で、焼けた船の残骸を薪《まき》にでもするつもりで、ある男が竿《さお》で突いたら、下から土左衛門がぽかんと浮いてきた。

「姿かたちをとどめないその臭い死体のなかに、お前様、うなぎの野郎がいくつもいくつも首突っこんで、腐肉喰《く》らっていたっていうで……」

と、語るおばあさんに出会ったことがある。その臭い死体にわたくしがならなかった保証はどこにもない、あのときもし……とわたくしは嫌でも溺れかけた自分を思い出さないわけにはいかなかった。

わたくしはこれまで昭和史や太平洋戦争を主題とする本を何冊も書いてきた。当然のことに、ほんとうに多くの将兵や無辜《むこ》の人びとの無残な死についても書かなければならなかった。しかし、わたくしの戦争体験については、今日までくわしくは書いたことがない。しかし、これから書こうとしているわたくし自身が生きてきた戦後の物語の必要条件として、きちんと一度は自分の体験したことを書いておかなければいけないのではないか、と強く思いはじめたのである。なぜなら、八月十五日を迎えたときの十五歳の少年といっても、戦争とか世の中とか当時の大人たちとかについての認識、判断力、心に受けた傷痕《きずあと》は、その置かれた場所によってさまざまであるからである。階層や、空襲体験の有無、身内を襲った不幸の有無などで、天地ほどの差が出てくる。極論すれば、戦時下あるいは戦後の日本について語り合ったりする場合、年齢が一歳違っただけで異邦人と話しているような感に襲われたりする。今日になると、ときには何と鈍感で無風で安易な戦時下や戦後を過ごしたものか、とびっくりするような同じ年ごろの老人たちが多くいるのに気づかせられる。そして彼らの発言はひとしく勇ましい。

さらには、戦争体験のまったくない戦後生まれの知識人たちの脳天気なことよ。

機銃掃射の標的に

いや、要《い》らざる談義であったか。蛇足《だそく》かもしれない戦争体験記をつづける。と、こうして三月十日の大空襲に生き延びたわたくしは、母たちが疎開している茨城県の騰波《とば》ノ江《え》村（現下妻市）へ赴き、家族は久し振りで一緒になる。すぐに下妻中学の三年生に転入するが、そこも日立製作所傘下の学校工場となっており、旋盤を操作し、軍需品のネジを製作する仕事を与えられる。勉強どころではなく、昼勤・夜勤の二交代制で怠けることなく働いたが、どんづまりになっている戦局であり、わたくしたちの製作したネジが国の役に立ったとはとても思えない。それよりも忘れられないのは、敵戦闘機の乱舞である。筑波山麓《つくばさんろく》のこの付近には飛行場が多く点在し、それを目標として連日のように敵戦闘機が襲来した。反撃すべき日本の戦闘機の影すらもなかったから、敵はわがもの顔に何でもいい動くものへの、無差別の機銃掃射をしかけてくるのである。

「そんなに機銃掃射の弾が当たるもんじゃない。ただし、急降下の飛行機がまん丸く見えたら最大に危険と思え。右か左に逃げろ。それ以外のときは真っすぐに走れば大丈夫だ」

と配属将校に秘伝を授けられたが、いざとなればそれを思い出す余裕などはない。中学校の校舎も近くの下妻駅も銃撃され肝を冷やした。そして、ただの一度であったが、逃げ場のない小貝川《こかいがわ》の堤で、急降下のP51の機体がまさしくまん丸く見え、左右に逃げるどころかその場にへたりこんでしまったことがある。右横三〇センチほどのところに、バリバリバリと燃えた鉄片が厚い空気をぶっ裂くように突き刺さった。パッパッと三〇センチほどの土煙が上がる。この一二・七ミリの連続音には血が凍《こご》った。敵のパイロットは面白半分に狙ったのであろうが、獲物となったほうにはただ恐怖をともなった憎悪だけが残されたのである。

ときにこう説く人がいる。戦後日本がアメリカの占領政策に大きな反発もなく、あっさりと受け入れていったのは、映画やジャズなどでつねづね親しみを抱いていたからではないか。

奇妙なほど多くの日本人はアメリカやアメリカ人に憎悪をもつことはなかった、と。しかし、中学三年生の対アメリカ観は、そんな単純なものではなかった。親しみなんかは毛頭なく、あるのは嫌悪に近い憎しみの感情ではなかったかといまにして思う。それにしても、十五歳の少年にして少年にあらず、ろくな勉強もしなかったから頭は空のくせに、どうやって大人の社会と身をすり合わせて生きていくか、相当に大人びた知恵とすれた感覚を身につけていたと思うほかはない。

ある日、油まみれの旋盤工として帰宅したわたくしに、父はまことに利己的なことをいった。

「戦局がここまでくれば、本土決戦は不可避で、九十九里《くじゅうくり》への連合軍の敵前上陸は目に見えている。一億玉砕《ぎょくさい》は覚悟の上、とはいえ、戦争の目鼻がつく前に先んじて死ぬことはない。ここにいるよりもわが郷里の新潟県にいこう。あそこならまだ当分は安全だろう」

七月中旬、家族六人は工面して汽車の切符を手にいれ、茨城県をあとにする。また転校かいなといささかうんざりするところもあったが、下妻中学で疎開者として散々に殴られたし、空襲や機銃掃射は沢山という厭戦《えんせん》気分のほうが強かった。こうして、新潟県長岡《ながおか》市在の、戸数百戸ほどの寒村が、新しい仮住居となった。

そして、その日が訪れた。

一　昭和二十年八月（1）「涙滂沱」の章

「堪へ難キヲ堪へ……」

その日、日本本土のほとんどの都市は、鉄屑《てつくず》と瓦礫《がれき》の堆積《たいせき》した荒涼たる焦土であった。そこがそうなるまでにどのような猛火と黒煙と火の粉の乱舞があったことか、人びとの記憶から消えている。悪夢ゆえに忘れたのではなく、華麗にしてあまりに悲惨なことを人は記憶にとどめようとはしないようである。あるいはきちんと記憶することが億劫《おっくう》なほどに、人びとは戦争に疲れ切っていた、といったほうがいいか。わたくしも生命をなくそうとした恐怖をできるだけ忘れ去ろうとしていた。

記録によれば、その日は東北地方と北海道のほかは、雲ひとつない晴天が広がっていたという。気温はどこも三十度を超えている。名古屋《なごや》は三十六度五分、京都は三十六度三分。そして東京は三十二度三分を示している。どこまでも拡がる焦土に、真っ青な空から太陽がぎらぎらと、もういっぺん焦《こ》がし尽くすかのように照りつけた[1]。

昭和二十（一九四五）年八月十五日、その瓦礫の町々にラジオが最後の戦闘情報を流した。十一時五十九分をまわっている。

「……目下、千葉、茨城の上空に敵機を認めず」

つづいて正午の時報がコツ、コツと刻みはじめた。

「天皇陛下におかせられましては、全国民にたいし、畏《かしこ》くもおんみずから大詔を宣《のたま》わらせ給《たま》うことになりました。これより謹みて玉音《ぎよくおん》をお送り申します」

君が代が流れる。それは日本民族が夢みた途方もなく大きな何ものかが崩壊するときかもしれない。そして代わりに、一億の日本国民がいま偉大なる葬儀に列するのである。昭和天皇が喪主といえるであろう。その天皇の肉声が、あらんかぎりの努力が払われて、本土はもとより、アジア全域の日本人に送りとどけられる。

「……今後帝国ノ受クベキ苦難ハ固《もと》ヨリ尋常ニアラズ　爾臣民《なんじしんみん》ノ衷情《ちゆうじよう》モ朕《ちん》善ク之《これ》ヲ知ル　然《しか》レドモ朕ハ時運ノ趨《おもむ》ク所　堪ヘ難キヲ堪ヘ忍ビ難キヲ忍ビ　以《もつ》テ万世ノ為《ため》ニ太平ヲ開カムト欲ス……」

皇居内の地下防空壕の御座所にあって、天皇は自身のラジオの声に聴き入った。侍立《じりつ》する侍従には後ろ姿のゆえにさだかではなかったが、天皇も涙を流していると感じられた。ポケットからハンカチを探しているふうであったが、もどかしく机上の白手袋をもって頬のあたりを拭《ぬぐ》った様子に、侍従はたまらなくなり声を出して泣いた(2)。

「ごはさん」になった大日本帝国

日本人の一人ひとりが、朝からの灼熱《しゃくねつ》の太陽と、沁《し》みいるような蟬《せみ》の声とともに、汗まみれで聞いた天皇放送を覚えている。共通しているのは、録音の具合の不都合のためか、電波気流の悪かったためか、明確には聞きとれなかったということである。なかにはこのために、最後の一兵まで頑張れの叱咤《しった》激励の言葉として受けとったと力説する人もいる。記憶はさまざまであるけれども、放送はこのあと、和田信賢《わだのぶかた》アナウンサーの詔書再朗読がなされ(これは明瞭《めいりよう》に聞こえた)、さらに内閣告諭の朗読や解説もあって、連合国より発せられているポツダム宣言を受諾して、日本帝国が降伏したことはあまりにも明らかになった。

この放送を、わたくしは勤労動員先の新潟県長岡市の津上《つがみ》製作所の工場内で聞いた。三月十日の東京大空襲で焼け出され、やむなく父の郷里である長岡在の寒村に疎開し、ひきつづき勤労動員で働いていたからである。中学三年生、十五歳になっている。

重大放送があると知らされて、機械はその直前にいっせいに止められて、工員も中学生もラジオの拡声器の前に集まった。工場内は妙にシーンと静かになったのに、昭和天皇の言葉はほとんど聞きとれなかった。けれども、堪え難きを堪え忍び難きを忍びと、意味はきわめて明瞭である。天皇の一種異様な、抑揚のついた朗読が奇妙なくらいおかしく聞こえ、内心に珍無類《ちんむるい》な連想がわき起こり、降伏とわかったのに思わずクスリとなったことを覚えている。

それは東京・下町の算盤塾《そろばんじゅく》での、先生の数字の読みあげなのである。願いましては五十六銭なり八十八銭なあり……という、しかも初等クラスでのゆっくり抑揚をつけた調子が、ありありと耳底に蘇《よみがえ》ったのである。御破算で願いましては……。そうなんだと思った。

「とうとうわが大日本帝国もごはさんになったんだな」と。

いま思うと不謹慎ながら、それが天皇放送を聞いた直後の最初の感想であった。あの酸鼻をきわめた空襲をくぐりぬけた少国民として、相当にスレていたのかもしれない。

そのくせ、まわりで大人たちがあるいは号泣し、あるいは咽《むせ》び泣いているのを眺めながら、少し時間が経過すると、俄然《がぜん》、悲愴《ひそう》感というか絶望感というか、情けない気分に落ち込んでいたのであるから世話はない。与太公《よたこう》的な同級生に誘われて、工場隅の防空壕にもぐりこんで、禁じられていた煙草《たばこ》を生まれてはじめてふかした。祖国が敗れたからには、やがてアメリカ軍やソ連軍がやってきて、女たちは凌辱《りょうじょく》され、男たちは皆奴隷となる。お前たちは南の島かシベリアかハワイへ連れていかれ重労働させられる、と前々から大人たちに教えられていた。人生の楽事は早いとこ知っておかなくちゃ、というはなはだ捨てっぱちの気持になっていたのである。ただし、そのとき吸った煙草の味については記憶がない。

さまざまな人の、さまざまな思い

戦後日本の原点ともなった八月十五日のことを、いろいろな人がさまざまに語る。まわりの大人という大人がこの日は目を真っ赤にしていたことはまざまざと記憶にある。が、昭和四十五（一九七〇）年にNHK教養部浦田彰氏が「四十代」の人に行なった意識調査では、その日、

1　くやし泣きをした　三二パーセント
2　虚脱感でぼんやりしていた　三九パーセント
3　ホッとした　二八パーセント

であったという。この人たちは敗戦時は十六、七歳から二十四、五歳ということになろう。けれども、わたくしの実感からすれば「ホッとした」は多すぎるというほかはない。たしか

にこれで死ななくていいという安堵《あんど》感はあった。それは数時間後あるいは数日後の感想ではなかったか。二十五年もたてば、歴史の記憶というものは奇妙なほど一色に染めあげられる。あるいは無意識のうちにいつの間にか空中楼閣を描いてしまっているのではないか。

大岡昇平《おおおかしょうへい》の名作『俘虜記《ふりょき》』に収められた「八月十日」を引いてもよかろうか。

「私はひとりになった。静かに涙が溢《あふ》れて来た。反応が遅く、いつも人よりあとで泣くのが私の癖である。私は蠟燭《ろうそく》を吹き消し、暗闇に坐って、涙が自然に頰に伝うに任せた。／では祖国は敗《ま》けてしまったのだ。偉大であった明治の先人達の仕事を、三代目が台無しにしてしまったのである。（中略）我々は何事につけ、小さく小さくなるであろう。偉大、豪壮、崇高等の形容詞は我々とは縁がなくなるであろう。／私は人生の道の半ばで祖国の敗亡に遇《あ》わなければならない身の不幸をしみじみと感じた」

捕虜収容所で、大岡一等兵がいち早く戦争終結を知ったときの想いである。それから五日後、祖国はまさしく無条件降伏をしたのである。

作家の加賀乙彦《かがおとひこ》氏も小説『帰らざる夏』で、十六歳の陸軍幼年学校生徒の主人公に託して、その日の衝撃をこう描いている。

「戦争に勝つという至上命令があった。勝つためにはすべてを犠牲にし、死ねと教えられてきた。死はぎりぎりのところ勝利という深刻な確実なしかし極小の一点で正当化された。死シテ護国ノ鬼トナル、名誉ノ戦死、金鵄《きんし》勲章、英霊、殉国、玉砕、国ノ為ナラ命ヲモ捧ゲテ何ノ悔ガアル、ドウセ死ヌナラ潔ク桜ト散ッテ君ノ為、草ムスカバネ悔ユルナシ、人ハ死シテ名ヲノコス、進ミテ死ヌルハ身ノ誉《ほま》レ。それが今すべて軽い羽毛のように飛び散っておわったのである。神国は大八洲《おおやしま》は大日本帝国は敗れたのである。至高の神の御告げなのである。どうして悲しまずにいられよう。が、泣くことは出来ない。泣く力さえない。まさしく号泣の波に全的に身を浸しながら省治は立ち尽していた」

長すぎる引用となったが、恐らくは名古屋幼年学校生徒であったときの体験と感慨とをそのままに写したものであろう。

ここに描かれている精神のかたちはよくわかる。まさに祖国を愛する日本人の大部分はそのように考えていたゆえに、現人神《あらひとがみ》の直接の言葉に衝撃を受けたのである。この立ち尽くすほかのない脱落感は、戦士でない普通の若者たちが共通して抱いた想いであったであろう。当時二十三歳の大学生の山田風太郎《やまだふうたろう》は『戦中派不戦日記』にそうした自分を描いている。

「明るい。くらくらするほど夏の太陽は白く燃えている。負けたのか！　信じられない。この静かな夏の日の日本が、今の瞬間から、恥辱に満ちた敗戦国となったとは！／四人はひとことも話さなかった。寮に帰って昼食のテーブルについたが、全然食欲がなかった。一口も物をのみこむことが出来ず、僕は箸《はし》を捨てた。二階に上ると、暑い灼《や》けたたたみの上に寝そべった」

　そして山田は書く。「眼が涸《か》れはてて、涙も出なかった」と。

　この日、戦陣に死し職域に殉じたあまりにも多くの死者に、心から詫《わ》びた人もいる。作家大佛次郎《おさらぎじろう》（四十七歳）は書いている。

「君たちは還《かえ》らぬ。私の知っている君たちの他にも、無限に地平に続く影の行進がある。その一人一人の父親がおり、妹や弟がいる。御大詔の発せられた日の午後、靖国神社の前で若い男女の学徒が一人ではなく人目も顧みず泣きむせび、立ちすくんでいるのを見たと友達が来て話してくれた時、言葉もなく私も涙を呑んだことであった」（八月二十一日記）

　多くの歌人は突き上げてくる慟哭《どうこく》を歌いあげている。

　声あげてよよと泣きをる童《わらん》べをまさめにみつつ泣かまほしけれ　前田夕暮《まえだゆうぐれ》
　湧きあがる悲しみに身をうち浸しすがりむさぼるその悲しみに　窪田空穂《くぼたうつぼ》
　絶間なく涙流れて拾ひたる今日の薪《たきぎ》を背負はむとする　山下陸奥《やましたむつ》

　俳人もまた、大いなる涙を流している。

秋蟬も泣き蓑虫《みのむし》と泣くのみぞ　高濱虚子《たかはまきよし》
いくたびか哭《な》きて炎天さめゆけり　山口誓子《やまぐちせいし》
烈日の光と涙降りそゝぐ　中村草田男《なかむらくさたお》
泣くときは泣くべし萩が咲けば秋　山口青邨《せいそん》

流された涙の意味

その日、いたるところで流された涙の意味をひとつにくくることはできない。政治指導者も軍人も、官僚も実業家もひたすら泣いた。詩人や作家も涙で頬を濡らした。教師も学生も商人も農民も職人も泣いていた。幸いに多くの人びとが日記になまなましくその日の思いを残している。いまになっては理解の枠《わく》を越えるその日の日本人の精神構造が、切実な皮膚感覚をともなって、その骨格を示してくれている。さらにおびただしい引用となるが、許してもらう。

天皇の側近である木戸《きど》幸一《こういち》内大臣（五十六歳）は「正午、陛下御自ら詔書を御放送被遊《あそばさる》。感慨無量、只《ただ》涙あるのみ」と簡潔に記している。また高松宮《たかまつのみや》殿下の秘書役細川護貞《ほそかわもりさだ》（三十三歳）も同様に「正午、聖上《せいじょう》御躬《おんみずか》らマイクの前に立たせ給い、勅語《ちょくご》を給う。文字通り一億泣く」と、自分のことでないようにあっさりと書いている。

こうして国家の運命と自分の運命とを同体と考える上《うえ》つ方《かた》は、流す涙の説明はいっさいない。が、庶民はいささか違っている。当時五十六歳の作家内田百閒《うちだひやっけん》は正直に書く。

「天皇陛下のお声は録音であったが、戦争終結の詔書なり。熱涙滂沱《ぼうだ》として止まず。どう云う涙かと云う事を、自分で考える事が出来ない」

作家広津和郎《ひろつかずお》（五十三歳）も意味もなく泣いたことを記す。

「ラジオは戦争中修繕ができていないので、音が低く聞き取りにくかった。／しかし私は涙が滂沱と下って止めようがなかった」

実業家小林一三《こばやしいちぞう》（七十二歳）は「正午、君が代の奏楽につづいて陛下の御放送を謹聴し奉《たてまつ》り、涙ぼうだとして禁じ得ず。暫《しば》らく茫然《ぼうぜん》として静坐するのみ」と記したのち、こんな感想を洩《も》らしている。

「聖旨を奉じて国運を将来に開拓するこそ一億国民の義務であり祈願するところである」

政治学者矢部貞治《やべていじ》の涙の意味ははっきりしている。四十二歳。

「……異例な御親《おんみずか》らの詔勅御放送に首を垂れ、悲痛の涙滂沱たるを止得なかった。／口惜しい極みではあるが、ポツダム宣言を受諾し、ここに無条件降伏となる。我々の忍苦《にんく》は此の日から始まる。どのような運命が待っているのかは判らぬが、興国の先駆者として志士仁人として生きたい」

こうして無念の思いを抱きつつも、祖国の明日を考えている人もあれば、激情の迸《ほとばし》るままに身を任せている人もいる。六十三歳の歌人斎藤茂吉《さいとうもきち》は屈辱に歯がみしていたようである。

「正午、天皇陛下ノ聖勅御放送、ハジメニ一億玉砕ノ決心ヲ心ニ据ヱ、羽織ヲ著《き》テ拝聴シ奉リタルニ、大東亜戦争終結ノ御聖勅デアツタ。噫《ああ》、シカレドモ吾等臣民ハ七生奉公トシテコノ怨《うら》ミ、コノ辱《はずか》シメヲ挽回セムコトヲ誓イタテマツツタノデアツタ」

そして詠んだ茂吉の歌は、「聖断はくだりたまひてかしこくも畏《かしこ》くもあるか涙しながる」である。

悲憤のあまりに自死を決意した人もいる。それも自分ひとりではない。家族もろともに国家敗亡に殉じようという悲壮な決意なのである。作家海野十三《うんのじゅうざ》がその人。当時四十七歳。

「……いっさい決まる。恐懼《きょうく》の至りなり。ただ無念。しかし私は負けたつもりはない。三千年来磨いてきた日本人は負けたりするものではない。／今夜一同死ぬつもりなりしが、忙しくてすっかり疲れ、家族一同ゆっくり顔見合わすいとまなし。よって、明日は最後の団欒《だんらん》してから、夜に入りて死のうと思いたり」

その海野が殉死を思いとどまるのは、十七日になってからである。なお死の決意を変えない妻を生きよと諭《さと》し、みずからは「大義」に生きようと思い定める。「さとすはつらし。死にまさる苦と辱を受けよというにあるなればなり。妻泣く。そして元気を失う。正視にたえざるも、仕方なし」という日記の文字はいま読んでも悲しさに満ちている。

こうして拾っていくと、その日の慟哭歔欷《どうこくきょき》の意味の複雑であることがわかる。その人その人によって、絶望、残念さ、情けなさ、悔恨、惨めさ、幻滅、焦燥、腹立たしさ、将来への不安と恐怖、何ものへかわからぬ憤怒《ふんぬ》、そうしたさまざまな思いが根底に渦巻いていたのであろう。正確にいえば、いろいろな想いが複雑に錯綜《さくそう》し、理性と妄想と感傷と無念さとが入りくみもつれ合い、居ても立ってもいられず、さりとてどうしようもならぬ。思い詰めた気持の行き場を失ったような虚脱感、それゆえにだれもが泣くほかはなく、そして涙がとまったあとは、茫然《ぼうぜん》自失という状態にあったのである。

富永次郎《とみながじろう》（三十六歳）は午後の東京の様子を描いている。

「何となく街が無音の状態に見える。通行人が路上をフワフワと宙に浮くように歩き、道ばたが白日に白くかわいているのも、白昼夢を見ているような図である。電車がのろのろ走る」

いま考えると、涙の底から生まれ出ているのは陶酔というか、受難という意識ではなかったかと思う。涙を流しつつ互いにそれを確かめあった。そして強い精神は押し流された。それが八月十五日という日ではなかったか。それゆえにまた、この残酷非情な戦争の責任を問うといった精神的厳しさとは無縁であったと思うほかはない。

そして、時間が経過するにつれて、戦争が終わったということ、死なずにすんだということと、生き残れたということがまさしく実感され、人の心はみるみる落ち着きをとり戻す。夕刻が近づき点々と、灯がともりはじめる。ローソクの火であってもよかった。もうその明かりが爆撃の目標にならないのである。長く苦闘に満ちた暗い時代のなかで、日本人がひとしく待ちのぞんでいたのは、つまりその赤い暖かい光であった。(3)

わたくしの八月十五日

もう一度、わたくしの八月十五日に戻る。と、煙草を吸ったあと何をして時間をつぶしたのか、その記憶はない。工場の機械は全部止まったから、作業を続行したはずはない。本数の少ない汽車通学であったので、まだ陽の高いうちにちょうど間に合う汽車で帰ることを許されたようにうっすら記憶している。そして帰途の信越《しんえつ》線の超満員の列車のなかでの印象、すなわち客がみんな無表情、無感情、無口で、まさに生きながら死んだものは、こんな具合でなければならない典型のような貌《かお》をしていたこともはっきりしている。

そんななかで、わが友が突然のように、「連合艦隊はどんげになっとるのかのォ」というのに、目を血走らせた髭《ひげ》の男が吼《ほ》えるように、「そんげなもん、みな沈んでるこて」とブスッとした声でいった。わが友が調子に乗っていう。

「天ちゃんはどうなるろかねぇ」

その言葉に拍子を合わせて、沈痛な空気一色の車内で、わたくしは思わずアハハハと笑った。そして目の前にいた大人に叱られ、ひどくきまり悪い思いを味わったことも覚えている。

＊この章の「余談」――

（1）気象庁の調べによれば、当日の天候が曇りであったのは、仙台《せんだい》（二五・一度）、盛岡《もりおか》（二九・九度）、札幌《さつぽろ》（二三・九度）と、東北地方から北海道にかけてだけである。わたくしのいた新潟県は抜けるような青空であったことを鮮明に記憶している。国家の命令のもとに命懸けで頑張ってきたことが、何となく馬鹿らしく思えるほどに、あっけらかんとして蒼穹《そうきゆう》が敗戦国民の頭上にあったのである。そしてその夜は雨が降った。

（2）ワシントン時間で八月十四日の夜に、全米に放送されたトルーマン米大統領の勝利の談話を記しておく。

「私は本日午後、日本政府から八月十一日に日本政府へ送られたメッセージに対する回答を受け取ったところであります。この回答は日本の無条件降伏を明示しているポツダム宣言の全面的受諾であると、私は思います。回答には何の限定も付してありません。／降伏諸条項の正式な調印を可及的速やかな時点で行なうために、目下手配が整えられているところであります。／ダグラス・マッカーサー将軍が、日本の降伏を受理すべき連合国最高司令官に任命されております。英国、ロシア、および中国は高級士官によって代表されることになりましょう。／これまでに連合軍は攻撃活動を停止するよう命令を受けています。／V・Jデー宣言は日本による降伏諸条項の正式調印まで待たねばなりません」

V・Jデーとは対日戦勝利の日である。その喜びを満喫するためには、降伏文書の正式調印を待たなければならないと、国際法の何たるかをしっかりと大統領は把握している。その明確な認識もなく、ソ連軍の満洲《まんしゅう》における侵略をほしいままにさせた日本の戦時指導者とは違っている。そんなことを書いても少しの慰めにもならないが。それにしても、これで演説の全文である。この落ち着きぶりは敵ながらあっぱれというほかはないようである。

（3）何度か書いたことであるが、戦争がこの夏に終結したことの幸運を思うこと切なるものがある。竹前栄治《たけまええいじ》氏の研究によると、アメリカの三省調整委員会（国務・陸軍・海軍の三省で成る）は、日本占領の第一局面は米軍八十五万が軍政をしいて統治するが、三カ月後の第二局面となるつぎの九カ月間は、米・英・中国・ソ連の四カ国が進駐し、日本本土を四つに分けて統治することに決めていた。すなわち、関東地方と中部地方および近畿地方に米軍三十一万五千、中国地方と九州地方を英軍十六万五千、四国地方と近畿地方を中国軍十三万（近畿地方は米・中の共同管理）、東北地方と北海道はソ連軍二十一万がそれぞれ統治する。そして、東京は四カ国が四分割して統治する、という決定をみていたというのである。しかもこれが成文化されたのが、なんと、昭和二十年八月十六日のことというではないか。

もちろん、これはそのままファイルのなかに閉じ込められてしまった。歴史に「もしも」はないけれども、あと二、三カ月も日本軍が無益の抵抗をつづけていたら、と思うと、空恐ろしくなる。日本政府はよくぞギリギリのところで降伏を決断したものである。

二　昭和二十年八月（2）「国体護持」の章

戦争終結の大目的は？

近代日本史において、日本人のすべてがむさぼるように新聞を熟読したときといえば、八月十五日と十六日ということになろうか。いずれもペラペラ一枚こっきりの新聞であったが、「新聞売場はどこもえんえんたる行列だ。その行列自体は何か興奮を示していたが、興奮した言動を示すものは一人もない。黙々としている。兵隊や将校も、黙々として新聞を買っている」と作家高見順《たかみじゅん》（三十八歳）が十五日の日記に記すように、人びとはわれ先に新聞をもとめ、真剣な眼差《まなざ》しをそこに注いだ。

わたくしもまた、然《しか》りである。ポツダム宣言を受諾して降伏ということはわかっていたが、ラジオで聞いた言葉のほとんど全部が理解不能であった。文字で読むことで、あるいは父母から教えてもらうことで、おぼろげながらも降伏の状況が把握できたようであった。

ちなみに十五日の朝刊は、前日に記者発表はするものの詔書が放送されてから発売することに、閣議で決められていた。越後《えちご》の寒村にあったわが家へ届けられた朝刊は夕方近くになってからと記憶している。

詔書のなかで、いちばん感動した部分は、

「……帝国臣民《しんみん》ニシテ戦陣ニ死シ職域ニ殉ジ非命ニ斃《たお》レタル者及其《そ》ノ遺族ニ想ヲ致セバ五内《ごだい》為ニ裂《さ》ク……」

であったが、いまも変わりはない。毎年、八月の遠い敗戦を思う月がめぐってくると、この文言をぶつぶつと経文のようにとなえて起きるのを、毎朝のしきたりとしている。

そういえば、新聞を食い入るように読んでいた父が、

「ウム、ここには敗戦という言葉はない。降伏という言葉もどこにも発せられていない。日本は負けたんじゃないのかもしれない」

と、呟いたのを記憶している。(4) 改めて確認してみると、予定原稿で構成されている十五日の記事はもちろん、十六日の新聞にも二面トップに「二重橋前に赤子《せきし》の群／立上る日本民族／苦難突破の民草《たみくさ》の声」という見出しの記事があり、こんなふうに終わりが綴《つづ》られている。

「……群衆は二重橋前を埋め尽してゐた、けふもあすもこの国民の群は続くであらう、あすもあさつても『海ゆかば…』は歌ひつゞけられるであらう、民族の声である、大御心《おおみこころ》を奉戴《ほうたい》し、苦難の生活に突進せんとする民草の声である、日本民族は敗れはしなかつた」

この背景には、日本本土に陸軍二百二十五万余、海軍百二十五万、それに特攻機陸海合わせて六千機におよぶ大兵力の温存、という現実があった。そして大和《やまと》民族は不敗の歴史をもつ、という意識がなお脈々として生きていた。新聞の書く「敗れはしなかった」の言葉は負け惜しみではなく、国民感情のある側面を代弁していた。

そして、詔書は政治的配慮のもとに作成されていることがわかる。日本民族が決して恥ずべき存在でないことを説き、近代日本の歩みを汚さないように慎重に書かれている。そして、絶望のどん底にあっても希望を捨てぬ勇気をもてと、国民を懇々と諭している。

鈴木貫太郎《すずきかんたろう》首相の名による内閣告諭も同様である。詔書そのままに「新爆弾」（原子爆弾）と「ソ連邦の宣戦」とを戦争終結のやむを得ざる理由であるとし、これからはあらゆる忍苦に耐え、「国家の運命を将来に開拓せざるべからず」と激励する。そして、こうも説くのである。

「今や国民のひとしく向うべきところは国体の護持にあり。而《しこう》していやしくも既往《きおう》に拘泥《こうでい》して同胞相猜《さい》し、内争以て他の乗ずるところとなり、或いは情に激して軽挙妄動《けいきょもうどう》し、信義を世界に失うがごときことあるべからず」

すなわち、ポツダム宣言受諾による戦争終結の最大にして唯一の目的は、国体の護持にある。そのことを国民に訴えている。そのためにもこれからは軽挙妄動するなかれ、なのである。

「この国のかたち」はどうなるか

炯眼《けいがん》なる読者はこの戒めの奥に、十四日から十五日未明にかけて蜂起《ほうき》した陸軍の幕僚将校たちの宮城《きゅうじょう》占拠事件のあったことを、容易に察知されるであろう。彼ら〝反乱軍〟が天皇の和平への意思を無視してまでも徹底抗戦で護《まも》り抜こうとした「国体」観念とは何か。これを具体的に説くのは難しい。が、参謀次長河辺虎四郎《かわべとらしろう》中将が、敗戦によって日本がどうなるかについて、十一日の日記にこんな予測を残している。これが少しく興味深い示唆を与えてくれる。

「士道の撲滅《ぼくめつ》策を蒙《こうむ》るならん。耶蘇《やそ》教信者が急速に殖《ふ》えるならん。アメリカ語が急速に盛んに用いらるるに至らん。家々に伝家の宝刀を保存することをも禁絶せらるるに至らん。国家のため献身などと言う気持は之《これ》を捨てよと教えらるるならん。日本歴史の内容を根底より改《かい》竄《ざん》せらるるならん。西洋文化の有難さを極度に教えこまるるならん」

少壮将校たちはこうした日本の国柄の解体を許せない。形骸《けいがい》だけの「この国のかたち」が残ることに我慢がならない。伝統文化の抹殺《まっさつ》には断固反対する。日本国家の機軸たる天皇の今後の存在のあやふやなまま、ポツダム宣言受諾を、認めるわけにはいかなかった。さらに突き詰めていけば、昭和天皇の身柄の絶対的保障なしに武装解除など、彼ら忠節なる軍人には夢想だにできないことであったのである。それが十五日朝まだきの反乱というかたちをとった。

軍人のみならず政治指導者の、閣議や戦争指導会議で苦汁をのみのみ論じられた「国体」とは、皇室の安泰から天皇その人の身の安全の確保ということに、次第に帰着していくのである。[5] 陛下が軍事法廷へ引き出され裁判にかけられるを拒否する。そのことは拙著『日本のいちばん長い日』(文藝春秋)でくわしく書いている。それをくり返すことはしないが、不安を表明しねばりぬいた陸軍大臣阿南惟幾《あなみこれちか》大将が、最後に降伏を認めざるを得なくなったのは、十四日の朝の、昭和天皇の「阿南よ、もうよい。心配してくれるのは嬉しいが、もう心配しなくともよい。私には国体護持の確証がある」の一言にあった。陛下ご自身がそういわれるならば……であった。

結果論になるが、降伏決定の最後の時点で、国体護持という抽象概念からもっとも解きはなたれていたのは、天皇その人であったようである。頭《こうべ》を深々と垂れて阿南陸相の退《さが》ったあと、一抹の不安を抱いて木戸幸一内大臣が諸情勢を奏上したときにも、天皇はいとも簡単にいったという。

「人民の自由意思によって決定される、というので少しも差支《さしつか》えないではないか。たとえ連合国が天皇統治を認めてきても、人民が離反したのではしようがない。人民の自由意思によって決めてもらっても少しも差支えないと思う」

十五日正午の天皇の涙は、そうした事実から考えれば、連綿として受けついできた皇統の護持に、もしかすると何らかの変更を余儀なくされるかもしれない、という心痛に発すると推測できる。

「私の任務は祖先から受けついだ日本という国を子孫につたえることである。私の身がどうなるとも顧みるところではない。今となっては、ひとりでも多くの国民が生き残っていてもらって、その人たちに将来ふたたび起《た》ち上がってもらうほかに道はない」と、大いなる責任を背負ってきた王者として、底知れない憂愁《ゆうしゅう》と心痛を覆い隠して英断を下した。そのあとに来た人間としての寂寥《せきりょう》感が、わずかな涙をよんだのではないであろうか。

天皇は、どうなる?

そうした悲痛ながらも、断固たる決断による戦争終結とは露知らない、いや知るべくもない一般市民は、内閣告諭から何を読みとったのであろうか。新聞を目を皿のようにして読んだあとで、当然のことのように感じとった思いを、何人もの人が日記にとどめている。

作家長与善郎《ながよよしろう》は実に克明に十五日の一日の行動と、思考の過程とを記している。出身からして上層部とも密接なつながりのあるこの人は当時五十七歳、さすがに年の功を思わせる。

「国体護持の点だけを保有して他は鵜呑《うの》みにするという我が回答は、自分の予想どおり彼の承諾となり、その返答が十三日に着いたらしい。しかし、どうしてこの結果を発表するかには余程前から政府も考慮を繞《めぐ》らしていたと見え、方法はいかにも巧妙で鮮やかだった。先手を打っていた。／これではこれに対して不平を唱《とな》え弓を引く者が国賊として国民から制裁されるだろう。（中略）これで天皇に対する国民の情愛は一層――始めてといっていい程熱度を加えられた。その点で国体護持以上却《かえ》って堅固にさえなったと思える」

夜になって鈴木内閣総辞職が発表される。長与の感想は見事である。

「陛下は、実に英明仁慈《じんじ》の資たる事を立証された。只《ただ》、おとなしいばかりではない。仁慈にして明なる上に、更に英邁《えいまい》でおありになった。前々から緊《かた》く結ばれていた鈴木〔貫太郎首相〕、米内〔光政海相〕等とのコンビも申し分なかった事は、実に国家の倖《さいわい》であった。陛下も君側も勇気があった」

こんなふうに、敗戦のその日から天皇の英断を讃美《さんび》する声はすでにあったことがわかるが、なお疑いをもつ人もあるであろうか。そうした疑い深い人のためにもう一例を書き加えておきたい。漫談家にしてエッセイストの徳川夢聲《とくがわむせい》（五十一歳）の日記、やはり十五日の項である。

「日本敗るるの時、この天子を戴《いただ》いていたことは、なんたる幸福であったろうか。私は歴代の天皇の中で、この方ほど好もしきお人がらはないと信ずる。／今上《きんじょう》は皇太子の頃より、御渡欧映画その他で民衆に親しまれている。卒直に言って、私はこのお方のファンなのである。歴代の天皇の中で、これほどヨキ人はなかったに違いないと私は思う。（中略）今上は、所謂《いわゆる》英雄ではなかった。武断的な方では勿論ない。が〝仁君〟にわたらせられる。いともやさしく、うるわしきお人ガラのお方である」

東京・下町の悪ガキであったわたくしたちは、うるさい大人に知られないように日常的に「天ちゃん」と呼んでいた。いわれるように、天上はるかにましmore神では決してなかった。また、まわりで戦争を懸命に戦い、勝ちたいと歯を食いしばっている人たちも、大日本帝国を世界に冠たる国家などと、身丈に合わない理念を信じている人たちなんかではなかったように思える。戦況がいかに不利になろうが、庶民とはまことに不敵で、我慢強かった。少々の情勢の不利にもめげずにただただ天皇のために頑張ることのできる人たちなのである。夢聲が書いている天皇観は、下町の親父さんやおばさんたちが抱いているそれと、きっちりと合致しているものであったのではないか。

そういえば、現人神《あらひとがみ》などという厳《いか》めしい言葉も、わが小中学生時代には理解の外にあり、その意味するところは戦後になって知ったといっていい。なるほど、中学生時代には、狂信的な皇国思想一色の教師が何人かおり、神としての伏し拝むべき天皇というものを徹底的に叩《たた》き込まれた。昭和十九年夏のサイパン島玉砕の報あたりから、やたらと皇国の尊厳を高唱し、憂国の言を叫ぶ神がかり的な人たちが続出した。敵愾心《てきがいしん》が不足だとシャベルでわが尻《しり》をぶっ叩いた。が、そうした教師たちや大人たちを、われら少国民はひそかに軽蔑《けいべつ》していたというのも確かにして、正直な話なのである。

この時代のことは一列にして語れないところがある。けれども、どうであろうか、天皇観においては神がかりは別として、それほどの大きな差異がなかったのではあるまいか。つまりある種の親しみを民衆はひそかに抱いていた。作家山田風太郎の日記に書かれているつぎのような文を読むとき、そのとおりであった、とごくごく自然にそう思えてならなくなる。

「天皇はどうなるか、御退位は必定《ひつじょう》と見られるが、或いはそれ以上のことも起るかも知れない。新聞によると最後の御前会議で天皇は『朕《ちん》は国が焦土と化することを思えば、たとえ朕が身は如何《いかが》あろうとも顧みるところではない』と仰せられ、全閣僚が声をあげて慟哭《どうこく》したという。この御一言で、たとえ陛下に万一のことがあれば、連合国側がいかなる態度に出よう

と、われわれは小なりとも『昭和神宮』を作る義務がある。と誰かがいった」（八月十六日）
　こうして日本人は新聞をとおして、最後の一兵まで戦い抜くことの覚悟をしていた戦争が、天皇の身を捨てての聖断によって終結したということを知ったのである。そうであるからなおいっそう、敗戦後の問題は「その天皇がどうなるのか」、その身が安泰であってほしい、いや、安泰でなければならないに収斂《しゅうれん》していく。

「国民の自由意思によって」

　政治指導者や統帥《とうすい》部の軍人たちは、それではその国体護持についてどれだけの確信があって戦争終結へとことを運んでいったのか。詔書には、「茲《ここ》ニ国体ヲ護持シ得テ」とあるが、結局、先に引用したように天皇の「(国体は）人民の自由意思によって決めてもらっても少しも差支えない」という言葉にみんなが全幅の信頼をおいた、ということになる。木戸自身が天皇の言葉を聞いたあとの思いを、自筆メモにこう書いている。

「如何にも純真無垢《むく》な国民への信頼感が出て居ったので、私はハッと思って目が開いた様な気持がして、陛下がこう迄《まで》徹底してお考えになって居られるなら、必ず目的を達し得ると自信を強めた」

　同じように、だれもが目を開いた。国民の自由意思にまかせたほうが国体は維持できる、という天皇の確信に、最大の拠《よ》りどころを見出《みいだ》したのである。たしかに、日本の歴史を繙《ひもと》いてみれば、国民が天皇を守ってきたことがはっきりと物語られている。つまりはそれが日本の麗《うるわ》しき伝統というものなのである。

この「国民の自由意思」については、よく知られている。簡単に説明すれば、ポツダム宣言の受諾にあたり、日本政府から連合国へ「天皇の国家統治の大権を変更するの要求を包含し居らざることの了解の下に」という唯一の条件をつける。降伏後の日本における天皇の地位、すなわち国体にたいする保障の確認である。

対する連合国側の返答が「日本国の最終的の政治形態は、ポツダム宣言に遵《したが》い日本国民の自由に表明する意思により決定せらるべきものとす」であった。いうならば、連合国側は内部での見解統一に難航したため、はっきりとした結論を示せず、日本政府のいう国体の存続については、日本国民の選択にまかせる、という要領を得ない返答をよこしたことになる。

実をいえば、この「自由に表明された意思」という文言は、日本の降伏をとにかく早めようとの心理戦争戦略から考え出されたものであったのである。日本政府からの最後的照会があったとき、いっさいの条件を認めるべきではない、という強硬論を抑えて、国務次官ジョセフ・C・グルーの執拗《しつよう》な献策と、陸軍長官ヘンリー・L・スチムソンの最終決断があり、日本の降伏がそれによって容易になるならば、ということで、最後の段階で採用されたのでである。それが占領政策の障害になるなどとは、その時点では、だれも思ってもみないことであった。

この「最終的の政治形態」が英文では、The ultimate form of government であり、government の頭文字Gが小文字と、大文字との二通りの文書となって日本政府に届いたことから、その違いについての解釈をめぐり論議が捲《ま》き起こった。大文字ならば「内閣」を示し、小文字ならば全体としての「国の統治」を指すとする。急を要するために論議を尽くすこともならず、結果としてここを外務省は「日本国の最終的の政治形態」と訳すことにしたのである。苦心の訳の狙いは、国家主権が天皇から日本国民へ移るという意味合いをできるだけ消し去ろうとしたことにある。

これが示されたとき、軍部は怒り狂った。これでは天皇はほんとうに大丈夫なのかどうか、まったくわからんではないか。天皇統治の大権も保障されたともいえない。国体の護持が確実とはとてもいい切れない。すべて曖昧模糊《あいまいもこ》としたままで武装を解除するわけにはいかない。政治指導者の硬派もこれに和した。なるほどポツダム宣言がいうように日本国民は滅亡することはないとしても、国体は変革され、国家としての日本は滅亡することになるのではないか。

しかし、そうしたいっさいの論議も、天皇の「国民の自由意思」尊重発言によって幕を下ろすことになる。「国体は護持されている」ということにして、全指導者たちは戦争終結の決議に同意するのである。前途に多大の不安を残しながら……。

「国体護持」と「皇統護持」

そしてこの場合、昨日まで全軍特攻、神州不滅を豪語していた天皇の軍隊としては、天皇の身柄をいかにして守るか、万一にもそれがならないときは、いかにして皇統を護り抜くか、それが大命題となる。

参謀総長梅津《うめづ》美治郎《よしじろう》大将をはじめ陸軍中央は、軍が武装解除を受けても、天皇を守護し奉るために、また将来の皇軍再建の中核とするためにも、近衛《このえ》師団だけは温存することを決定する。しかし、結果的には連合国側からその申し出は一蹴《いっしゅう》されるが、何としても近衛師団を残せないかと、その後も画策するのである。

降伏史を調べていると、最後の一兵までと猛《たけ》りたった軍隊の無条件降伏を実行することが、いかに至難であったことか、それがよくわかる。大本営からの「一切の戦闘行為中止」発令は八月十九日。海軍総隊司令部（連合艦隊司令部）にいたっては「八月二十二日午前零時」まで、戦闘行為を許している。これでは厚木《あつぎ》航空隊の小園安名《こぞのやすな》大佐の徹底抗戦の反乱を責めるわけにはいかないのではないか。まさに、よくぞ戦争が終わったの想いを新たにする。(6)

そして敗戦の責任を負い、国体護持を祈りつつ、軍人をはじめとする要人が、どれほど多く相ついで生命を絶ったことか。八月から九月の新聞は、毎日のように、それらの人の自決を報じている。阿南陸相はポツダム宣言受諾の決定のなされたあと、八月十五日黎明《れいめい》に「一死以《もっ》て大罪を謝す」の遺書を残して官邸で割腹し果てた。十六日未明には〝海軍特攻の父〟といわれる大西滝治郎《おおにしたきじろう》中将、八月二十四日には〝宮城事件〟を鎮《しず》めた東部軍管区司令官の田《た》中静壹《なかしずいち》大将が自決。さらには九月十二日に元参謀総長杉山元《すぎやまはじめ》元帥と同夫人、十三日に小泉《こいずみ》親彦《ちかひこ》元厚生大臣、十四日には橋田《はしだ》邦彦《くにひこ》元文部大臣、同十四日に東北軍管区司令官の吉本貞一《よしもとていいち》大将とつづく。十一月二十日になって元侍従武官長の本庄繁《ほんじょうしげる》大将が自裁した。

八月二十八日付けの高見順日記にこうある。

「〈朝日新聞を見たら〉ドイツ事情が出ている。『ポツダム会談でドイツ処理案が発表された最初の四日間に、ベルリンで千二百名、ライプチヒで六百名、ハンブルグで四百五十名、ケルンで三百名のドイツ人が、敗北の苦悩を清算して自殺した』とある。日本は？――恥しい。ドイツに恥しい」

いや、高見順は早急に恥じることなどなかったのである。日本人もまた有名無名を問わず、多くの人びとが敗戦の責任を負って命を絶った。終戦時自決烈士顕彰《けんしょう》慰霊祭祭典委員会の調べによれば、八月十五日から昭和二十三年十月二十日までの長期にわたって、将官三十四名、佐官七十四名を筆頭に、看護婦三名も加えて、五百二十七名の陸海軍関係者が敗戦の責任を負って自決したという。民間人の数は不明であるが、これを加えればおそらく千人を超える。そしてこれらの人びとの死は、戦場における戦死者や、本土空襲や原爆や満洲の広野で空《むな》しく死ななければならなかった人びととともに、いまのわれわれに何ものかを語りかけていることであろう。すなわち戦争の悲惨ということを。

戦争末期に、B29本土上空迎撃戦で勇戦した源田実《げんだみのる》大佐の率いる第三四三《さんよんさん》航空隊（主力戦闘機紫電改《しでんかい》）の盟約についてもふれておく。降伏は陛下の本意ではなく、君側《くんそく》の奸《かん》の仕業《しわざ》なり、とする源田大佐は真に信用できる部下だけを選抜し、八月十九日夜に、これは軍令部作戦部長富岡定俊《とみおかさだとし》少将より受けた密命である、と前置きして、こう厳命する。

「われわれは連合軍が日本本土に進駐してきた暁《あかつき》において、もし皇室の存在が脅かされる事態が到来するようなことがあったならば、皇族の一人だけでもいい、何とか九州の山奥にかくまい、皇統をいかなることがあろうと護り抜く、真の特攻隊たらんとするものである」

この秘密の企ては、のちの象徴天皇制の憲法の発布により、自然解消して歴史の表面には出ることはなかった。

昭和三十年代の後半ごろに、源田氏に三四三航空隊のことで取材したとき、その巻紙の「連判状」をちらりと見せてもらったことがある。源田実、志賀淑雄《しがよしお》、中島正……とよく知る人の名が、そこに筆で列記されていた。全部で二十四人の人の名を見ながら、この戦士たちの死を賭《と》しての憂国の、思いのたけが惻々《そくそく》としてこちらに伝わってくるのが感じられた。とともに、「国体護持」がこの人たちの場合には、「皇統護持」であったこともよく理解できた。源田元大佐は、

「そういえば、まだ正式に部隊の解散式を行なっていないんですな」

といって、口許《くちもと》をゆがめ苦笑いに近い笑いを浮かべた。(7)

＊この章の「余談」――

（4）　事実、終戦の詔書には「敗戦」という言葉はどこにも使われていない。もちろん、「降伏」という語もない。「敵ハ新ニ残虐ナル爆弾ヲ使用シテ」と原子爆弾が戦争終結の理由であるとしているのである。その昔、わたくしが取材でインタビューした旧軍人（とくに陸軍軍人）のなかに、わが軍がまだ戦える余力を残しつつ戦闘を止めたのは、敵が非人間的な殺戮《さつりく》行動をとってきたゆえである、と強弁する人も少なからずいた。また、いまの若い人の多くは、「敗戦」にあらずなぜ「終戦」なのか、完膚なきまでに叩き潰《つぶ》されながらこの誤魔化しの精神構造は日本人本来のものか、と厳しく問い詰めてくる。それらの答えは終戦の詔書にあるというほかはない。いまになると理

解ができないであろうが、完全なまでの敗北にあらず、これ以上の悲惨と殺戮を止めるために戦いを終止したのである、とする詔書の意義はものすごく大きかった。しかも、のちにふれることになるが、その詔書にたいする「承詔必謹《しようしようひつきん》」の重みが、戦争終結に当たっての日本人の総意であったのである。引かれ者の小唄《こうた》と笑われようが、当時の日本人は本気になってそう考えた。それが真実のところであったと、若者たちには答えるしかない。

（5）ポツダム宣言の受諾にさいして日本政府がつけたただひとつの条件は、「天皇の国家統治の大権を変更する」ことがない、その了解のもとに、というものであった。すなわち「国体護持」一本にしぼっている。本来は、その国体の護るべき機軸とは厳密にいえば、明治憲法にある天皇の国家統治の大権のことである。すなわち、

第一条　大日本帝国ハ万世一系ノ天皇之《これ》ヲ統治ス

第三条　天皇ハ神聖ニシテ侵スベカラズ

第四条　天皇ハ国ノ元首ニシテ統治権ヲ総攬《そうらん》シ此ノ憲法ノ条規ニ依《よ》リ之ヲ行フ

この三条を中心にして、立法（第五条）、司法（第六条）、行政（第十条）、軍事（第十一条、第十二条）、宣戦・講和（第十三条）などが規定されている。

つまり、これが国民の護持すべき「国体」ということなのである。しかし、戦争末期になっては、昭和天皇の身柄の安全の確保にまでしぼらざるを得なくなった。

(6)「敵機来たり高射砲戦時よりさかんに鳴る」とは、八月十八日の作家大佛《おさらぎ》次郎の日記である。しかも、つづけて「御大詔をそのままに受取っていられぬと云う。しかしこれは上陸を許すにしろ日本の骨っぽいところを見せてからの方がいいと云う中途半端な過激論である」と勇ましい友人の発言も記している。

この記載を証明するように、東京上空に飛来したアメリカ軍の偵察機二機が、日本の零戦《ゼロせん》十四機から迎撃されたという事実がある。米機動部隊の指揮官ウィリアム・ハルゼイ大将は頭から湯気を出し、「戦争は終わったように思われる。しかし万一、敵機が現われるようなことがあれば、友好的な攻撃で撃墜せよ」と全軍に信号命令を出している。

武装解除の容易ならぬことを物語るエピソードといえようか。

(7)わたくしはまったく知らなかったが、田中知之《たなかともゆき》氏の書くところによれば、この「秘密部隊」が正式の解散式を行なったのは、昭和五十六年一月のことらしい。源田元大佐は「計画が発動されなかったことが、最大の成功を意味する」旨の訓示を述べたというが、戦後日本の歩みに、参議院議員まで務めた源田氏は満足していたのであろうか。

三　昭和二十年八月（3）「総懺悔」の章

侃侃諤諤《かんかんがくがく》の鎌倉文士たち

戦争終結を完成させた鈴木貫太郎内閣に代わって、東久邇稔彦《ひがしくになるひこ》内閣が発足した八月十七日に、『生活の探求』『再建』『赤蛙《あかがえる》』などの作家島木健作《しまきけんさく》が肺結核で死去している。彼の『扇谷日記』の最後となった六月五日の、それもいちばん終わりに「一切の美しさはその瞬間に死ぬ。滅びるものの美しさはもはやそこにはない」と、さながら祖国敗北の悲惨を予見したような、身に沁《し》みる一行を残している。瓦礫《がれき》の上に美しさなど微塵《みじん》もなかったのである。

十八日夜、鎌倉《かまくら》に住まいをもつ里見弴《さとみとん》、小林秀雄《こばやしひでお》、川端康成《かわばたやすなり》、林房雄《はやしふさお》、大佛次郎《おさらぎ》、永井龍男《ながいたつお》といったいわゆる鎌倉文士たちが、島木邸に弔問のため相集まり、ビールの酔いも手伝ってか、胸中に溜《た》まっている複雑な想いをさまざまに語っている。同席した高見順がそれをしっかりと記憶にとどめたらしい。そして、深夜帰宅すると、

「軍部に対する批判が明らさまに口外されたというだけでも、大変な変化だ。こういう刻々の変化を書き残しておくのも、日記のつとめであろう。変化してしまったあとでは、いつどのように変って行ったかがわからなくなる」

という貴重な覚悟のもとに、休まずに書きつづけてきた膨大な日記に、くわしく当夜のことを残している。それは当時の知識人たちの本音という意味でも興味深いものがある。引用を簡略して紹介すれば、降伏を重臣たちの策略であるとしてあくまで徹底抗戦を主張する軍部への同調論に発し、議論はつぎのように展開されたとみることができる。

「戦いを継続することは、それこそ最後の一線たる国体護持すら失ってしまうことになる。否、それどころではない。植民地にされてしまうことになる。そのことが軍部にはわからず、日本をトコトンまで滅ぼしてしまおうというのか」

和してこういう人もあった。

「どうせ戦争犯罪者として処刑されるのだから、国民全部を道連れにしようという自暴自棄的行為ではないか」

反論する人も堂々としていたようである。

「国体護持のため詔書に従っておとなしく敵を迎え入れる。結果、日本はどうなるのか。将来は必ず国体護持なんて、ふっ飛んでしまうことになるのは間違いない。憲法もふっ飛ぶに決まっている」

そう頑張る人も、一億玉砕でぶつかれば光明が得られるかもしれない。得られなかったら国家もろとも滅びようではないか、という論と、もうひとつは、抗戦という強《こわ》もてで条件を有利に導こう、ただひたすら恭順というのではかえって不利だ、との二つにわかれていく。

議論はそうとうに熱を帯びることになった。だれがどの説を主張したのかはまったく書かれていない。わずかに「承詔必謹《しょうしょうひつきん》」を強く主張したとして林房雄（四十二歳）の名が出されている。だれかが「どんな大詔でも従うのか」と問うと、「そうだ」と断乎《だんこ》としていう。「その結果、憲法がなくなるようなことが起きてもいいのか」という疑問にも、林ははっきりというのである。

「いい。陛下がまた憲法をお作りになればいいんだ。今のよりもっといい憲法をお作りになれば……」

わたくしは、死者の枕元という非礼もわきまえぬ、こうした知識人たちの真剣な議論に感動する。そしてもうこのときに新しい憲法について憂慮の及んでいることに注目する。ポツダム宣言を無条件に受諾することが、憲法の、ということは国体そのものに、護持どころか大いなる変革をもたらす、そしてそれが将来の日本に何をもたらすことになるかを、だれもが心から憂えていたことに感動するのである。

それにしても場をわきまえぬことよ、と思いついたのでもあろうか、林が島木の兄に詫《わ》びると、その人はいったという。

「いいえ、あれも議論が好きなほうでしたから……」

このあっさりとした返事にも、感動を禁じ得ない。

大学生たちの大激論

戦後の虚脱と一言でいう。換言すれば無気力ということにほかならない。たしかに日一日と経つうちに、張り合いを喪失し、働く気力を失い、ぼんやりと時間の経つにまかせている人が多くなっていく。大袈裟《おおげさ》にいえば、天皇放送以後、日本人の多くにとっては自分たちが懸命に生きてきた〝時代〟というものが一気に消えてしまった。非常時の名の下に煩《うるさ》くいわれていたことが無に帰すと、つまり制約が一切合財なくなってしまうと、人びとは無目的となりなぜか落ち着かなくなる。国家的忠誠、撃ちてし已《や》まむ、挙国一致、といった厳しい体制が、いわば社会秩序になっていたのに、それからわけもわからずに解き放されてしまうと、何らかの精神的退廃をもたらすのか、と思えてならない。

あの日の慟哭《どうこく》と嗚咽《おえつ》が遠ざかるにつれて、日本人は見事に変貌しはじめる。その勢いはすさまじいものがあった。死ぬ必要がなくなり、いまや生きるための欲望に憑《つ》かれてしまった人びとの関心のなかには、天皇も憲法もこれからの日本も、いや隣人も他人もなくなる。生きぬくために、自分のことだけしか考えられなくなる(8)。

この焦土にうごめくエゴイスチックな人びとの群れとは違って、鎌倉文士たちの国を思う気持は、さすがに知識人だけのことはある。と、書くそばから嬉しいことに、あに文士のみならんや、もうひとつの事実にぶつかるのである。山田風太郎の日記の八月二十三日の項にある。そこに書かれている大学の友十数人の大激論を、労を厭《いと》わず全部引用したいが、それもならないのでいくつかを……。

「大詔下る。この上いたずらに蹶起《けっき》するは、現実に国内を乱し、国民を苦しめ、敵の思うツボにはまるのみ。隠忍《いんにん》せよ、自重せよ、忍苦せよ」

「忍苦して再興の見込みありや。いいかげんなところでは再興し得ることを、敵は第一次大戦のドイツにより経験す。必ず再興する能《あた》わざるまでの圧制乃至《ないし》懐柔の策を施《ほどこ》し来るべし。精神的にわが民族滅亡を企てるに相違なし。それならば今起つにしかず」

「精神的にはわが民族は敵の工作により根本より滅亡することなしと信ず。敵いかに教育を施すも、日本人の民族性は脈脈として後代に伝え得ると確信す」

「やりて見込みありとてやるにあらず。敵に領土奪わるるとて起《た》つにあらず。敵、わが国民を苦しむとて怒るにあらず。ただ無念なり。このまま刃をひくにたえざるなり。どうでも一戦やらずにはおれぬなり。日本人の意気地を爆発せしめずんば能《あた》わざるなり」

こうして書き写しながら、中学生といえどもわれもまた、と思い出してみるが、さて、あてはまるのはどれなりしか。奴隷になって南の島に送られるならやるべし、と勇んでいたようにも思うし、いや、もうこのころには奴隷になることもないとわかって、こうなりゃ「承詔必謹」でいこうぜ、と仲間と話し合っていたような気もしている。

山田日記の終わりはこうである。

「結局意見まとまらず。十数人、各々四つ五つに分れて議論囂々《ごうごう》、部屋鳴り返るばかり。外へ出ろと喧嘩すら起きんとす。／言いくたびれてみな去る。物散乱せる部屋に哀愁のみ沈澱《ちんでん》す」

そして外に出た大学生たちがひとしく眺めたものは——蕭条《しようじよう》たる焼け跡。

旧態依然たる新内閣

こうした鎌倉文士や心ある大学生の憂慮や焦慮と無関係に、新たに成立した東久邇内閣の顔ぶれたるや旧態依然、としか映らないのはどうしたものか。副総理格に近衛《このえ》文麿《ふみまろ》、書記官長（官房長官）に小磯国昭《こいそくにあき》内閣のときに情報局総裁であった緒方竹虎《おがたたけとら》を据える。まさしく首相自身もいっているように、「革新思想をもつ新進気鋭の人々ではなくて、無難で老練な保守的な人びと」によって固められている。外相重光葵《しげみつまもる》、内相山崎巖《やまざきいわお》、海相米内光政《よないみつまさ》、蔵相津島寿一《つしまじゆいち》。わずかに独自性を示したのは、東久邇首相が親しい友でもある下村定《しもむらさだむ》大将（北支方面軍司令官）を陸相につけたぐらいのところである。

こうした各界や各組織のなかの老優等生ばかりで選ばれた閣僚がやろうとしていることは、一目瞭然《いちもくりようぜん》といってよい。大日本帝国の土壌はそのまま残しておいて、根本的な改革をともなう政策には手をふれず、やがて上陸してくるであろう占領軍との折衝に当たろう、というのである。それで敗れたりとはいえ国体護持はできるという楽観である、といってもいいか。東久邇は初の放送をとおしての施政方針でこう国民に訴えている。

「陛下の思召しを奉戴《ほうたい》し一条乱れざる足並みを以て難局の打開に進む時、全世界は必ずや勝敗を越えて、我国体の力の偉大さに驚嘆の眼をみはるであろう。艱難《かんなん》悲運の際にこそますます国体の真価は発揮せらるべきものである」

ここには大日本帝国憲法が根本から改変されるなどという懸念や憂慮は毛ほどもない。世界情勢や厳しい事態に対する正確な認識もなく、発想の転換を期待すべくもない。そのことがのちに大きく影響してくるのである。

いや、転換がないどころの話ではない。この内閣の初仕事は、といい切っては誤解を招くかもしれないが、十七日、天皇の親任式を終えたあと、この内閣は初閣議を開いたはずである。そして、内務省警保局長から各庁・府県長官あてに、「進駐軍特殊慰安施設について」という準備命令が秘密無電で発せられたのは、実にその翌日の十八日のこと。閣議で何が討議されたか不明とはいうけれども、これはどう考えても閣議決定にもとづくというほかはない。急速充実をはかる施設とは、連合国将兵用の性的慰安施設、飲食施設、娯楽場であり、「営業に必要なる婦女子は、芸妓《げいぎ》・公私娼妓《しょうぎ》・女給・酌婦・常習密売淫《いんばん》犯者等を優先的に之《これ》を充足するものとす」

これが「良家の子女の〝防波堤〟」として準備した、というので悪名高いRAA〈特殊慰安施設協会〉設立の指令なのである。どうも基本にあるのは、早くも勝者にたいする迎合、卑屈、阿諛《あゆ》といった敗者の情けない姿勢なのではあるまいか。この協会の理事であった山下茂が「サンデー毎日」昭和四十九年九月一日号で語っている。

「池田《いけだ》さんの『いくら必要か』という質問に野本さん〈協会副理事長〉が『一億円ぐらい』と答えると、池田さんは『一億で純潔が守れるなら安い』といわれた」

池田さんとは勇人《はやと》、当時の大蔵省主税局長、のちの首相である。

結果として、第一号の占領軍用の慰安婦施設は、八月二十七日に大森《おおもり》の小町園《こまちえん》で開業する。

また、記録によれば、占領軍の第一陣が本土に上陸してくるその八月二十七日までに、千三百六十人の慰安婦が確保されたという。

もちろん、昭和天皇がそんな恥ずべき政策の実施を知るはずはなかったであろう。けれども、どことなく動きのにぶい内閣という思いもあったのであろうか、みずから内閣に注文をつけている。すなわち「十九日午前十時、東久邇首相宮殿下が御参内の折なり、畏《かしこ》くも戦争終結後の国民生活を速に明朗にするようにせよ、例えば燈火管制を直ちに中止し街を明るくせよ、娯楽機関の復興を急ぎ、また信書などの検閲を速に停止せよ、との有難き御言葉があった」と二十日の新聞が報じているとおりである。

そしてその提言に従って、二十二日の夜から電燈《でんとう》はあかあかと光を戸外にこぼし、町や村はいっぺんに明るくなり生気をとり戻した。また東京都内では、大量に食糧の配給がはじめられる。本土決戦にそなえて軍が保有していたものの大盤振舞いなのである。缶詰が一人当たり三個、乾パン、砂糖、漬けもの、するめ。平和ということの有難さがそのままに、配給品のうちにこめられているかのように、都民のだれもが感じた。

同日の、作家長与善郎《ながよよしろう》の日記に面白い記載がある。

「今日から、四年振りか、ラジオの天気予報が開始された。／小笠原西方向——とかに低気圧がある、とか何とか遠くで云っている。久しぶりの懐かしい声のような感じがある。丁度久方ぶり天候あやしくなり、所々どす黒くなった空に、さっと夕立の前触れらしい秋風が吹き、木の葉を飛ばしている。悪くない」

さらに二十三日には、音響管制解除、電報小包み制限解除、電話も個人の架設認可、休演中の映画・演劇再開と、つぎつぎに指令が出されていく。

混沌たる世相

しかし、日本帝国の解体にも似た急激な変化を許せないものとした人びとも少なからずいた。二十二日、愛宕山《あたご》で尊攘《そんじよう》同志会の男子十二人。二十三日には明朗会の男女十二人が皇居前で。さらに二十五日に代々木《よよぎ》練兵場で大東塾《だいとうじゆく》の塾生十四人が集団で割腹自刃した。尊攘同志会の人びとが残した現指導者打倒の叫びは痛烈ともいえる。

「汝等《なんじ》死ね。何ぞ死なざる。汝らが戦、敗戦の全犯罪の責任を負って、恥を知る者は割腹し、生命惜しき者は隠居して、日本の指導的地位を清新なる人材にゆずる時、漸《よう》くにして『日本維新』の希望生じ来る。しからば敗戦も降伏も必ずしも亡国を意味しない」(『尊攘義軍玉砕顚末《てんまつ》』)

いや、政府には、死者からの責任追及の叫びよりも、目睫《もくしよう》の間《かん》に迫ってきた連合軍の日本進駐にどう処すべきかが、大課題であったのである。折からの暴風雨のために二日延期され、二十八日には米軍第一陣が上陸してくる。その十日も前から、内務省はそれに備えて「連合軍本土進駐前の心得」なるものを、東京都、神奈川県そして千葉県の住民に指示している。いま読むといかに当時の指導層が戦々恐々としていたことか、と微笑《ほほえ》ましくさえなってくる。その一部を。

「〔一、二、三を略す〕

四、特に婦女子は日本婦人としての自覚をもって外国軍人に隙《すき》を見せることがあってはならぬ。

五、婦女子はふしだらな服装をせぬこと、また人前で胸を露わにしたりすることは、絶対にいけない。

六、外国軍人がハローとかヘエとか片言まじりの日本語で呼びかけても婦女子は相手にならず避けること。

七、特に外国軍隊駐屯地付近に住む婦女子は夜間はもちろん昼間でも人通りのすくない場所はひとり歩きをしないこと」

こうしたみずからがつくった幻の恐怖から、デマがひとり歩きをはじめ、とんだ大騒ぎがいたるところに起こることになる。

「県で婦女子逃げた方がいいと触《ふれ》したのが誇大につたわり……駅に避難民殺到すと。あさましき姿なり。横浜では警官の持場を捨てて逃亡続出すと。役人からこの姿なのだから国民がうろたえ騒ぐのは当然である。日本人のどこに美しく優れたところがあったのか。絶望的である」（大佛次郎日記・十七日）

「鎌倉のある町内会長は、五才以上〔以下の誤記か〕の子供をどこかへ隠せ、敵が上陸してくると軍用犬の餌《えさ》にするから……そういいふれて歩いたとのこと。なんという馬鹿馬鹿しい、いや情けない話であろう」（高見順日記・二十三日）

評論家野田宇太郎《のだうたろう》も新宿駅《しんじゅく》で見た異様な光景を驚嘆しながら書いている。みすぼらしい防空服装の娘たちが数百人、数千人というぐあいに一団をつくっては、特別仕立ての列車に乗り込んでいるというのである。まもなくアメリカ軍が東京へ入城する。

「そのとき一番に襲われるのは歳若い娘たちだ。娘は皆敵兵に犯されてしまうから、早く山地へ逃がさねばならぬ」。そのための応急処置であったという。そして「この要心深いデマをでっちあげたのは、もっとも戦争遂行に熱心な政府や軍の関係者たちである」と。

野田の吐きすてるような批判は当たっている。わたくしの記憶でも、女たちは強姦《ごうかん》、男どもは奴隷、といった占領軍の残虐さを強調する話のほとんどは、軍部つまり兵隊経験者から出ていた。つまりは勝利者としての自分たちが中国大陸でやってきたことを思い、周章狼狽《ろうばい》の揚句の下劣な発言ではなかったか。それを信じていたこっちも無知であっただけに、まことに情けない話というほかはない。

いよいよ米軍先遣隊による日本本土への進駐が開始された日、すなわち八月二十八日、読売報知新聞に元陸軍中将石原莞爾《いしはらかんじ》のインタビュー記事が掲載された。これを読んで、「どいつも愚劣にして腰抜けばかりかと思っていた職業軍人にも、すごく土性骨のすわった人がいるもんだねえ」などと、村長であった本家の伯父《おじ》と父とが語り合っていたのを思い出す。

それをいまあらためて縮刷版で確認してみた。なんと、石原はそこで軍備放棄を提唱しているではないか。これには驚いた。いまにして思うと、これこそが敗戦という厳しい現実にまともに向き合った人の発言といえるのではあるまいか。

「戦《いくさ》に敗けた以上はキッパリと潔《いさぎよ》く軍をして有終の美をなさしめて、軍備を撤廃した上、今度は世界の輿論《よろん》に、吾《われ》こそ平和の先進国である位の誇りを以て対したい。将来、国軍に向けた熱意に劣らぬものを、科学、文化、産業の向上に傾けて、祖国の再建に勇往邁進《まいしん》したならば、必ずや十年を出《い》でずしてこの狭い国土に、この厖大《ぼうだい》な人口を抱きながら、世界の最優秀国に伍して絶対に劣らぬ文明国になりうると確信する。世界はこの猫額《ねこがく》大の島国が剛健優雅な民族精神を以て、世界の平和と進運に寄与することになったら、どんなにか驚くであろう。こんな美しい偉大な仕事はあるまい」

明日に何がはじまるか皆目不明であり、ひたすら戦々恐々としている人びとが、はたしてどれほどの落ち着きをもってこれを読んだことか。ほとんど夢物語として屑籠《くずかご》に捨てられたに違いないのであるが。

「一億総懺悔」の発言

この混沌《こんとん》と、乱雑にしてやり切れない世相を背景に、東久邇首相の「一億総懺悔《ざんげ》」の発言があったのである。二十八日の記者会見で敗因を問われて首相は率直な思いを語り、最後にこういった。

「……事ここに至ったのは勿論政府の政策がよくなかったからでもあるが、また国民の道義のすたれたのもこの原因の一つである。この際私は軍官民、国民全体が徹底的に反省し懺悔しなければならぬと思う。一億総懺悔をすることがわが国再建の第一歩であり、国内団結の第一歩と信ずる」

首相から「懺悔せよ」と諭された国民が、これを読んだのは三十日の朝刊紙上においてである。ところが、なぜ、われわれが懺悔しなければならないのか、懺悔すべきは政府と軍部ではないか、と厳しく考えた人はあまりいなかったようなのである。むしろ首相の明快率直な言葉のいちいちに同感を禁じ得なかったらしい。詩人岡本潤《おかもとじゅん》も、高見順も日記にそう記している。しかも、この「総懺悔」がやがて一般化し、日本人一人ひとりの戦争責任の追及よりも、国民総被害者という図式ができ上がっていくのであるが。

のみならず、東久邇首相の演説には、中盤あたりにまことにさりげなく一種の諭しが織り込んである。

「今日においてなお現実の前に眼を覆い、当面を糊塗して自らを慰めんとする如《ごと》き、また激情にかられし事端《じたん》をおおくするが如きことは、とうてい国運の恢弘《かいこう》を期する所以《ゆえん》ではありません。一言一行ことごとく、天皇に絶対帰一《きいつ》し奉《たてまつ》り、いやしくも過またざることこそ臣子の本分であります」

一億一心から絶対帰一へ、それ以上に余計に考えることを放棄せよ、というのである。そして一億総懺悔しようではないか。それは結局のところ、戦前・戦中と変わらないリーダーの国民指導の理念というところではあるまいか。

＊この章の「余談」――

（8）八月十八日、都内の主要紙にこんな広告が掲載された。
「転換工場並びに企業家に急告！　平和産業の転換は勿論、其《そ》の出来上り製品は当方自発の〝適正価格〟で大量引受けに応ず。希望者は見本及び工場原価見積書を持参至急来談あれ　淀橋区角筈一の八五四（瓜生邸跡）新宿マーケット　関東尾津組」

これが戦後日本といえばすぐに象徴的に出てくる露店市場の、いわばスタートを飾る広告となる。長く新宿に根をおろし、露店商人を統括してきたテキヤ尾津《おづ》組の尾津喜之助《きのすけ》親分が出したもので、その着眼はあざやかに的を射て、広告は一種の旋風を巻き起こす。勝たんがために昼も夜もなく一所懸命につくったのに、突然の終戦で納入先が消えてなくなり、製品をかかえ途方にくれた軍需産業の下請け業者が、広告を見てぞくぞく尾津組事務所に詰めかけたのである。

新宿はまだ当然のことながら荒涼たる瓦礫《がれき》の街である。その焼け跡の新宿駅東口に、広告が出た二日後の二十日、突如として、裸電球がずらりと並び、露店街が出現したのである。売られているのは、だれもが生きるために必要としている日常雑貨。たとえば御飯茶碗《ぢやわん》一円二十銭、下駄《げた》二円八十銭、フライ鍋《なべ》十五円、手桶《ておけ》九円五十銭、ベークライト製の食器・皿・汁椀《しるわん》三つ組八円といったところ。飛行機用材のジュラルミンやアルミニウムを加工してつくった鍋や弁当箱も並べられる。いずれも粗悪品であったが飛ぶように売れた。

いうまでもないことながら、それらは政府が行なっている消費物価の価格づけや、配給制度に完全に違反している。はっきりいって国家権力の介在できないアナーキーな世界である。非合法なマーケットゆえに「闇市」と呼ばれるが、人びとは欠乏と疲弊と混乱のなか、ともかくも生き抜くためには法などをかまってはいられなかった。売るものも日用品から食料、衣類、酒類とひろがってゆき、あらゆるものがそこに行けば手に入るまでになる。

そして、後の話になるが、九月になると、尾津マーケットには「光は新宿より」の看板の上に一〇〇燭光《しょっこう》の電灯がとりつけられ、煌々《こうこう》とあたり一面の闇を照らした。つまり、闇の市場はいまや「光」の市場となって、民衆の生活の支えとなる。そこから有楽町《ゆうらくちょう》、銀座《ぎんざ》、新橋《しんばし》、渋谷《しぶや》、池袋《いけぶくろ》、上野《うえの》と山手《やまて》線の主要駅付近にあっという間に広まっていくのはごく自然なこと。年を越した昭和二十一年二月の警視庁の調べでは、東京都内の露店商は七万六千人を数えたという。それればかりではなく、名古屋、大阪、神戸《こうべ》とまたたく間に全国的になっていった。

そしてそれぞれの闇市を取り仕切っていたのは、テキヤの親分衆というわけである。東京では八人の親分が仕切っていた。新宿はさきに書いたとおり尾津組、浅草《あさくさ》は芝田組、池袋は関口組、銀座は上田組、新橋は松田組などなどであるという。親分を中心に組が組織され、闇屋はショバ代やあがりを組に納めなければ、露店をはることはできなかった。

新橋の松田組が掲げた看板に曰《いわ》く、「消費者の最も買い良い民主自由市場」、だれが翻訳したのか、横文字も書かれている。"Outside Free Market"の文字が泣かせる。たしかにアウトサイドは青空という意味合いをふくんでいるが、反面、法の外側にあるという公然たる宣言のようにもとれるのである。

石川淳《いしかわじゅん》『焼跡のイエス』の冒頭に、上野のガード下の闇市場の情景がまことに具体的に描かれている。昔を偲《しの》ぶよすがに長く引用しておく。

「炎天の下、むせかえる土ほこりの中に、雑草のはびこるように一かたまり、葭簀《よしず》がこいをひしとならべた店の、地べたになにやら雑貨をあきなうのもあり、衣料などひろげたのもあるが、おおむね食いものを売る屋台店で、これも主食をおおっぴらにも ち出して、売手は照りつける日ざしで顔をまっかに、あぶら汗をたぎらせながら、『さあ、きょうっきりだよ。きょう一日だよ。あしたからはだめだよ。』と、おんなの金切声もまじって、やけにわめきたてているのは、殺気立つほどすさまじいけしきであった」

まこと、戦後日本人の生きていくための熱気はすさまじいものがあったのである。

四　昭和二十年九月（1）「青い眼の大君」の章

千両役者マッカーサー

いよいよ占領軍が本土に進駐してくる。それが目睫《もくしょう》の間《かん》に迫っても、天皇の身柄とひいては国体がどうなるのか、日本の指導層ははっきり見通しをつけることができないままでいる。連合国と接触をはじめた出先機関は、必死に何か情報を得ようと努力した。しかし、〝これは〟というものをつかむことはできず、いきおいアメリカをはじめ連合国の動きを報ずる、その日その日の新聞論調や記事に、一喜一憂するほかはなかった。そして連合国との接触を開始した出先機関の人びとは、きそって同じ理論を連合国に説いてまわった。

「この混乱を乗り切るためには、日本にとって、天皇陛下が大切なのである。陛下の地位に何らかの変更を加えることは、日本をさらに混乱させ、暴動を引き起こすだけである」

こうした訴願にたいして、連合軍総司令部（GHQ）はいっさい答えようとはしない。かりに答えるものがあっても、それは、

「日本国民の自由に表明される意思によって決まるまで」

と、ポツダム宣言の趣旨をくり返すにすぎなかった。

指導層はひたすら心を暗くしながら、さまざまな思惑をうちにひめて議論をつづけた。ことが皇室にかんすることだけに、だれもの口が重く、悲観論がやや全体を支配しがちである。

そうした日本側の不安や疑心暗鬼のいやますうちに、八月二十八日に連合軍の先遣隊が厚木飛行場に進駐の第一歩をしるす。総司令官ダグラス・マッカーサー元帥が飛行機バターン号から、同じ厚木で、日本の大地をしっかり踏んで降り立ったのは、二日後の三十日である。日本政府側の出迎えは断られている。各新聞社の記者とカメラマンが各一名、それにニュース映画の撮影者など十名だけが、世紀の瞬間を待ち受けていた。

丸腰で、コーンパイプを手に、ムンムンする夏草の上に降り立つ彼は、千両役者そのものの見事な所作で、記者たちを驚かせる。マッカーサーはそれを意識していた。機内から外へ出ようとするとき「つぎは映画でいう一大クライマックスだ」といったという。彼の最初のステートメントはあまりにも短かった。

「メルボルンから東京までは長い道のりだった。長い長いそして困難な道程だった。しかしこれで万事終わったようだ。……降伏は不必要な流血の惨をみることなく、無事完了するであろうことを期待する」

日本人記者団は「これはただの軍人ではないぞ」と思ったというが、この報告を受けた指導層には、具体的に何も語っていないことが不満、いや不安であり、不気味というしかなかった。

この日の読売報知新聞に、日本のキリスト教指導者・賀川豊彦《かがわとよひこ》（五十七歳）が長文を寄せている。

「たとえ身は焼かれても粉砕されても、戦争は、陛下の指揮のあるまで続けてゆかねばならぬことを、毛程も疑った日本人は一人もなかったことも事実です。それが、陛下の詔書によって戦争から平和へ完全に転回しました。その決意の固さと新しい理想への出発へ努力……／総司令官閣下／貴官は日本進駐の第一夜をこの点についてよくお考え下さい。……」

賀川が「よく考えよ」と総司令官に訴えているのは、すべての日本人にたいする天皇の呪縛《じゅばく》的な権威について、である。天皇の身柄の扱い方いかんによっては、日本占領は成功しないぞ、と威《おど》しをかけているにひとしいのである。マッカーサーがこれを読んだという確かな証《あかし》はない。ただ、彼が日本人と、それに及ぼしている「天皇のもつ神秘な力」について〝よく考え〟ているであろうことは、日本軍三百万余の戦闘部隊のいる本土へ、丸腰で平気で上陸してくるあたりの〝読み〟からも容易に察せられたが。

練り上げられていた演出

この時点では日本人が知るべくもなかったが、この人はなみの軍人なんかではなかったのである。英首相チャーチルがのちに「戦争のさいに見られる勇敢な行為には、驚嘆すべきものがある。しかし、なかでも驚くべきものは、彼の示した勇気は、〔日本へ〕ひとりで乗りこんだマッカーサーの行為である」と書いたように、人なみはずれたものといえる。しかもそれは暴虎《ぼうこ》馮河《ひょうが》の勇ではない。冷静この上ない計算に立脚したものであった。

たとえば、この日、バターン号はマニラから厚木へ、七時間の飛行を一気にしてきたように、これまで刊行された多くの書物には書かれている。袖井《そでい》林二郎《りんじろう》氏が指摘するように、これらはマッカーサーとその司令部の見事な情報操作にひっかかっている。C54型機の航続距離ではそれは不可能、途中で給油が必要なのである。

それで元帥とその一行は、前日の二十九日にすでに沖縄の読谷《よみたん》基地に飛来し、そこで日本本土先遣部隊の司令官ロバート・アイケルバーガー中将らと、飛行計画と警戒態勢の細部にわたる検討をすませている。いよいよ進駐する日本の態勢を、間近くまできて探っているのである。

　そして、正式に発表されたマニラ—沖縄—厚木というコースの半分だけを、さきに進駐したアイケルバーガーの「万事異状なし」との信号を待って、一直線に飛びぬけてきた。

　また、機上での元帥についても、二つの見方がされている。腹心コートニー・ホイットニー准将《じゅんしょう》に、対日占領政策を口述していた、とするのがそのひとつ。コーンパイプの煙と交互に、彼の口から吐き出される政策はつぎのようなものであったと、ホイットニーは記録する。

「まず軍事力を粉砕する。戦争犯罪人を処罰し、代議制にもとづく政府の制度をつくる。女性に参政権を与える。政治犯を釈放し、農民を解放する。自由な労働運動を育てあげ、自由経済を促進し、警察による弾圧を廃止する。自由で責任ある新聞を発展させる」

　ホイットニーは書きくわえる。

「元帥ははたしてこの奇蹟《きせき》的現象を達成できるだろうか。敗戦国の占領に成功するだろうか」と。

　伝えられるもうひとつの姿は、飛行中マッカーサーは静かに瞑想《めいそう》にふけっていた。いや、ひたすら居眠りをしていたという豪胆なものである。ホイットニーが日本上空に入ったとき腕を軽く叩いて、窓から見える富士《ふじ》山をさし示すと、眼をさましたマッカーサーは、

「ウム、富士山はやはりいいね」

と、そう一言呟いただけで、眺めようともせずにまた眠りに落ちた、という。

どちらの話も、マッカーサーその人をうまく語っている。あるいは、マニラから沖縄までがこれからの政策を喋々《ちようちよう》としゃべりまくる前者、そして沖縄から厚木までの道では黙りこくっている後者、と見たほうが、より楽しい想像となる。最大の自信家であり自負の人も、さすがに日本に近づくにつれ、その任の重さをずっしりと痛感せざるを得なくなる。ホイットニーの書くように「成功するだろうか」の想いにしめつけられていたんだ、と。

「神と良心」の名演説

当時の日本人はだれもそのような事情は知らない。わたくしなんかは、マッカーサー日本へと聞き、「いざ来いニミッツ、マッカーサー、出てくりゃ地獄へ逆落とし」の戦争中の戦意高揚歌をひそかに歌ったくらいである。この軍人がアジアのことを知ることアメリカ随一と自負し、「青い眼の大君」として君臨し、戦後日本を変革する絶対の権限をもつ男、などとは考えもしなかった。

ところが、指導層は違った。この人の輪郭――一八八〇年アーカンソー生まれ、陸軍士官学校校長、参謀総長を経て、フィリピンに渡り、比島陸軍の育成につとめ、開戦直前に米軍極東軍司令官に任命される。以下は、マニラ陥落後は豪州に逃げ、そこから陸軍の反攻の指揮をとりつづけ、昭和十九年十二月に元帥に昇進、という軍歴については一応把握している。しかし、その人間性とか人生観、信条ということになると、無知という点ではわれら日本人一般とそれほど違うものではない。それだけに、天皇とその側近、そして日本政府は、この将軍にかんする情報を、単なる噂《うわさ》なりとも参考資料として机上に積み上げた。

が、横浜《よこはま》の宿舎ホテル・ニューグランドに入ったまま、遠くから東京の空を見据え、彼は無言を押し通している。(9) これは日本の指導者にとっては不気味としかいいようがない。その口から、戦争責任問題から天皇退位、戦犯の決定がいい出されたりするのではないか。国体をがらがらと打ち壊す大改革の方針が打ち出されてくるのではないか……政府も宮中グループも息づまる思いで、この男の出方を見守っている。

そのマッカーサーという軍人の、人間性の一端にふれたのは、厚木着陸から三日後のことである。九月二日午前九時、東京湾に錨泊《びょうはく》する戦艦ミズーリ艦上で、降伏の正式調印式が行なわれた。その冒頭で、元帥は「神と良心」とに導かれた有名な演説をする。

「……地球上の大多数の国民を代表して集まったわれらは、不信と悪意と憎悪の精神を懐《いだ》いて会合したのではない。……過去の出血と殺戮《さつりく》の中から、信仰と理解に基礎づけられた世界が、また人間の威厳とその抱懐《ほうかい》する希望のために捧げられるよりよき世界が、自由と寛容と正義のもとに生まれ出でんことを。それは私が熱望するところであり、また全人類の願いである」

それはわずか三分間の演説であった。が、抑えた張りのある一語一語は、居並ぶかつての敵味方の将兵の心をうった[10]。

このとき、日本側代表団は思いもかけない勝者の言葉に驚嘆している。なかでも随員の外交官加瀬《かせ》俊一《としかず》氏（四十二歳）は、語られる気高い理想に、驚愕《きょうがく》をとおりこして感動すら感じた。

「彼は屈辱的処罰を〔日本人に〕科することもできるのである。しかも、切々として自由と寛容と正義を訴える。最悪の侮辱を覚悟していた私は本当に驚いた。私はただただ感動した」

と、のちにその著書『ミズーリ号への道程』に書いているが、その噴きあがる感動そのままの報告書を、彼はしたためた。そして報告書は、全権重光葵《まもる》外相によって天皇の面前で朗読された。

いま、報告書の原文そのものは失われているというが、それがいかにマッカーサー讃美の言葉に満ちたものであるかは、加瀬氏の著書の美文の描写のなかから、充分にうかがうことはできる。

「マッカーサーは平和の人である。……将軍は光明の人である。将軍の寛大な魂が放つ光は燦然《さんぜん》と輝きながら地球を包み、将軍の足跡は世界に明かりを投げかけている。このような器量と識見を有する人物が、日本の運命を形成すべき最高司令官に任命されたのは、われわれの幸運ではなかったろうか」

　重光外相が重々しく朗読する美辞麗句の報告内容が、皇居で首を長くして待っていた天皇や側近にどのように響いたことか。少なくとも、占領軍総司令官が猛々《たけだけ》しいだけの、戦塵《せんじん》にまみれた軍人ではない、という強い印象を与えられたことだけは確かである。

　宮中から退出してきた重光外相は、待っていた加瀬に「陛下も嘆息してうなずいておられた」といった。

　九月四日、天皇は第八十八臨時議会の開院式にのぞみ、勅語を朗読している。それはマッカーサーの「神と良心」演説に応《こた》えるかのような、美しい言葉に満ちていた。

「……朕《ちん》は終戦に伴う幾多の艱苦《かんく》を克服し、国体の精華を発揮して、信義を世界に布《し》き、平和国家を確立して、人類の文化に寄与せむことを冀《ねが》い、日夜軫念措《しんねんお》かず。……」

　このときの天皇は大元帥服を身にまとい、胸に大勲位菊花章と功一級各副章をつけ、赤い房のついた元帥刀を佩用《はいよう》している。議場の傍聴席から、連合軍の従軍記者やカメラマンがその姿を見つめていた。そのひとり、カナダのジェームズ・ウィーナー記者がその印象をこう打電したという。

「私はドイツ降伏後にヒトラーが生きていて、総統服を着て、真剣な顔をして、『これからは平和だ！』と演説するところを思った」

それほどに天皇は堂々としていたということなのか。

四十分間の東京見物

さらに数日後、連合軍総司令官にかんする興味深い報告が内閣書記官長緒方竹虎からもたらされる。九月八日、マッカーサーは横浜の宿舎を発して、この日はじめて東京に足を踏み入れた。そしてアメリカ大使館に星条旗をかかげ、東京進駐式を正式に行なったのである。話はそのあとに起こった。昼食を帝国ホテルでとることになっていたマッカーサーが、まだ正午には時間があるからと、ホテルの犬丸徹三《いぬまるてつぞう》社長に命じ、参謀長のリチャード・サザーランド中将と二人だけの、東京見物の案内をさせた、というのである。そして四十分後に、帝国ホテルへ戻ってきた。

この報は、緒方をはじめ政府や宮中をびっくりさせる。この四十分間の極秘の私的行動は、総司令官その人を知るためには絶好な、興味しんしんたる話題ということになる。その関心はいずこにあるか。わずかな時間であるだけに、いっそう明確になろう。

電話での犬丸社長の報告は詳細をきわめたという。緒方の胸は大いにはずむ。「帝国ホテルを出て右へ、まず日比谷の交差点をこえる」。「ウム、ウム」……右に見える第一生命相互ビルを指して、「これは東京に残っている建物のなかでは、いちばん立派なもの」という犬丸の説明に、マッカーサーは「ああ、そうかい」とうなずく。左うしろの焼けた警視庁は無視、いっぽうで焼け残った帝国劇場も無視。日本銀行を中心とする銀行街では、マッカーサーは「いやに銀行が多いじゃないか」の一言。三越前を通って、銀座通りを御茶《おちゃ》の水《みず》へ向かう。

ビジネス・センター、ショッピング・センターが終わったから、つぎはエデュケーション・センターの東京大学へ。赤門から東大構内へ入ったものの、犬丸は一橋大学出身ゆえ何にも説明はできないままである。将軍もそれを察したのか、質問もほとんどなし。大学病院前から鉄門を出て、表通りを春日《かすが》町のほうへ下りる。

後楽園《こうらくえん》球場で、元帥は質問する。「観客は何人入るのか」。犬丸は「十万人」と思わず答えてしまう。するとマッカーサーとサザーランドとは私語しはじめた。「どこそこの球場は四万五千だが」「どこそこは五万人だ」「十万人とは何とすごいじゃないか」と。でまかせをいった犬丸は、背中にびっしょり汗をかきながら、総司令官どののヤンキー気質《かたぎ》を確認する思いである。

「それから神田の古本街へ、そしてそれから宮城《きゅうじょう》前へと行ったんです」と犬丸の報告はつづく。いよいよ肝腎《かんじん》のところである。

「左に楠木正成《くすのきまさしげ》の銅像がある。どう説明しようかと思いながらトボケていたら、アチラさんもまったく知らん顔でした。そのまま通りすぎ、宮城のお堀にそって祝田橋から三宅坂。参謀本部の焼け跡前に出たが、ここでも知らん顔。ここらで何か一言と思って、お堀端で鴨が日なたぼっこをしていたので、『こういう静かな景色を、日本人は大変に愛している』とやったら、『いや、日本人ばかりじゃない。われわれもこうした平和がいちばん好きなのだ』と一言。そして興味深そうに宮城の森とお堀を眺めていましたな」

このあと、永田《ながた》町から霞《かすみ》が関《せき》の官庁街をへて帝国ホテルへ。マッカーサーは「サンキュー」と一声、ロビーを上がっていった。

実は、マッカーサーは戦前に二度の日本来遊があり、東京についてはかなりくわしい知識をもっているのである。丸善のことも知っており、「あれは焼けた」の説明に眉《まゆ》を曇らせ、山縣有朋《やまがたありとも》の銅像の前を通ったとき、「あれが歩兵操典の山縣だろう」と犬丸に問うている。旧ドイツ大使館（現国会図書館）の赤レンガの建物が、きれいに焼け落ちているのをみたとき、「ファイン・ジョッブ」（うまくやった）と、即座に爆撃の正確さを喜んだりしているのである。

「で、マッカーサーとはどんな男、という印象をうけましたか」

とたずねる緒方書記官長に、犬丸社長はあっさりと答えた。

「私のうけた印象では、マッカーサーは単なる兵隊じゃあない。あれは政治家です。しかもすぐれて紳士的な……」

見るかぎりの焼野原、瓦礫《がれき》の山のつらなりの、ところどころに建つ焼けトタンのバラック、惨状はいやでも目に入ったが、マッカーサーは何もいわなかった。

犬丸もまたあえてふれなかったが、将軍のもつ柔軟な頭脳と、ごくごく人間的な温かい心とが、自然に感じられてきたという。

犬丸は長年ホテルマンとして、卓越した人を見る眼をもつ人である。しかも、その人が私的な接触をして、軍人というより政治家である、とはっきり指摘する。ということは、圧政者としてではなく、話し合いのできる、あるいは辞を低うしての頼みごとの、かなり可能な余地を残している人物なのではないか。マッカーサーに期待をかけてもいいということであろう。犬丸の話は、こうして政府や宮中がかなり愁眉《しゅうび》をひらくよき報告となった。

日本政府と宮中グループが別々に、天皇とマッカーサーとの会見を考えだすのは、実にこのすぐあとからである。しかも会見は天皇のほうからマッカーサー訪問というかたちで、と。

東京見物にさいして、マッカーサーが宮城を望見しながら、一言の感想もなく、むしろあえて見まいとしていた、という犬丸の観察は、考えようによっては胸のつかえを重いものにする。が、その半面で、森やお濠《ほり》を眺めながら平和を口にする、というのは、もっとも強く宮城内部つまり天皇を意識するがゆえ、ととれなくもない。こちらからはあえていいださぬ。動くなら平和をのぞんだ天皇のほうから、というマッカーサーの無言のシグナルかもしれないではないか。

こうして政府は積極的に総司令部との接触をもちはじめる。九月十三日には近衛《このえ》国務相が、ついで十五日に東久邇《ひがしくに》首相が、横浜にマッカーサーを訪問する。ただし、余計なことかもしれないが、日本政府のだれひとりとしてこのとき、憲法の改正について考えてもいなかった。まったく予期もしていなかったということを付記しておきたい。はたして、アメリカ政府やマッカーサー司令部は、憲法問題をどう考えていたのであろうか。

＊この章の「余談」――

（9）　ホテル・ニューグランドで遅い昼食がわりとして、マッカーサーに供されたのはスケソウダラにサバ、それにたっぷり酢をかけた生キュウリのお菜であった。さすがに辟易《へきえき》してマッカーサーは無言で見つめるだけであったという。

ホテルの会長の野村洋三《のむらようぞう》がすすみでて、

「日本人はこれよりももっとひどいものを食べているのです。それでもあればまだよいほうです。それが現実なんです。ですから、あなたが日本人の心を真剣につかもうと思っておられるのなら、まずこの深刻な食糧難の現状を打開するため、食糧の放出を是非おすすめする」

さらに翌朝の第十一空挺《くうてい》師団長の報告が、彼をいっそう驚かせた。師団の兵全員で一晩じゅう探したにもかかわらず、最高司令官用にたった一個の卵しか手に入らなかった、という。マッカーサーはただちに横浜に布《し》かれていた戒厳令と夜間外出禁止令を解いた。占領軍は日本人の食糧を徴発してはならぬ、占領軍は自分たちの軍用食のみをとるべし、およそ過去の征服軍の歴史のなかに例をみない命令を、マッカーサーは発した。日本改革の第一歩は占領軍がまず寛大であり、同情的であることからはじめねばならない、それが彼の信念となった。

(10)

マッカーサーはその『回想記』のなかに、このときの心境をこう書いている。

「この運命的な日の朝、極東は息を飲んで私の言葉を待受けていた。日本はむち打たれるため裸にされた状態で、世界は緊張のうちに、激しい処罰がはじまることを待望していた。私は何をいい、何をすべきかについて何の指令も受けていなかった。その朝の私は、ひとりぼっちで、神と私の良心以外には私を導くなんのしるべもなく『ミズーリ号』の後甲板に立っていた」

例によって相当に芝居がかっているが、その言葉に嘘や誇張はなかった。ワシントンのアメリカ政府は対日政策の大筋をどうやら決めたばかりであったのである。したがって「何の指令も受けて」いないままに、マッカーサーはこの瞬間から「神と私の良心」だけに導かれた自分の占領政策を実行するのみ、という決意を強固に固めたのである。

五　昭和二十年九月（2）「記念写真」の章

「憲法を変えればよい」

宮城《きゅうじょう》とお濠《ほり》をへだてて向き合っている第一生命相互ビルの屋上に、九月十七日、星条旗がひるがえった。連合軍総司令部（GHQ）はここに居を構え、本格的な占領行政を開始する。総司令官マッカーサー元帥はたった四十分の東京見物以後、日本各地はおろか東京そのものをもはや一顧だにすることなく、宿舎のアメリカ大使館とこのビルとの間を、判で捺《お》したように時間を守って往復することを、その日課としはじめる。

彼は、第一次世界大戦後にライン地区で得た自身の占領行政の実地体験に重ねて、フィリピンの軍事総督であった亡父の統治の方法を学び、すでにおのれの占領政策の全体の基調を決めている。さらに若いころ深い感銘を受けた大統領マッキンレーの言葉をそこに加味する。この大統領は米西戦争勝利のあと比島の領有を主張し、「自由なるものによる征服は救いなり」という古言を引用して、「フィリピン人を最高の文明に導くことがアメリカの任務である」と説いた。マッカーサーはこれを日本占領のさいの指針にすることとしたという。

しかし、書くまでもなく、占領軍総司令部は大統領の指揮下にある。当然のことに、ワシントンからはその後に「降伏後における米国の初期の対日方針」という根本政策が通達指示されてきた。八月二十九日、この文書をマッカーサーは電信で受けとっている。それは、日本の「非軍事化」と「民主化」を占領の二大目的としている。「武装解除ならびに軍国主義の抹殺は、日本占領の主要任務であり、即時、断固として遂行されなければならない」のであり、ワシントンの意図する「民主化」とは、帝国主義の復活を防止するための手段なのである。要は日本への懲罰と軍事的無力化である。

ところが、マッカーサーはその指示に従うようにしながらも、「神と良心」に従って、いいかえれば、おのれの〝野望〟ともいえる大方針を貫こう、と頑《かたく》なまでに意を固めている。占領を日本の民主改革の実験とみなし、日本人を最高の文明に導いてやる、そしてわれはその慈父のごとき指導者たらん。こうした使命に燃えるマッカーサーとその側近たちは、民主主義を進める政策の実現において、日本の民衆には失望を与えまいと真剣に取り組んだ。そして、マッカーサーがホイットニー准将に口述した政策にもとづいて、指令は矢継ぎ早に日本政府に発せられる。

主要戦犯容疑者三十九人の逮捕（九月十一日）、検閲制度の廃止（同二十九日）、五大改革（婦人解放・労働者団結権・教育民主化・秘密審問司法制度撤廃・経済機構民主化）を要求（十月十一日）、軍国主義的・超国家主義的教育を禁止（同二十二日）……。

しかし、これらの国柄を変革するような大方針を、敗れたとはいえ、日本側が反抗することもなく、スムーズに実行に移すであろうか。ＧＨＱの幹部はかならずしも自信はなかった。重要な政治部門担当の民政局の局長ウィリアム・Ｅ・クリスト准将と次長ケーディス大佐がこんな会話を交わしたことが、児島襄《こじまのぼる》発掘の記録にとどめられている。

「このような国家の根本を変えるような大手術を、わずか一年半ないし二年でやろうというのだ。相手はアジアでもっとも頭のいい、手強《てごわ》い日本人なんだ。名案はあるかね」

「いいえ、そんな結構な名案のあろうはずはありません。でも、ひとつだけ必要条件が考えられます。法治国家は、法に従って国家運営がなされます。ですから、政治の根本を変革するには、法を変えることです。とくに憲法を変えればよいわけであります」

「そうなんだ、憲法というものがあったな」とクリストがいう。

ケーディスは目を輝かせて答える、「ですから、われわれの望むような政治ができるように、憲法の改革を日本政府に要求すべきと考えます」。

両軍人とも狙いどおり事態が運ぶかどうかそれほどの自信はもてない。ただし、言葉を交わしつつそれこそがいちばんの良策と確信するのである。

マッカーサーを訪問する日

このころ、日本政府と宮中では複雑な思いで、GHQの星条旗を仰ぎ見る日がつづいている。ポツダム宣言で、天皇の統治権はマッカーサーの権力の制限下《サブジェクト・トゥ》におかれる、と規定されている。ならば、天皇のほうがまず占領軍総司令官を訪問するのが礼儀というものであろう、と、政府も宮中グループも期せずして、同じような考え方にたどりついていく。しかし、敗者の儀礼的な訪問を、勝者がはたして快く受け入れるかどうか。

それは九月二十日のこと、という。礼服で威儀を正した侍従長藤田尚徳《ふじたひさのり》が、約束どおりGHQを訪ねると、来客中だとしばし待たされてしまった。天皇陛下の使者を待たせるとは、と少しムッとした藤田の前のエレベーターの扉があく。と、なかから外相吉田茂《よしだしげる》（九月十七日辞任の重光葵《まもる》の後継）が出てきて、深く何かを考えこみながら前を通りすぎていった。

やがてマッカーサーのもとへ案内されると、彼は礼儀正しく「アドミラル・フジタ」と呼んだ。侍従長の前歴は海軍大将、まさしくアドミラルで、軍人同士の親しみをマッカーサーはそのままに態度で示した。藤田は、これは天皇陛下のお言葉である、と前置きして、「元帥は開戦いらい、ほうぼうの戦場で戦われ、日本に進駐されたが、ご健康はどうであろうか。日本の残暑は厳しいので、十分に健康にご留意ありたい」

といった。たいして元帥は答える。

「いろいろご心配下さって感謝にたえない。陛下にくれぐれもよろしくお伝え願いたい」

慇懃《いんぎん》な言葉に、藤田は、これなら天皇訪問はOKだな、との感触を得た。

宮内省に戻った藤田を待ちかねていたかのように、吉田から電話がかかった。気づかずに失礼したことを詫《わ》び、「実は今日、マ元帥に会い、陛下が元帥を訪問したいといわれたら、どうなさるか、と単刀直入に質問した。すると、喜んで歓迎申しあげる、との返事なので、この会見をどういうふうに実現したらよいか、考え考えエレベーターに乗っていたものですから……」と、吉田はいった。

歴史とは、このように偶然というものを用意するものなのであろう。政府も宮中も、天皇のマッカーサー訪問というシナリオを、このときから一致して完成させなければならないことになる。

ここで興味深いのは、マッカーサーその人も、天皇訪問がそろそろあるのではないか、とひそかに待ちのぞんでいた気配のあることである。

のち知名なジャーナリストのジョン・ガンサーに語ったように、「自分が天皇をよびつける非礼をおかさなくとも、天皇自身が、新しい権力者が、いったいどんな男であろうか知ろうとする好奇心をおさえかね、自分をきっと見にくるであろう」と、総司令官はその日の一日も早くくるのを期待していたというのである……。

「全責任を負うものとして」

二十七日午前十時、天皇はアメリカ大使館に〝青い眼の大君〟マッカーサーを訪ねた(11)。天皇はモーニングの礼装であったが、マッカーサーは略式軍服でネクタイもしめていなかった。会談は四十分間に及んだが、内容は正式には公表されていない。ひとつ確かなことは、天皇とマッカーサーは、会談の内容について決して外へ洩《も》らさないことを約した、ということ。戦後もしばらくのちの記者会見での天皇の言葉がそのことを証している。

「マッカーサー総司令官と当時、内容は外に洩らさないと約束しました。男子の一言もあり、世界に信頼を失うことにもなるので話せません」

それゆえ、天皇はいらい側近にもこのことについて一言も話していない。内容が洩れてくるのは、マッカーサーのほうからばかりである。結果、「陛下はウソのつけない正直な人だ」と誇り高い元帥は大いに歎《なげ》くことになる。

そしていまは、『マッカーサー回想記』中の「私は、国民が戦争遂行にあたって政治・軍事両面で行なったすべての決定と行動にたいする全責任を負うものとして、私自身をあなたの代表する連合国の裁決にゆだねるためにおたずねした」という天皇の言葉がつとに有名である。が、ここには、昭和六十二年十月三日付けの紙面で、東京新聞が発掘した皇太子（現上皇）の家庭教師ヴァイニング夫人の日記、一九四七年十二月七日の項を引用することにする。夫人は元帥のお気に入りで、直接に、夫人は以下の事実を聞いたという。（わかりやすく書くと）

元帥「戦争責任をおとりになるのか」

天皇「その質問に答える前に、私のほうから話をしたい」

元帥「どうぞ。お話しなさい」

天皇「あなたが私をどのようにしようともかまわない。私はそれを受け入れる。私を絞首刑にしてもかまわない」

——原文では、You may hang me. となっている。

天皇（つづけて）「しかし、私は戦争を望んだことはなかった。なぜならば、私は戦争に勝てるとは思わなかったからだ。私は軍部に不信感をもっていた。そして私は戦争にならないようにできる限りのことをした」

どうやら一身を犠牲にしても責任を負うとの決意を表明した天皇に、マッカーサーが心をゆり動かされたことは、確かのように思われる(12)。

しかし、そうであっても、マッカーサーは天皇訪問の間じゅう、一度も答礼をしなかった。最高司令官が天皇と同等の権力者であるように映ることを、彼は峻拒《しゅんきょ》した。そのことはまた、二十九日付けの日本の各新聞に発表された記念写真が、雄弁に物語っている。

礼をつくしたモーニング姿できちんと立つ天皇と、その脇にいわば悠然と、ラフな開襟シャツの軍服で、手を腰にあて足を開き気味に立つマッカーサー。それに何とも背の高さが違いすぎる。だれが見ても、マッカーサーのポーズは勝者そのものというほかはない。「ほんにまあ、戊辰《ぼしん》戦争で、わが長岡藩主の牧野《まきの》様が西軍の軍門に降ったときも、きっとこんなであったこてね」「勝てば官軍というからの」と、そんな会話をクラスメイトが交わしていた。日本人のすべてがあらためて敗者であることを確認させられたのである。

明らかにマッカーサーにとって、会見は儀式であったのである。天皇にたいして精神的な優越を確保し、厳たる支配の構造を示すこと。そして日本国民には望ましいショックを強烈に与えること。ただし、天皇の威厳には相当の敬意をはらうことで、不遜《ふそん》とか無礼あるいは勝者の驕慢《きょうまん》を匂わすような印象を、できるだけ与えまいと配慮しながら……。

「前の神様、下界に下り……」

　ところで、こうした六十五歳のマッカーサーの政治的な挑戦というか、大芝居にたいして、四十四歳の天皇はなすがままにされていたわけではないのである。当時の日本人は知るべくもなかったが、天皇もまた帝王として堂々とそれに対応している。

　この「世紀の会談」の間、出入りできたただひとりの日本人がいる。船山貞吉といい、大使公邸の責任者で、長く駐日アメリカ大使に仕え、のちにマッカーサーの一家の世話をすることになる老人である。

　彼は黒紋付きの羽織袴《はかま》、白足袋《たび》といういでたちで、暖炉にくべる薪《まき》を盆にのせてうやうやしく運んだり、コーヒーのサービスもした。そして会談終了後に、船山が確実にその目に見たものは、位置も中身も元のままという天皇のコーヒーカップであった。驚くべきことに、天皇はコーヒーに口をつけなかった。もてなされたものに手をつけないとは、礼を失したことになろう。天皇は承知しぬいている。にもかかわらず、あえて手をつけなかった。敗者とはいえ、わが道をゆく毅然《きぜん》たる態度をそこに示しているのである。

　緊張しすぎたため、あるいは毒殺の懸念、あるいは渇しても盗泉の水は飲めぬという王者の矜持《きょうじ》……さまざまな解釈は可能である。そんな下司《げす》の勘ぐりをするよりも、つぎの事実のほうがよほど楽しいエピソードとはいえまいか。

マッカーサーの心証は、このことで大いに害されてしまった。それ以後、解任され帰国するまで、天皇とは十回の会談をもつことになるが、マッカーサーはついに水一杯も供応することがなかった。そして天皇が帰ったあと、大あわてで薄めのコーヒーをいれさせ、元帥は大きな鼻を近づけて香りを愛《め》で、それからしみじみと味わうのを常としたという……。

生まれついての帝王を相手の、意地の張り合いに将軍もさすがに気圧《けお》され、どっと疲れを感じざるを得なかったようである。

いっぽう、天皇の無事の帰還を迎え、宮中側近や閣僚たちはひとまず胸のつかえをおろした。結果はかなり上首尾であったらしいと聞かされて、よろこびの顔を見交わしたものの、だれもがこれで終わったとは思ってもみなかった。

日本史上をみても、壬申《じんしん》の乱において、建武《けんむ》の中興において、また家康《いえやす》の江戸《えど》幕府の皇室政策などをみるまでもなく、天皇も上皇も、政治犯として逮捕されている。死刑はなかったものの流刑と退位の強制はしばしばなのである。北条泰時《ほうじょうやすとき》のごとく、天皇みずから出馬ならば抵抗すべからず、と命じておきながら、一度兵を京に入れると、上皇や皇族を捕らえ、文武百官を斬りすてている。まこと兵は勢いなり、なのである。マッカーサーが北条泰時でない保証はどこにもない。

はたして、戦勝者の勢いに乗るマッカーサーが、いやワシントンが、天皇制をどうするつもりか、裕仁《ひろひと》天皇の身柄をどうしようと考えているのか、側近たちの焦慮はその一点に集中していた。そして日本の新聞が、なぜか積極的に報道している海外のさまざまな意見を読んでは、一喜一憂するばかりなのである。たとえば、ある新聞は中国の林語堂《りんごどう》の談話として、「日本の民主主義を確保するためには、当然、今上《きんじょう》天皇は廃位されねばならない」という記事を掲げた。ある新聞は「解放日報」の社説をかなり大きく紹介している。「日本天皇は国家の元首であり、陸海空軍の大元帥であるから、戦争に対して負うべき責任はのがれることはできない」

マッカーサーとの会見が予想外にスムーズにいったといっても、それですべての天皇の責任問題が解消されたと楽観できるはずはないのである。天皇の運命を案じている人びとの間では、むしろひそかな危機感が強まってきた、といったほうがいいのである。

それにしても、「世紀の会談」の記念写真が、世界に与えた影響はかなり大きいものがあったことは否定できない。とくにアメリカ国内において。一言でいえば、それはアメリカ人好みの嘲笑《ちょうしょう》と偶像破壊にみちみちた写真といえようか。たとえば「ライフ」の十月二十二日号で、この会見の記念写真の載った反対のページには、九年ぶりに帰国し、女王に会った前イギリス国王のウインザー公の写真が飾られている。そして皮肉な大見出しがつけられた。

EX-GOD DESCENDS

辛辣《しんらつ》なゴロ合わせを訳せば「前の神様、下界に下り、前の王様、古里に帰る」ということになろう。この「ライフ」の発行部数は当時四百五十万部。たった一枚の写真が世界の人びとがいだく「天皇の神格」を無残に打ちくだくような激越な巨弾となった。

「おいたわしいの一語に尽きる」

そして日本では——。どうであったであろうか。はたして古い伝統を思い切り断ち切って、日本国民に望ましいショックを与えることに、GHQは成功したのか。

たしかに、たとえば斎藤茂吉のように日記に痛憤の文字を記した人もいる。

「今日ノ新聞ニ天皇陛下ガマッカアーサーヲ訪《と》ウタ御写真ノッテイタ。ウヌ！　マッカーサーノ野郎」（三十日）

あるいは、広島の中国新聞記者大佐古一郎《おおさこいちろう》（三十二歳）が十月一日の日記に残している同盟通信太田記者の言葉、「あれは天皇が神様ではないということを示す真実の写真だよ」と同様の感想をもった人も多かったかもしれない。が、このとき大佐古記者は、高野広島県知事や竹内人事課長のこんな言葉も耳にしているのである。

「陛下がおられたから日本はこのように平和裡に終戦を迎えられたのだ。ドイツのように最高指導者がいない国の国民の悲惨さを見てもそのありがたさがわかる。陛下は無条件降伏に当たって〝自分はどうなってもよい〟とまでいわれた。あのお写真はおいたわしいの一語に尽きる」

もちろん、日本国民の多くに通底している気持は、敗戦という国家最悪の事態から生じたものゆえ、〝これくらいの屈辱は〟と、きわめて当然のこととして容易に受け入れた、といってもいい。そしてその上に、広島県の知事や人事課長の言葉のように、「おいたわしい」という感想を多くの人はかぶせたのではないか。

作家長与善郎《ながよよしろう》も「陛下は、全くただ一日も早き国土安穏ということのほか念頭になく、そのためには御自分の身も名誉も棄《す》てていられるのだと思う。何とも云えぬ屈辱のお気持はお察しできる気がするが……」と二十七日の日記に書けば、日本にいながら日本からの亡命者といってもいい作家永井荷風《ながいかふう》（六十五歳）までが、二十八日の日記に、珍しく優しいことを書いている。

「我等は今日まで夢にだに日本の天子が米国の陣営に微行《びこう》して和を請い罪を謝するが如《ごと》き事のあり得べきを知らざりしなり、此を思えば幕府滅亡の際、将軍徳川慶喜《よしのぶ》の取り得たる態度は今日の陛下よりも遥に名誉ありしものならずや、今日此事のここに及びし理由は何ぞや、幕府瓦解の時には幕府の家臣に身命を犠牲にせんとする真の忠臣ありしがこれに反して、昭和の現代には軍人官吏中一人の勝海舟に比すべき智勇兼備の良臣なかりしが為《ため》なるべし」

天皇にとって間違いなく、この初の米大使館訪問は、終戦の詔書に示した「堪へ難きを堪へ、忍び難きを忍び」の実践なのである。天皇は、結果的にはすべての日本人に、たとえ望ましくないにせよ現状をありのままに受け入れることが、日本国のためになると身をもって示した。それも卑屈ではなく、見事な平常心をもって……。

それにしても、戦争終結にさいしての、天皇の自己犠牲も厭《いと》わない決意を、丁寧に書いた新聞の影響力を、いまさらのように感服しないわけにはいかない。新聞をとおして、日本人のもった天皇への親愛感は、この記念写真でかえってより近いものとなったのである。

さて、わたくしの場合である。明瞭に覚えているのは、紙巻き器で煙草を巻きながら聞いた進駐軍放送なのである。ラジオで九月二十日の夜から「実用英会話」がはじまり、二十三日から進駐軍放送が毎晩ジャズやニュースを流し始める。殊勝なる中学生は将来のために英語を学ぼうと、せっせとコンサイスを破いて自分用の煙草を作りながら放送を聞いていた。と、飛び込んできたのが、

「ヘロヘト・バウ。……ヘロヘト・バウ。……」

という言葉である。しかも何遍もくり返されるが、貧しい語学力では何のことやらであった。数日して新聞に、記念写真が載って、わたくしはヘロヘト・バウをただちに了解した。

陛下がマッカーサーにペコンとバウ（お辞儀）をして、戦争は終わったんだな。何だ、これですむなら、もっと早くバウすればわが家は焼けなかったものを、とたちのぼる紫の煙のうすれゆくのを眺めながら、不遜なことを思ったりしたことであった。

＊この章の「余談」——

（11）昭和五十年十月九日号「週刊文春」に楽しい記事が載っている。当時、わたくしはその雑誌の編集長であった。天皇のマッカーサー訪問の日、あくまで隠密《おんみつ》行にしていたので、天皇の御料車が赤信号にひっかかって下々《しもじも》なみに停車せざるを得なかった、という過去にはあり得べからざることが起こったのである。証言するのは御料車の運転手真柄梅吉氏、当時七十七歳であった。

「（宮城）正門→二重橋→祝田橋ときて桜田門交差点にさしかかった時、信号は赤になった。『予期していたから違和感はなかった。ただ、都電と並んで停まるので、なるべく都電よりにならぬよう注意しました。お上も視線は横を見ておられたが、お顔は前を向いていました。無言でした』」

退職するまでに前後六回、真柄運転手は天皇をマッカーサーのもとへ運んだ。

「たいてい秘密で、赤信号にも出会いましたよ。第四回（二十二年）に三宅坂で停まった時、通行人は気付いてお辞儀したのに、交番の警官はお上にお尻をむけたままでした。会見の間はマッカーサーの運転手とお互いの車を見比べたりしてましたよ。向うはノークラッチのキャデラックで大変珍しく思いました」

（12）　この章を書いて後、正確には平成十四年十月十七日、外務省が天皇・マッカーサー第一回会見の公式記録を公表した。たったひとり通訳として立ち会った奥村勝蔵《おくむらかつぞう》の、その直後に書いた報告である。新聞は大きくこれを取り上げ、昭和天皇がマッカーサーに語った「自らの戦争責任をめぐる発言はなかった」と報じた。朝毎読の三紙から感想を求められたわたくしは、ほぼつぎのような趣旨のことで答えた。ここには毎日新聞に発表された談話を掲げる。

「もし今回の記録が事実とすれば、マッカーサーが昭和天皇の人格に感動して日本の占領政策が決まったという事実が全否定されるわけで、日本の占領史を見直す必要がでてくる。だが、天皇が戦争責任に言及したという事実は、米側の記録ではマッカーサー回顧録のみではなく、公的文書にも残っている。諸外国から天皇の戦争責任を追及する声が高かった時期に、天皇本人が戦争責任に言及した事実が漏れたり、記録に残ったりすることを恐れた政府筋が、あえて記録上で伏せた可能性が残る」

ここでふれた米側の公的文書とは、会談から一カ月後の十月二十七日に、GHQの政治顧問ジョージ・アチソンが、国務省にあてた極秘電報のことである。それによれば、

「天皇は握手が終ると、開戦通告の前に真珠湾を攻撃したのは、まったく自分の意図ではなく、東条（英機首相）のトリックにかけられたからである。しかし、それがゆえに責任を回避しようとするつもりはない。天皇は、日本国民のリーダーとして、臣民のとったあらゆる行動に責任をもつつもりだ、と述べた」

というのである。こうした早い時点での公式の電報とにらみ合わせれば、東京裁判を眼前にして日本側があえて削除したとみるのが自然ではないかと思う。

それに計十一回行なわれた会見のうち、八回目以降の通訳を務めた松井明が残したメモも見つかり、そのなかには、「奥村氏によれば、余りの事の重大さを考慮して記録から削除した」と記されているともいう。

袖井林二郎氏もふれていたが、日本問題の専門家のオーティス・ケーリ『日本開眼』にも、叔母《おば》にあたる女性にマッカーサーが語ったという言葉が記されている。それによると、

「天皇のほうが訪ねてきたのだから、マックアーサーとしては、別に天皇にいうこと

はなかった。しかし、いったい何を話しにきたのだろうかと、非常に興味をもった。……戦争がおわってよかったという挨拶のあとで、天皇はこういった。自分はどうなってもいいが、国民を食わせてやってくれ、と」

とある。この婦人はのちに同志社大学の教授となった人で、敗戦の翌年から一年滞在して、帰国のときにはマッカーサーと一時間も「水入らずの会談」をしたほど信頼されていたという。そして、これを聞いたあとのケーリの感想はこうである。

「どんな日本人でも、まさか天皇に向って、『わしはどうなってもいい』といって来なさいとは、いえるわけではなかった。天皇みずから考えたことに違いない」

まさにそれに相違はない。

ほかにもいくつか、天皇がみずから戦争責任ありと語ったということを裏づける記録を、いろいろな資料からわたくしは見つけている。いちいち書かないけれども、その発言はないという外務省の公式文書が出てきても、その事実は動かないものと考えている。

六　昭和二十年九月(3)　「憲法改正示唆」の章

わが長岡の山本元帥

敗戦ほぼ半月後の九月に入るとすぐに、わが新潟県立長岡中学校では授業が再開されたと、おぼろげな記憶がずっとあった。事実、八月下旬のある日に、日本全国の小中学校に〝事情の許すかぎり九月から授業を再開せよ〟の文部省の通達が届けられている。それで八月一日の空襲で、幸いにも焼け残ったわが中学は、早々と生徒を集合させたもので、九月一日、〝君は鍬《くわ》とれ我は鎚《つち》……の決死の勤労動員学徒は、もとの悪たれ中学三年生となる。教務記録には、

「講堂で校長の訓示、授業は二時間だけ、あとは校舎清掃」

とあるらしい。なぜ二時間なのか。当日は土曜日であった。東京でも、小中学校がこの日いっせいに授業を再開したという。

校長の話は、「承詔必謹《しようしようひつきん》」で努力することで「祖国再建」の道がひらける、つまり、「聖断」を生かし「聖恩」に報いるべし、という当時しきりに称《とな》えられていたそれであった。「敗戦」という厳粛なる現実を受けとめ、そして詔勅にある「総力ヲ将来ノ建設ニ傾ケ」ることが、大御心《おおみこころ》に応え奉《たてまつ》る道なり、と気のきいた大人たちが早くも判で捺《お》したようにいっていた。嫌になるほど聞かされているから、校長のそれもいまさらの講釈で有難くも何ともなかった。

それより久しぶりの学校でヘエーと驚愕《きようがく》したのは、講堂にあった山本五十六《やまもといそろく》元帥の筆になる「常在戦場」の掲額《けいがく》が、さっさと下ろされていることである。なるほど、これが降伏という厳しくも悲しい現実なのか、と妙に口惜しく思ったことをくっきりと覚えている。

それもやむを得ぬことと合点したのは、中学の先輩の山本元帥が、あの日いらい、奇妙なくらい人びとの憎しみの対象になっていたからである。真珠湾《しんじゆわん》奇襲の仇討《あだう》ちで、八月一日に長岡は空襲で焼野原にされた、という怨《うら》みがましいデマがしきりに飛びかっていた。「個人的な復讐《ふくしゆう》で大々的な作戦が策定されるなんて馬鹿なことを、どこの国の軍隊であろうとやるものか」と父は憫笑《びんしよう》していたが、その復讐説はかなりの説得力をもって市民の一部に信ぜられていた。

真珠湾攻撃の華々しい大勝いらい、長岡の誇る名将として崇《あが》め奉っていたのはどこのだれなのか。昨日の大賞讃に変わる大人たちの今日の罵倒《ばとう》。それを真似て、「わが中学の生徒千百七十三名中、罹災《りさい》者六百二十四名、死亡十三名。山本のためなんだ」などと糞味噌《くそみそ》にいう変わり身の早い同級生もあり、「負けたからってそんなことをほざくとは、人として恥ずべき二枚舌、相当に義理に欠けた話ではないか」とやりあったものである。

鬼畜米英は、いまいずこ

長々と昔話を書いたのは、これが戦後日本人の精神構造の急旋回を象徴的に語っている、と思えてならないからである。日本人においては人格と思想とは無縁なものなのであろうか。神国も、八紘一宇《はっこういちう》も、大東亜共栄圏も、鬼畜米英も、すべて借り物。拠《よ》りどころとする権威者から百八十度別のことをいわれると、あっさり転換して恬《てん》として恥じない。あの時代の大人たちの背信には呆《あき》れ返った覚えがある。それはもう小泉八雲《こいずみやくも》がいっているように、日本人の思想とか主義とかは「心理的な祭り用の衣装」にすぎなかったらしい。

面白い話がいくつも転がっている。

八月末から九月の初めにかけて、米海兵隊の第一陣が横浜・横須賀《よこすか》に上陸してきた。日本進駐を軍事作戦の継続と考えている米軍は、日本軍のなかの徹底抗戦派がかならず敵対行動に出ると思っている。[13] それで携帯食糧と水筒とカービン銃を肌身離さずもっていた。また、援護すべく戦艦十四隻、空母十七隻を主力とする艦隊四百隻が太平洋上で待機する。空母には空を暗くしてしまうほど多数の艦載機が、バンザイ突撃とカミカゼに備えていた。しかし、何事もなかった。兵隊のひとりが「いやに静かだな」という。その彼らの眼の前の工場の屋根に大きな看板が掲げられている。それには英語でこう書かれていた。

「アメリカ陸海軍のためにバンザイ」

佐世保《させぼ》に上陸した海兵隊第一陣も、かなり殺気だち、険しい目つきで「日本のやつらを撃ち殺してやりたい」といい合っていた。日本人は悪辣《あくらつ》な敵で、西欧人より劣った民族である、との日本人観を彼らはひとしく抱いている。しかし、上陸して十分もしないうちに、人見知りをしない日本の子どもたちに取り囲まれ、彼らはチョコレートを分け与えていた。

それは、あに子どものみならんや。大佛《おさらぎ》次郎の日記にある。

「〔ある人の話に〕米兵と連れになって尾張町〔銀座四丁目〕から有楽町へ歩く間に暗がりから、ハヴユウシガレット　ハヴユウチョコレートと話掛けて現れし日本人六名を算《かぞ》えたりと。皆ネクタイもした洋服人種だったと云うがあさましいことである。敗北もここに到っていよいよ完成したる観あり」（九月十二日）[14]

また、マッカーサーよりも早く東京へ一番乗りしてきたアメリカの新聞記者たちは、全員がピストルを手にしていた。帝国ホテルのロビーに迎えた旧知の日本人記者に、彼らはおずおずといった。大丈夫か、ぼくらは安全か、と。日本人記者が笑って答える。「馬鹿なことをいうな。戦争は終わった。日本人はドイツ人のように、君たちを狙撃《そげき》したりはしないよ。まして新聞記者なんか」。しかし、彼らはなお半信半疑で、ピストルを離そうとはしなかった。

日常生活のなかも無条件降伏

こうして八月二十八日の先遣隊の飛来いらい、ぞくぞくと空と海から米軍兵力が進駐し、九月五日には十万人を超える。が、「承詔必謹」の日本側と何の悶着《もんちゃく》も起きない。少し後になるが、幣原《しではら》内閣の書記官長楢橋渡《ならはしわたる》は「日本人が猫のようにおとなしいのは、天皇の運命を案じて隠忍しているからで、その期待を裏切ったら凄惨《せいさん》な復讐が起こるであろう」と、GHQの高官に脅しをかけたという。いまとなれば空威張りの威嚇《いかく》にすぎないが、当時のGHQは本気で信じた。それほど日本人は無造作に敗戦に適応し、おとなしく日常生活に戻っている。私たちもまた、眦《まなじり》を決していた小さな戦士の衣を脱ぎ捨て、平凡な田舎中学生の毎日を送るようになっている。

九月四日の読売報知の社説は早くも慨嘆している。

「夷狄《いてき》の言葉だという英語が氾濫《はんらん》する。国体と相容れぬというデモクラシーが風靡《ふうび》する。愛国者の鑑札であるような国民服が急に姿を消す。結局はそれで良いのかもしれないがいったいそれでは何が本当なのか。前が本当であったのか。それとも今度こそ、本当だというのか」

それは、遠い昔から日本人の心のうちに深く宿っている諦念《ていねん》のためなのか。天変地異を天災として素直に受け入れてきた独特の受動性によるのであろうか。長い戦時下という苛烈《かれつ》な時代を生き、死を日常としてきた疲労と嫌悪と倦怠《けんたい》とが、私たちを精神的に鈍感たらしめていたのか。とにかく「助かってよかった」「負けたのだから仕方がない」と日本人は何もかも受け入れていった。内心は知らず表面的にはむしろ嬉々《きき》として……[15]。

高見順がその適応ぶりから明日の日本人を日記で推理する。

「最近の日本には浅薄が横行していた。

違った現われの浅薄がやがてまた横行し出すだろう。

前者〔戦前〕は、西洋になくて日本にあるものを盲目的に讃美礼讃した。後者〔戦後〕は西洋にあって日本にないものを盲目的に讃美礼讃するだろう」（八月二十日）

九月三日、GHQは、全国の駅名をローマ字で、と指令。十日、言論・報道への覚書を発し、検閲を開始[16]。また、手紙はいちいち開封される。二十日、教科書の戦時教材に墨塗りを通達。二十二日、映画会社に「製作さるべき映画の内容」を指示。「封建的な意識と復讐の信条に立脚している演劇は、今日の世界では通用しない。譎詐《けっさ》、殺人、裏切りといったものが大衆の面前において公然と正当化され、法律を無視して私的復讐が許容されるかぎり、日本人は今日の国際社会を支配する行為の根本を理解することができない」。つまりチャンバラ禁止令。

日本人はこれらを微笑をもってつぎつぎに受け入れていく。無条件降伏とは、政治的そして軍事的降伏というだけのことではない。それは勝利国の思想とか文化とか風俗とか娯楽とか、何から何までの降伏を意味することに、日本人は気づかなかった。あるいは、気づいても気づかないふりをしていた。戦争が置き忘れていった極度の物資欠乏のなかに、そうしなければ生きていくことのできなかった面もあるが、天皇放送から四十日も過ぎると、日本人のほとんどは、新しい環境にごくごく自然に適応していく。むしろ積極的となる。過去の反省や悔恨などしている暇はない。「後進国」という新しい自己評価の上にたって、鞠躬如《きっきゅうじょ》として更衣《ころもがえ》していくのである(17)。

東条大将の自殺未遂

そしてそうした表面の従順さの裏側で早々と生まれ出てきたものは？　高見順の日記をま

た引く。ビアホールでの目撃である。
「酔客が日本の悪口をしきりにいっていた。そうだ、悪口である。反省ではない。批判ではない。糾弾ではない。それから何かが生れる、プラスを加えるものではない。浅墓な悪口である。〔……〕／日本罵倒が早くも軽薄な風潮となりつつある。独尊と紙一重なのであろう。川端〔康成〕さんがこの間いった。『僕等はやがて右翼ということになるかもしれませんね。僕等はちっとも動かないが、周囲がどんどん動いて行って……』（以下略）」（八月二十九日）
たしかに、戦争に敗北することによって、日本人の無知、卑劣、無責任、狡猾《こうかつ》、醜悪、抜け目なさ、愚劣という悪徳がつぎつぎにぶちまけられる。だれもが自分以外のだれかを罵倒しつづけた。日本人が自分たちを矮小化《わいしょう》し、みじめなくらい自己卑下し、そして相互に浅薄な悪口をぶっつけあったのは、おそらく歴史はじまっていらい、敗戦後の初秋ごろほどすさまじいときはなかったであろう。
そして人間不信、日本人であることの屈辱、嫌悪、情けなさ、それを決定づけたのは、九月十一日の元首相東条英機《とうじょうひでき》大将の自決未遂ではなかったか。敗戦いらい失望することのみが多かったが、翌日の新聞で、ピストル自殺に失敗、の報道を読んだときほど、心底からがっかりしたことはない。父が「東条さんのしてきたことは、もともと煽動的《せんどうてき》でいかがわしかったからな」と忌まわしそうにいったのを寂しい思いで聞いた。まさか狂言自殺では……。以下に何人かの識者のその日の日記を。

東大助教授渡辺一夫《わたなべかずお》（四十三歳）「東条英機、米兵に捕へられさうになり自殺。しかも未遂。曰く『正義ノ戦争ナリキ』と。重症の為米兵に輸血さる。混血児となる」

山田風太郎「なぜ東条大将は、阿南《あなみ》陸相のごとく日本刀を用いなかったのか。逮捕状の出ることは明々白々なのに、今まで未練げに生きていて、外国人のようにピストルを使って、そして死に損っている。日本人は苦い笑いを浮かべずにはいられない」

高見順「期するところあって今まで自決しなかったのならば、なぜ忍び難きを忍んで連行されなかったのだろう。なぜ今になってあわてて取り乱して自殺したりするのだろう。そのくらいなら、御詔勅のあった日に自決すべきだ。生きていたくらいなら裁判に立って所信を述べるべきだ。

醜態この上なし。しかも取り乱して死にそこなっている。恥の上塗り」

そして政治学者矢部貞治の感想も「醜態だ」の一語があるのみ。

いまになれば事実は知れる。九月十一日、ＧＨＱがポツダム宣言の第十項に書かれてある戦争犯罪人の第一次容疑者三十九人を選びだし、東条をその第一号に指定し出頭命令を出した。が、日本政府にはそのことについての何の連絡もせず、突然ＭＰが命令伝達のために赴いた。東条はこれでは見世物になると考え、忍ぶことのできぬゆえ死のうという心境になった、という。

それで十二日になって、政府はＧＨＱに申し入れをした。戦犯容疑者をＭＰが直接に逮捕しようとすると、また同じような事件が起こる。人心に与える影響も面白くないゆえに、要求があれば、日本側が責任をもって容疑者の身柄を引き渡す、ということになる。

しかし、遅かった。「人心に与える影響」はもう決定的となっている。国民のほとんどは、日本人であることを恥じねばならないという苦痛。世界の最下等の国になりさがった、誇るべきものは何ひとつない、という精神の栄養失調に苦しみはじめていた。いまにして思う、それをいち早く見てとったのはＧＨＱではなかったかと。恐れていた相手は、戦場とは違って本国では、それほど手強《てごわ》い連中ではなさそうだということに彼らは気づく。ほとんど言いなりになる。しかも日本人の怒りは、アメリカに向けられているよりも、日本の指導者に向けられているようであると。

ＧＨＱ側は、何を要求している？

九月九日、マッカーサーは日本管理方針を発表している。

「天皇陛下および日本政府は、マッカーサー元帥の指令を強制されることなく実施するためのあらゆる機会を提供される。日本の軍国主義および軍国的国家主義の根絶は、戦後の第一の目的であるが、占領軍の一の目的は自由主義的傾向を奨励することである」

　この方針と、ポツダム宣言のいわゆる第六項「日本国民を世界征服に誤導した権力および勢力の永久除去」、第十項「一切の戦争犯罪人の処罰および日本国民の民主主義的傾向の復活強化にたいする障害の除去」、第十二項「日本国民の自由に表明せる意思に従い平和的傾向を有しかつ責任ある政府の樹立」（いずれも要約）とを組み合わせ冷静に検討すれば、連合国が要求しているのは、根本的な政治改革であり、必然的にもたらされるのが憲法改正であることは、ごくごく自然に予測できる。

　ポツダム宣言の国体護持の条件つき受諾は、このときからあっさりと無条件降伏へとすりかえられていくのである。

　しかし、東久邇《ひがしくに》内閣はそのことに注意を払わない。十八日、外国人記者との会見で「憲法改正の用意はあるか」と尋ねられた首相は、「内閣はGHQのつぎからつぎへの要求に追われて、内政面においてどんな改革を行なうべきか、そんなことを考えている余裕はない」と答える。憲法の改正問題には考慮を払う必要を何ら認めていない。閣僚もまた日本の国体には変更ないものと決めてかかっていた。

　それから三日後の二十一日、朝日新聞が首相の答えに疑義を呈するかのように、憲法改正問題にふれた。「終戦政治の基本的動向」がそれで、戦後初めてこの微妙な問題が表面化したといっていい。

「民主主義政治運営の基本方式は、一体如何《いか》になさるべきか。統帥《とうすい》権に関する憲法第十一条、第十二条も今は空文的存在となった。これ等の問題は当然、国家基本法の再検討にまで発展していくであろう」

十一条も十二条も大元帥陛下の軍隊指揮権の条項である。それが陸海軍解体で全否定ということになれば、国家基本法すなわち憲法をそのままにしておく、というわけにはいかなくなる。それが常識というものであろう。朝日新聞はそのことへの注意の喚起を促した。これに心ある人は鋭敏に反応する。そのひとりが、内大臣木戸幸一である。同日の日記に記している。

「十二時半、松平秘書官長に憲法改正問題につき調査を依頼す」

しかし、それでもなお、ポツダム宣言に「民主主義的傾向の復活強化」とあるのは、戦前の日本にも民主主義的な制度があったことを、連合国も認めているのではないか。となれば、その復活強化で十分、憲法の全面的改正を急いで考える要はない。解釈の変更や追加的な法の整備で間に合うであろう、とする要人や識者がほとんどであったのである。自分に都合のよいほうへと考えようとする。たとえば近衛《このえ》文麿《ふみまろ》と親しい国務大臣小《お》畑《ばた》敏《とし》四《し》郎《ろう》元陸軍中将の意見はこういうものであった。

「憲法より急を要する問題がある。GHQが、日本の内情を全然知らずに占領政策をやるとなると間違いが起こる。すべては、占領政策の基本方針が何か、それを確かめてからでいい。こっちから急いで憲法改正などをいうよりは、そっちのほうが大事だと思う」

こうした意見に同調する人も多く、近衛国務相がふたたびマッカーサーを訪ね、右の確認をとるという大役を引き受けることとなった。

「憲法は改正を要する」

しかし、もうこのときは、マッカーサーはそうした日本側の楽観や手前勝手な解釈や政策の糊塗《こと》を許さない気持になっていたのである。

十月四日、氷雨《ひさめ》をついて午後五時、近衛は総司令部を訪ねる。ブレインの政治評論家岩淵《いわぶち》辰雄《たつお》が「これからの交渉は、会見記録を文書としてとっておいて、あとで知らんといわせないようにしなくては」と注意し、奥村勝蔵が通訳としてつけられた。それで、このとき、マッカーサーが憲法改正を明確に指示した言葉は、いまも残っている(18)。

彼はキッと姿勢をただして特有の軍人口調で、

「第一に、憲法は改正を要する。改正して自由主義的要素を十分にとり入れねばならぬ。第二に、議会は反動的である。しかし、解散しても、現行選挙法の下では顔ぶれは変わっても、同じタイプの議員が出てくるだろう。それを避けるためには選挙権を拡大し、婦人参政権と労働者の権利を認めることが必要である」

と、強く決めつけるようにいった。さらに、

「日本政府が合理的な手続きで、必要な処置を講ずることを希望する。しかもできるだけ早くしなければならない。でないと、摩擦を覚悟しても、われわれがこれをやらねばならなくなる」

ともいったという。思いもかけない憲法改正せよという発言に、近衛はびっくりして一瞬のどを詰まらせた。そして帰途の車中で、近衛は大きな溜息《ためいき》をついた上で、奥村にいった。

「今日はえらいことをいわれたね」

それは日本にとって「えらいこと」と溜息をつくだけではすませられない重大な事態なのである。ポツダム宣言を受諾のさいに、日本がつけたただひとつの条件「天皇の国家統治の大権を変更するの要求を包含し居らざることの了解の下に」が、まったく白紙に戻され無視されたにひとしくはないか。いや、「国体護持」無効の厳命をマッカーサーは真っ向から日本に突きつけたことになるのではないか。そして日本人みずからの手で憲法を改正せよ、と厳命した。できるだけ早く、と。さもないとGHQが……、ともいったのである。

＊この章の「余談」――

(13)　徹底抗戦派の蜂起を恐れたのは、むしろ日本軍部のほうであった。そのためにも、占領軍の日本本土への進駐前に、精力的に日本内地の軍隊を動員解除することにしている。けれども興奮状態がなおもつづいている部隊もあった。が、とにかく解散させてしまえば、ということで所蔵する物資を分配し、故郷への帰還を推進した。米新聞記者ロベール・ギランには、背に負えるだけの荷物を背負って故郷へ向かう人たちは、「皆興奮し、活気に溢《あふ》れており、まるで陽気にさえ見えた」という。

たしかに、飛行予科練習生であったわたしの従兄《いとこ》は比較的早く帰郷したが、「俺は死にたかった」などと叫びつつも、よそめには陽気に見えるところもあった。なんどか「貴様たちはもっとしっかりして、この仇《かたき》をいつの日にか討たねばならぬぞ」と、頭をコツンとやられたことを記憶している。

(14)　連合軍の第一陣として米軍第一師団が、九月八日に東京に進駐した。その日のうちに銀座に彼らは早くも姿を見せたが、目撃者も少なく、新聞にも詳細には描かれていない。後年になって、渋沢秀雄《しぶさわひでお》が『銀座百点』にそのときの情景をこう書いているという。

「〔銀座通りは〕初秋の日を浴びながら、しかも真夜中みたいに静まり返っていた。そこを米軍の戦車や自動車が、エンジンと車輪の響きだけを立てながら、一列縦隊で通っていく。車上の兵士は皆ハムみたいな色に日焼けしていた。行進はエンエンと続いた。それまでどれほど銀座を見、銀座を通ったか分からない。しかしその日みたいな銀座を見たのは生まれてはじめてだった。そしてもちろん、それが最後になるだろう」

物見高いはずの江戸っ子のほとんどは空襲でやられ、おそらく周辺にはいなかったのであろう。あるいは何をされるかわかったものではないと、近寄らなかったのか。とかく、東京の中心街は完全に占領されたのである。

新潟県長岡市在にいたわたくしは実際には目撃してはいないが、そしてその後間もなく、「四丁目交差点には、日本人巡査に代わってMPが交通整理にあたり、服部時計店は占領軍PXになり、白人、黒人兵士が集まった。千疋屋《せんびきや》も松坂屋地下も接収され、それぞれダンサー百五十人、四百人をかかえるキャバレーになった」と涌井昭治《わくいしょうじ》氏が書いている。

（15）　あまりの日本人の従順さにいちばんびっくりしたのは、占領軍の各指揮官である。

とにかく協力的な日本側の対応に気をよくして、これでは当初の五十万人以上を必要とする見方に疑問を感じはじめ、「この調子なら早く祖国へ帰還できるであろう」と部下を大いに喜ばせる訓示をさっさと行なう始末なのである。それに押されてマッカーサーも、九月中旬には「日本駐留の米軍は兵員を六カ月以内に二十万人に減らすであろう」と言明したほどである。

(16)　このプレス・コードが発せられてからの日本のジャーナリズムについては、本当は別に一章をもうけて論じなければならないのかもしれない。ここではそんな余裕はない。で、参考までに、まず、高見順日記を引くことにする。

「新聞は、今までの新聞の態度に対して、国民にいささかも謝罪するところがない。詫《わ》びる一片の記事も掲げない。手の裏を返すような記事をのせながら、態度は依然として訓戒的である。ひとしく布告的である。政府の御用をつとめている。／敗戦について新聞は責任なしとしているのだろうか。度し難き厚顔無恥。／なお『敗戦』の文字が今日はじめて新聞に現れた。今日までは『戦争終結』であった」(八月十九日)

「朝日新聞がマッカーサー総司令部の命令で二日間発行を停止された。戦争中は自由主義的だ民主主義的だとにらまれていた朝日がこんどは『愛国的』で罰せられる。面白いと思う。政府の提灯《ちょうちん》を持って野卑な煽動《せんどう》記事を書いていた新聞は米軍が来るとまた迎合的な記事を掲げて、発行停止処分などは受けないのである」（九月十九日）

こうして新聞は検閲がはじまってから停止処分を恐れてGHQの御用新聞にどんどんなっていく。戦争中に軍部や政府に迎合したかのごとくに、である。

いやいや、それよりもラジオ、つまり日本放送協会のほうが、九月ごろから率先して論調を変えた。その阿諛《あゆ》と屈辱ぶりの裏に、わたくしなんかにもそれを操るものの存在が感じられたものである。

さらに、中野好夫《なかのよしお》（当時四十二歳）の『反省と出発』（昭和二十一年九月刊）所収の「文化反省の要件」には、そのようにGHQの太鼓を叩きつづけたジャーナリズムへの痛烈な批判が述べられている。

「遺憾ながら現在わがジャーナリズムの傾向は、一にもアメリカ、二にもアメリカ、アメリカでなければ夜も明けないかの有様である。第一にかかる及び腰のにわか勉強が果してアメリカ人自体の歓迎するものであろうか。われわれはもはやジャーナリズムが国民を指導するなどとは思ってはならぬ。ジャーナリズムの幇間《ほうかん》性は戦争中にあますところなく暴露された。事実はジャーナリズムは民衆に媚《こ》び、追随しているにすぎないのだ。してみれば、またしてもこの『一面性』の過誤がくりかえされようとしている……」

占領政策の非を鳴らす以前に、われわれ日本人の情けなさをしみじみと感じてしまう。反省なきところ、ふたたび同じ道を歩むことになる。

(17)　いま思うと、わたくしたちが精神的に屈伏せざるを得なくなったものに、アメリカの高度の科学的・技術的な物質があった。なかでもいちばんに脱帽してしまったのが、ＤＤＴとペニシリンである。九月九日の毎日新聞にある。

「立川に散布したのは恐らくＤＤＴという新しい殺虫剤であろうと推定される。これは例の黴《かび》からとった万能薬ペニシリンと並んで、今大戦中に生れた新発明の両大関である。小麦粉に似た粉末で、余り多く服用すると人体に害になるが、空からの撒布で蚊や蠅が死んでも人体に害はない。これによってキニーネやアテプリンがなくてもマラリヤを防止することができるわけである」

わたくしはかつて戯文《ぎぶん》を綴《つづ》ったことがある。それをご紹介したい。

「進駐軍の命令により、親愛なるハエとカとノミとシラミの諸君に蛍の光を歌ったのはいつのことであったろうか。ＤＤＴで真っ白になって、武器よさらば、ムシよさらば、であった。後になりＤＤＴが Dichloro-diphenyl-trichloroethane の略だと知って、この長ったらしい綴りじゃさすがのムシどもも死にたくなったのであろうと納得した。おかげで夜中に思わず飛び起きて、サルマタの縫い目にひそむキャツラメを逮捕し、プチンプチンとやる楽しみが奪われ、つまらねえ世の中になったものよと慨嘆したものである」

身に覚えのある方も多かろうかと思う。

ペニシリンでいえば、のちにふれることになる幣原《しではら》首相の肺炎の快癒とともに、東条英機元首相の自決未遂のことが思い出される。九月十一日のその夜、横浜市本牧《ほんもく》の大島国民学校内に仮設されていた第九十二陸軍野戦病院に送られた東条は、数日後にはケロリと良くなり、元気に食事をしている写真が新聞に出たりして、狂言自殺だろうと世間から取り沙汰《ざた》された。が、狂言自殺ではなく、実は東条は左利きであり、心臓へ銃口をあてた姿勢が不自然なほど窮屈なものとなり、そのため弾丸が急所を外れた。さらには、野戦病院での米軍の一軍曹の多量の輸血提供、そしてペニシリンがその命を救ったというのである。

いずれにしても、このため日本人はいやでも、フレミング博士の名とともに、このブドウ状球菌を食った青カビからできたという特効薬の名を記憶することになった。

（18）　当時、GHQ民政局に勤務し、のちには憲法起草にも関与したH・E・ワイルズの『東京旋風』に実に奇妙な、というより仰天することが書かれている。

　十月四日、近衛がマッカーサーにまず問うたのは、「政府の構成について何か意見があるか」ということ、すなわち陸海軍大臣と文官の関係についてであったという。ところが通訳が「構成」をConstitutionと訳したのである。マッカーサーはそれを固有名詞だと了解した。

「それ以前には明治憲法を新しい憲法に置き換えなくてはならないなどという考えには、ほとんど注意は払われていなかったのであるが、マッカーサーはConstitution changeはお説のとおり必要だと答えた。……近衛はその上にまた誤解して、最高司令官の意味するところは、彼、近衛が新しい基本法の草案をつくり、民主主義にのっとる新しい政党を結成して、これが指導に当たるべきだというにある、と理解した。しかし、そんなことはなにもマッカーサーの頭にはなかった。しかし近衛は、自分がその委任を受けたという印象をもって席を立った」

　何ということか。誤解に誤解を重ねて憲法改正という国家の大事がスタートしたということなのか。その真偽は必ずしもつまびらかではないが、とにかく紹介だけはしておく。

七　昭和二十年十月（1）「天皇制打破」の章

近衛の奔走と新内閣成立

マッカーサーが近衛《このえ》に憲法改正を示唆したその日、十月四日、ＧＨＱは日本政府に、人権に関する四項の覚書を指令し公表する。①政治犯の十月十日までの釈放。②思想警察などいっさいの類似機関の廃止。③内務大臣および警察関係の首脳部、弾圧活動に関係のある官吏の罷免《ひめん》。④市民の自由を弾圧するいっさいの法規の停止。

東久邇《ひがしくに》内閣はこれを不当として強く反発した。指令③の範囲は四千人におよぶ官吏ということになり、これらを見殺しにすることはできない。内務大臣罷免はＧＨＱが内閣を信用していないゆえと考えるほかはない。敗戦国日本とはいえ、これでは「今後内閣がつづいても何もなし得ないであろう」と、翌五日に総辞職する。

必然的に一介の野人に戻り戦争犯罪人の噂《うわさ》のちらほらとある近衛は、マッカーサーの委託を絶対のお墨付きとして、憲法問題にいっそう命懸けで取り組むことになる。そこで八日、よく知る人たちともども、まずGHQ政治顧問アチソンを訪ね、憲法改正についての助言と示唆を聞いた。アチソンは至極簡単にいってのける。

「それは日本国民を圧迫していた旧憲法に修正を加えて、天皇の権限を縮小し、軍部を撤廃すればよろしいでしょう。……」

実は、あのとき、マッカーサーが考えてもいなかった憲法改正を口からでまかせ的に近衛に示唆したと思い、同席していたアチソンは椅子から転げ落ちそうなくらい驚愕《きょうがく》している。彼は事務所に戻ると、すぐにワシントンの国務省に電報を打っていたのである。

「憲法改正問題が話題となりつつある。この問題の最終的な指示をできるかぎり早急にお願いしたい。また、この問題についての米国政府の見解を知り得るよう、憲法草案の概念も知らせてほしい(19)」

しかし、老練な政治家アチソンはその場では、GHQが基本的な点と考える十二項をあげて説明だけはしている。面白いことに、近衛と同行した法学者高木八尺《たかぎやさか》のメモと、米国側の報告書とは多少違っている。が、基本として、明治憲法の欠陥を指摘するかのように、議院内閣制の採用、衆議院強化と貴族院の民主化、枢密院《すうみついん》の廃止、国民の基本権の保障、そして軍事については軍部の政治介入を抹殺し、軍部大臣を文民にする、などなどが強調されている。

近衛たちはホッと胸を撫《な》でおろす。それらは急激な変革を要求するものではなかったからである。のみならず、軍部大臣の文民採用というのは陸海軍が残ることの前提と考えられるではないか。これならば早いところ憲法をこちらから改正したほうがよろしかろう、という結論になる。

この会見を終えた近衛は木戸内大臣を訪ねて、GHQの意向を伝え、ぐずぐずしていると、米国側から改正案を突きつけられる恐れがある、と警告する。木戸日記にある、「容易ならざる問題ゆえ、充分の考慮を約す」。結果として、近衛は十日に内大臣府御用掛《ごようがかり》に任ぜられ、天皇から、憲法改正の要否、もし要ありとすればその範囲如何《いかん》についての研究調査を、直接に命じられている。近衛は、大学時代の恩師でもある、元京都帝国大学教授の佐々木惣一《ささきそういち》に、さっそく改正案の起草を依頼することとする。

憲法改正問題が日本の指導層の間でややこしくなるのは、ここからである。マッカーサーの近衛への突然の示唆の直後に、東久邇内閣は総辞職し、外交畑の長老幣原喜重郎《しではらきじゅうろう》を首相とする内閣に代わった。そのことが問題を複雑にしたからである。

十月九日、ともかくも急遽《きゅうきょ》、幣原内閣が成立した。詩人岡本潤の日記には前日の新聞発表を読み、「閣僚の顔ぶれを見て、如何《いか》に暫定的とはいえ、こんな爺さん連中でどうするつもりかと呆れる。逆行する一方だ。無事無難をねらって騒動を喚起するようなものだと思う」(十月八日)とある。たしかに前内閣以上に老齢者で固めた陣容。無難のつもりがかえって混乱を招く結果となるであろうことは、岡本の予言するとおりである。

幣原・松本 vs. 近衛ライン

小競り合いのはじまりは、新閣僚名簿をもって参内してきた幣原をつかまえて、木戸が憲法問題そして近衛の御用掛任命の話を伝えたことにある。これを聞くや否や即座に幣原は、

「大日本帝国憲法を改正する要などありません。マッカーサーがそんなことを日本政府に命令するなんて、とんでもないことです」

と憤慨する。木戸はアッケにとられ、名だたる幣原の頑固ぶりに恐れ入りつつ、こっちが不必要だと頑張ろうと、アメリカが同意してくれるはずはないのにと、ブツブツ口のなかで呟いた。(20)


さらに十一日、宮内大臣石渡荘太郎《いしわたそうたろう》が改めて首相に注意を喚起する。近衛は憲法改正問題について調査するよう陛下から命ぜられているのであると。念をおされて「そこまで話はす

すんでいるのか」と幣原は一驚しつつ、その日の午後の閣議でしぶしぶこのことを報告する。と、瞬時をおかずに国務大臣の松本烝治《まつもとじょうじ》が憤然としていい放った。この人は商法の権威である。

「待って下さい。憲法改正の調査はもっとも重要な国務事項でありますぞ。宮内省とか内大臣府とかが取り扱う、いや、取り扱ってはならぬ問題であります。筋違いもはなはだしい。改正の発議はもっぱら内閣でやるべきこと、つまり内閣の輔弼《ほひつ》においてなさるべきであり、それこそが立憲的というものであります」

松本の言葉をうけて、厚生大臣芦田均《あしだひとし》も力強くいった。

「まさに然《しか》りであります。松本君の指摘のように、憲法改正は純然たる国務であり、すみやかに内閣の手で調査を行なうべきである」

こうして、憲法を改正せねばならないのならわれらの手で、ということに内閣全体の気運はたちまちにまとまった。憲法改正の要などまったく認めない幣原首相も、いつまでも嫌な顔というわけにいかなくなってしまう。

ところが事態は急速に動いていく。十二日の読売報知朝刊は「憲法の自由主義化／婦人参政、労働組合促進等五項／連合軍、新首相に要求」を報じる。そのすぐそばに、近衛の内大臣府御用掛拝命の報も発表され、近衛が天皇の指示で重要諸問題を担当することになった、とされている。先行された感のある政府としては、首相の無関心などに構っていられなくなり、ただちに閣議が開かれ、憲法問題の調査に積極的に当たるべきことを決定し、松本国務相を専任相に指名する。

そして閣議を終えると、幣原は近衛を呼びつけ首相官邸で会談し、そこには松本も同席した。会談は喧嘩《けんか》腰になる。

幣原　憲法改正は国務事項として改めて政府でやります。そちらで調査することはご勝手だが、こちらの調査や研究を妨げることのないように。また今後は別に連絡もいたしません。悪しからず。

近衛　私は陛下のご発議を受けているのです。

松本　陛下のご発議で憲法改正の議があっても、それをやるのは内閣であって、ほかがやるべき道理はこれっぱかりもありません。違憲でもあります。何をやるにしてもあくまでそれは非公式業務にとどまる、少なくとも政府はそう考えます。

つまりは、政府は近衛にこの件にかんする絶縁状を突きつけたのである。

近衛は当惑の表情こそ隠さなかったが、それで引き下がるつもりは毛頭ない。いっさいを雑音とみなすことにする。それだけではなく、その日に正式に御用掛委嘱の特命を受けたばかりの佐々木を、箱根《はこね》の宿に送り込むことにした。そして老博士の尻を叩いて、憲法草案の作成をひたすら急がせることを決意するのである。

十三日夜、荻窪《おぎくぼ》の私邸で佐々木と会った近衛は、マッカーサーに会ったときの話からはじめて、これまでの経緯を説明する。そして最後に、一語一語になみなみならぬ熱意をみなぎらせていった。

「……というわけで、ただこの国と皇室の末長い安泰を願って、この憲法改正問題に取り組みたい一念なのでございます。私の身がどうなろうと、それは問うところではありません」

佐々木は聞き終えると、威儀を正し質問する。

「この憲法改正の大事は、陛下のご意思により、日本人の自由な立場で、日本人の憲法を考えることなのですね」

近衛は、この「日本人の憲法」の一言に感動をあらわにし、「そのとおりでございます」と身を乗り出して答えたという。

日本中の学校がストライキに

日本の指導層において奇妙な意地の張り合いをはじめたころ、わが田舎中学の三年生も教室で、授業ボイコットをめぐって、珍妙な理論闘争の小競り合いをやっていた記憶がある。

基本には、戦中の教師たちの威丈高にして固陋《ころう》、偏狭ないわゆる精神主義にたいする反発があったが、もともとの起こりは、東京の私立上野高等女学校の四年生が「私どもの汗の結晶である学校農園を理事者が私している。私たちの敬う先生が復員余剰でクビになったのは不当だ」などの理由で、大々的なストライキ活動に入った、と、十月九日の新聞が報じたことにある。

このニュースには田舎中学生は心から仰天した。ほとんど時を同じくして水戸《みと》高校（旧制）が教育の民主化を唱えてストライキ。それに煽《あお》られて、わがクラスも熱狂したのである。「どんげんことしても、俺たちもやるこてね」「さしたる理由もなえがに、ストなんてやらんこつぁ」「長岡健児が女学校ごときに負けられねえしのお」「その女学校ごときという言葉が、民主主義にはずれとると違《ちゃ》うか」「馬鹿こけ。義に立った河井継之助《かわいつぐのすけ》の精神に学ぼうというがらて」と、いま考えれば、とうてい理解不可能な理屈をふりまわしてワイワイやったのを覚えている。

いま七十歳以上の人の多くにも同様の体験があるのではないか。その同盟休校の勢いたるや嵐の如く、もう軒並みというほどに、日本中の学校はストライキに突入していったのである。民主化の大きな動きは学校からはじまっていった。

それには、GHQ指令で十月十日に釈放された共産党員の徳田球一《とくだきゅういち》、志賀義雄《しがよしお》たちの主張が、かなりの影響を与えていたかもしれない。二十日再刊「赤旗」第一号の「人民に訴う」

はもとより、その前から連続的に、獄中十八年の闘士たちは街頭で、あるいは新聞紙面で説きに説いている。「天皇制打倒」「天皇戦犯論」によって象徴される彼らの主張は、奇妙なほど日本人の心奥《しんおう》をゆさぶりつづけたのである。[21]

徳川夢聲《むせい》の十四日の日記にある。

「今朝の新聞に天皇制廃止説が出た！／かねて予期していたことだが、堂々と活字になって、一般大衆の目にふれる新聞に、それが出たということは、やはり大きな衝撃である。十八年ぶりで日本へ帰った、共産主義者志賀義雄という男の言説である。／天皇制廃止！／なんと、吾々《われわれ》には恐るべき響きを持った言葉であることか！」

夢聲はこのあとに、天皇中心の政治機構を打破するのか、それとも民族の最高峰としての皇室を抹殺するという意味かはっきりしていない、と書く。それは多分に日本人全体に共通する疑問であったろうが、そうした不可知の部分をぬきにして、「天皇制」[22]という新語の威力は絶大なものがあったのである。やがてこの言葉は日本人の間に定着していく。「国体」はいつか「天皇制」にとって代わられるようになる。

国体護持論者は、これからは天皇制という〝敵〟の言語をもって、打倒論者にたいして応戦せざるを得なくなる。言葉の魔力というものであろう。しかもそれは打倒されねばならないものと決めつけていうような、夢聲のいう「恐るべき」語感をともないはじめる。

　ところで、わがクラスの同盟休校論争である。十数日後に、身を張って「俺たちは勉強して日本を再建せねばならないのだ」と訴える級友のたったひとりの反乱があり、やがて同調するものが多数となって、強硬派の面々はすごすごと旗を巻いて収まった。そして「天皇制を信奉する奴は勝手に勉強しろ」と捨て科白《ぜりふ》だけが空《むな》しく教室に木魂《こだま》する。そんな場違いのところにも天皇制が飛び出していた。

軍隊が日本から消えた日

　わたくし個人でいえば東京からの転校生、教室にならんで坐《すわ》ってはいるが、まだ級友の顔と名前が一致しない半よそ者である。黙って成り行きを観望していた。というよりスト突入を気にかけるよりも、別の心配なことに気をもんでいた。それは父が溜息をつきつきいった一言に起因があった。

「これでわが国は、憲法だろうが天皇制だろうが、アメリカが好き放題にぶっ叩いて壊しても文句一ついえぬ、哀れきわまる国になった」

　当時、何事ならんか、と教えを請うた覚えのある父の溜息の内実を、いま新聞の見出しで追ってみる。

・連合艦隊解隊。（十一日）

・参謀本部廃止。（十五日）
・陸軍百五十四師団、百三十六旅団、海軍二十部隊、計六十九万三千人余の将兵の武装解除後の復員終了。（十六日）

そしてマッカーサーが鼻高々とマイクを通して、全米軍将兵にそのことを宣言する。その訳文が十七日の新聞に載っている。

「日本本土全域の日本武装兵力の復員は本日をもって完了し、日本軍隊なるものはここに存在しなくなった。〔……〕余は歴史上戦時平時を問わず、またわが軍によると他のいかなる国によるとにかかわらず、かくも迅速かつ円滑に実施された復員の他にあったことを知らない。日本に対しては陸軍、海軍、空軍に関係ある総《すべ》てが禁止されたのである。これをもって日本の軍事的威力および国際問題に対する軍事的発言権は終末を告げた。日本はもはや大小を問わず世界的国家として数えられなくなった。日本を存続させるならばその将来の途《みち》は平和的な途に限られねばならない。……」

書き写しながら、はじめてお目にかかる文章ではないように思う。当時、読んでいたのであろう。さらに記憶を呼び起こせば、このあとに日本人の降伏は精神的にも完成した、という意のあったことをうっすらと覚えている。畜生！　と呟いたことも……。事実、それはあった。

「この降伏は外形的に完全に遂行されただけではなく、日本人の精神に対しても同様に破壊的であった」

当時と違っていまは、口惜しくも思わない。その言のとおりに日本人の精神は破壊されたからである。無念も残念も畜生！　の想いもない。その後の日本人はひとしく臆面《おくめん》もなく、「一億総懺悔《ざんげ》」をスローガンにアメリカ製民主主義を有難く押し戴《いただ》いて遵奉《じゅんぽう》した。それが事実である以上、マッカーサーの言い分に「テやんでえ」と文句のひとつのつけようもない。この急角度のコペルニクス的精神破壊をどう考えたらいいのか。書きながらいまも戸惑いを覚えるばかりである。

さらにかすかながら記憶にある。十九日の新聞に載った戦艦大和と武蔵《むさし》の初公表の写真。声もなくただただ驚嘆して眺めたものであったことを。いま改めて新聞をとりだせば、「〝怪物〟六万二千噸《トン》の姿／壮烈に散華《さんげ》した『武蔵』『大和』」（毎日新聞）とある。「優勢なる米空軍機の前には絶対不沈ということがあり得ようもなく」の文字に、軍艦好き少年であったわたくしは、当時、さぞや一掬《いっきく》の涙を両艦に捧《ささ》げたに違いなかろうが、いまはその記憶は残滓《ざんし》もない。

公になる憲法改正の動き

まさにこれと同じ日、十九日、大学生の山田風太郎は日記にリアリスティックな、長文の意見を書いている。

「軍備なき文化国、などという見出しのもとにスェーデンなどが今称揚されているが、スェーデンが世界史上どれほど存在意義を持っているのか。／戦争のない世界、軍隊のない国家——それは理想的なものだ。〔……〕軍備なくして隆盛を極めた国家が史上のどこにあったか。われわれは現実論者だ。〔……〕／悲しいことだが、それは厳然たる事実である。それを『軍備なき文化国家を史上空前の事実として創り出すのだ』などという美辞を案出し、また日本人特有の言葉における溺死《できし》ともいうべき思考法で満足している連中の甘さには驚くほかはない。実際世間とは馬鹿なものである。相当なインテリまでが、アメリカによる強制的運命に置かれている現実をけろりと忘れた顔で、大まじめに論じている」

戦後日本の新しい国家目標としてしきりに唱えられた「東洋のスイスたれ、スウェーデンたれ」が、こんなに早く唱えられていたのか、と写しながらいささかの感慨がある。

本当のことをいえば、わたくしは「文化国家」という戦後日本の理想を本気で信じ胸を躍らせたのである。それが一兵もなくなった後にひねりだされた苦肉の、所詮《しょせん》は美辞麗句でしかなかったとは！　道理で、文化国家の大理想を数年後には日本人のだれもが口にしなくなったわけである。大学生と中学生とではさすがに時代観察に径庭《けいてい》の差がある、といまは苦笑するほかはない。

「国体護持」はひめやかに退陣し、「天皇制打倒」が声高に叫ばれる。天皇の軍隊は完全消滅。さらに憲法改正の動きも新聞でひろく国民の知るところとなる。

東大教授宮沢俊義《みやざわとしよし》が「憲法改正は議会の決議を経て国務大臣の副署を以て公布せらるべきであり〔……〕議会となんら関係のない内大臣乃至《ないし》は近衛公が改正案を起草するというのは、解し難い」（十六日）とやれば、佐々木惣一が「内大臣は、内大臣府官制により常時輔弼《ほひつ》する。〔……〕憲法の改正ということについて、内府側で、天皇の御判断上の御心構えの材料のために、調査研究して申しあげることは、なんら違憲とならないのである」（二十一日）と反駁《はんばく》する。GHQはこれらを黙って眺めている。

敗戦直後に多くの日本人がもっとも真剣に憂慮した天皇の運命は、いつとはなく風の前の塵《ちり》のごとくに軽く頼りないものとなっていく。

＊この章の「余談」——

（19）国務省からのアチソン宛の返事は十月十六日に送られてきている。それは日本国憲法の改正に関するアメリカの正式な方針といっていいものであろう。

「天皇制が存続されない場合、つぎの規定が必要である。
一、公選による議会が、財政および予算関係事項を完全に掌握する。
二、日本国の管轄下にある日本人のみならず、すべての人が基本的人権を完全に保障される。
三、国家元首の行為は、明白に委任された職権に従うだけのものとする。
もし天皇の地位が保持される場合には、右のほかつぎの保護規定が必要になろう。
四、天皇に勧告し助言を与える内閣は、国民を代表する立法府の勧告と同意によって選出され、立法府に対して責任を負うものでなければならない。
五、立法府による法案に対して、貴族院や枢密院のような立法府以外の機関によって拒否権が行使されてはならない。
六、天皇は、内閣が勧告し、かつ議会が承認した憲法改正案を議会に提案するものとする。
七、立法府は、随意に会議を開くことができる。
八、将来、軍隊の保有が認められた場合は、その軍隊の担当閣僚は文官でなければならず、かつ軍隊が天皇に直接に接近できるすべての特権は除去されねばならない」
とくに注目されるのは、六そして八ということになろうか。新憲法の提案は天皇によってなされるし、そして軍隊の存続を認めるとしているのである。

（20）　幣原首相が八月末ごろに書いたと思われている「終戦善後策」という文書が、幣原平和財団編『幣原喜重郎』に掲載されている。どんな方策をもって敗戦という非常事態に対処すべきか、外交界の長老としての意見をまとめている。首相に選ばれることを必ずしも予期してはいないときの考えではあるが、その政策方針を知るうえで大いに参考になる。

「第一、連合諸国のわが国に対する信頼の念を深からしむること。第二、敗戦により生ずる事態の重大性を国民一般の胸中に銘記すること。第三、わが国は国際情勢の機《き》宜《ぎ》を逸せず、われに有利なる新局面の展開を図ること。第四、政府はわが敗戦の原因を調査し、その結果を公表すること」

いかがなものであろうか。どう好意的に見ても、敗戦にともなう被占領という由々しき事態を、それほど深刻には観じてはいないように思えてならない。あえて楽観とはいわないまでも、こちらのいい分はうまくやれば十二分に通せると、外交交渉の余地を相当広大に考えている節がある。敵を知らないのにも程があった、と評すべきか。その長老が首相にならねばならないほどに、人材に窮していたということなのか。

(21)　十月十日の大佛《おさらぎ》次郎日記に、こんな記載があるのが目を引く。
「この日、出獄した共産党員が、朝鮮人を中心だったらしいが、飛行会館で再起の大会を催し、赤旗を掲げ銀座を行進、マッカーサー司令部の前で、マッカーサー万歳と共産党万歳を三唱し解散すと。とにかく歴史的の事件であろう」

大阪での出獄同志歓迎人民大会の様子を伝えた「赤旗」再刊第二号の記事がある。引用しておく。

「〔……〕演説終了後、同志徳田の発声で、朝鮮人民共和政府万歳、日本人民共和政府万歳を総員絶叫して、大会を一先《ま》ず終了。直《ただ》ちにデモに移り、進駐軍司令部前で、聯合軍総司令官マックアーサー元帥万歳を、同志徳田の発声で三唱して解散した。我々は此《こ》の大会に於《お》いて日本に於ける最初の人民解放聯盟の結成に成功したが、デモにオートバイ、トラックを使用したため、徒歩の大衆との歩調合わず、僅《わず》か数百人の大衆が参加したに過ぎなかったのは失敗であった。〔……〕」

とにかく、わたくしが住んでいた戸数百戸ばかりの雪国の寒村にも、この前後に赤旗を立て、天皇制打倒、大地主打倒を叫ぶ人が突如出てきて、村人たちをびっくりさせた。彼は戦争中は鬼畜米英の旗振りを先頭になってやっていた人であった。それで、中学生はあまり近寄らんほうがええ、とわたくしに囁《ささや》く人もいた。

　こんなふうに、戦後の日本共産党へ急遽《きゅうきょ》入党あるいは復党した党員のなかには、戦争中に対米英強硬派であったもの、あるいは転向してむしろ戦争推進に熱心になったもの、などが多々あった。彼らはそうすることで過去の自分の転向や戦争協力の免罪《めんざい》符《ふ》にしたようであった。

　そればかりでなく、共産党に所属することでむかしの自分をうまくカムフラージュし、逆に党という権威をかりて、あるいは天皇制を糾弾《きゅうだん》し、あるいはむかしの仲間の戦争責任を追及し、あるいは共産主義者でないものに批判の矢を浴びせかけるなど、ある種の醜い人間性をしばしば露呈したものであった。

(22)　アメリカの新聞などでは「天皇制」を意味する言葉を戦争中にも用いていた。“Institution of the Emperor” “the function of the Emperor” などがそれに当たろうか。三省委員会の文書などでは “the authority of the Emperor and the Japanese Government” “Japanese Government Machinery and Agencies including the Emperor” といった表現でそれを表わしている。

八　昭和二十年十月(2)　「天皇退位論」の章

国破れて、まず飢えが

空襲で焼野原となった都市は、日本全国で九十に及ぶ。焼失戸数三十五万戸以上、罹災者《りさい》は八百四万五千人を超える。その廃墟《はいきょ》になった各都市も、少しずつ息を吹き返している。わずかに生命を保っていた樹木からはまた芽が吹き、ガラスの破片や鉄片やらはきちんと整理されて一カ所に積み上げられ、道路は片づけられた。

そして秋風が吹きはじめるころには、日本人の勤勉さそのままに、瓦礫《がれき》と雑草の焼野原には掘立小屋が建ちならぶようになっていた。主となっているのは防空壕の改造であるが、なかには玩具《おもちゃ》のような細い柱を立てた家もできれば、赤茶けたトタンだけで恰好《かっこう》をつけた家もある。もとの道路に沿って、もとの町並みが曲がりなりにもそこに形成される。記録でみれば、東京ではこの十月ごろにはもう銀座通りに灯がともり、料亭やバーがあいついでオープンしたという。

比島より進駐してきたばかりのGIのひとりは、目を丸くして本国へ書き送った。「とにかく日本人は勤勉だ。負けた連中のほうが、ずっとまともなことをやっている」。当時、マニラは、依然としてごみ溜《た》めのような乱雑さのままであったらしい。

しかし、国破れて、まず飢えがあった。それも並大抵の欠乏ではない。いかに勤勉であろうと、克服できない食糧不足が廃墟にうごめく人びとに襲いかかっている。この年の秋の収穫は何十年来という不作が予想され、そこへ復員軍人をはじめ多数の人びとが、外地から戻ってくる。人口は増えるいっぽうで、飢餓は深刻という言葉の域を越える。(23)

十月四日の山田風太郎日記にその憂いが書かれている。

「食糧事情の未来暗澹《あんたん》といわんよりも絶望的なり。このぶんでゆかば八百万ないし一千万の餓死者の出ずるは必定《ひつじょう》といわる。／米軍は食糧輸入を許さず冷然たり。『日本政府無為《むい》無策なり』と責めらるれど政府如何《いかが》すべき。先般の台風にて関西方面の稲作甚大の損害を受け、しかも飢えたる海外の邦人将兵濁流のごとく帰国せんとす。〔……〕／最近、突如として日本人の平和国家転換ぶりに疑惑ありと敵の論かまびすし。これ日本人食わんと欲すればみずから政府を変革せよとの暗示にあらざるか。空腹か天皇か、この滑稽《こっけい》のごとくにして滑稽にあらざる命題を日本人に課しおるにあらざるか」

事実、山田日記のいうＧＨＱ側の、日本政府ならびに日本国民を冷眼視・疑惑視するような声明などが、しきりに新聞を賑《にぎ》わせている。たとえば経済科学局長レイモンド・Ｃ・クレーマー大佐の怒りをあびせるような言明がある。

「日本は完全に打ちのめされており国民もまた全く無感覚となり、自らを助ける気持すらもっていない。〔……〕／われわれは本国政府に諮《はか》らずにかかる食糧計画をそのまま実行に移しはしない。余は日本が積極的に自らを助ける決意に俟《ま》つつもりだ。しかるに日本政府は切迫する破局を避けるために何等《なんら》の計画も提出していない」

ＧＨＱの関心は、一日も早く武装解除し軍国主義を叩《たた》き潰《つぶ》し、民主化をはかることだけに向けられていた。食えなくともそれは当然のこととし、日本人に適度な生活水準を維持する道を与えてやらないと、占領目的の達成は無理ということに、気づこうとはしていない。いっさいを日本政府の施策に任せきっている。しかし、政府にとるべきどんな方策があったか。何もなかった。

「とにかく、ひもじかった」

敗戦後のあの空腹の時代のことを書くとなると、あの物質的枯渇こそが人間生活の本然ではないか、といつも思う。物の溢《あふ》れかえっているいまの世は幻であるとの気分が、わが身の底の底にひそかに根強くしみついている。

なるほど、当時は人それぞれ置かれたところにおいて情況は異なる。大袈裟《おおげさ》にいえば生死をわける。一概にはいえないけれども、要は、人間も植物の種と変わるところがないな、というのが実感である。住みつくところで育つもあり、枯死《こし》するもある。

わたくしのいたのは幸いに米どころの越後。あるいは究極の飢餓を味わわなくてすんだということなのかもしれない。そのわたくしですらが中学四年生のときに、夏目漱石《なつめそうせき》『吾輩は猫である』をはじめて読み、篇中にあるトチメンボーを筆頭とするさまざまな食いものに舌なめずりをし、ゆえ知らない悲しさに襲われたりした。ゴーゴリの『死せる魂』の主人公は行く先々で大そうな御馳走《ごちそう》にあずかる。その克明な描写に空腹をグウグウ鳴らしながら何度も涙したことは、いまも忘れられない。それが心奥に刷りこまれた飢餓感というものであり、飢餓こそがこの世の真実の姿なり、とおそらくは墓に入るまでそう思いつづけていくことになろう。

とにかく、ひもじかったのである。当時、政府の主食の配給量は成人一人の一日当たりは二合一勺《しゃく》、約三〇〇グラム。一食茶碗一杯分である。それも米に換算しての「綜合《そうごう》配給」で、薩摩《さつま》芋《いも》、大豆、小麦粉、藷《いも》のつる、もとは豚の飼料である大豆粕《かす》、さらにはいくらふかしてもガリガリの豚も食わぬ「冠水芋《かんすいいも》」などで代用して、カロリーは一日一人当たり一二〇〇カロリーにしかならなかった。最低必要カロリーは労働者一日三〇〇〇カロリー、普通人が二四〇〇カロリーと計算されているから、半分に満たぬことになる。ただし、それさえも遅配、欠配でまともに配給されることもない。

　不足分はどうしたのか。闇ルートを頼るほかはなかったが、天井知らずのインフレのさなか、闇物価もまた鰻《うなぎ》登りの高値で、補給はそれほど簡単というわけにはゆかない[24]。警視庁経済三課の調査した十月末の闇の値段表を参考のために引用しておく。カッコ内は基準額である。白米一升七十円（五十三銭）、薩摩芋一貫目五十円（八銭）、砂糖一貫目千円（三円七十銭）、ビール一本二十円（二円八十五銭）、清酒二級一升三百五十円（八円）、冬オーバー一着百六十円（十八円）などなどである。念のために書いておくが、昭和二十年末の国家公務員の給与は月額最低四十円、最高五百二十円のころである。

　笑えない話がいくつも残されている。全国の学校は、半数以上の欠席者を出し、たまたま登校してきても空腹のために授業もほとんど空虚なものと化した。これを乗り切るべく、各校は自主的にいろいろの策をめぐらしたらしい。十月二十日、盛岡市の国民学校では当分の間、学童の持参する弁当難から午前中で終了と決めた。秋田師範男子部は二十九日から二週間、食糧難により休校。日本大学予科は週五日制と二十七日から決定。これで教授は家族の食糧確保に、学生は栄養補給で土日をかけて帰省できる、それが最大の理由であるとか。また、新潟医大では二十日より週二時間の体操を完全中止すること、などなど。

「リンゴの唄」が焼け跡に

十月二十八日の新聞が、悲しいひとりの碩学《せきがく》の死を「〝闇を食わない〟犠牲」として伝えている。それはまさしく闇に頼らなければ生きていけない事実を証明する。戦争中に政府は「政府を信頼して買出しをするな、闇をするものは国賊《こくぞく》だ」と呼びかけた。東京高校（旧制）のドイツ語教授亀尾《かめお》英四郎《えいしろう》はこれを支持し、この厳しさを敗戦後も曲げようとしなかった。教授は「いやしくも教育家たるものは表裏があってはならない。どんなに苦しくとも国策をしっかり守って行く、という固い信念の下に生活をつづけていた」のである。頼るのは配給と二坪の家庭農園。結果は敗戦二カ月後の十月十一日に、栄養失調から衰弱死した。

悲しい統計によれば、敗戦の日から十一月十八日までに、東京では、上野、四谷《よつや》、愛宕《あたご》の三警察署の管内で百五十人余の餓死者を収容した。また同時期の、神戸、京都、大阪、名古屋、横浜の五都市では、七百三十三人の餓死者が出たという。もうひとつ統計をあげれば、敗戦の日から十月までに失業者は四百四十八万人（男女の合計）であったという。そこへ内地復員者七百六十一万人（軍人と軍属）、在外引揚者百五十万人が加わり、総計一千三百五十九万人が住居と職場と食いものを求めてさまよっていたのである。

こんな時代であるゆえなおさらのこと、ひとにぎりほどの戦時利得者はともかく、大多数の庶民は土を齧《かじ》っても自分の力で生きなければならないのである。大日本帝国時代には微動だにしないと思われた国家の大権威・大権力が、完全に崩壊してしまっている。いまさら頼りとすることは愚の骨頂にして無意味。となれば、日本人は一人ひとりが自分の力で生き抜くほかはない。頼るもの、飢えから救ってくれるものは、おのれの才覚と努力のみで、いち早く敗戦の虚脱から脱却できたものが勝ち残れる。過去のいかなるモラルや道徳的要請をも無視し、ひたすら食いものに執着して、たくましく人びとは生きはじめるのである。

極度の欠乏を克服しようと、人びとがあがきだしている焼け跡の町々の上を、ひとつの歌声が日一日と大きな音量となって流れだす。〽赤いリンゴに唇よせて……と、焼け残ったラジオが、さも誇らしげに町のあちこちにこの歌を響かせたのである。とにかくラジオは朝から晩までこの歌を流しつづけた。ほかに歌のないかのように。聞くともなしに聞く人びとの心にも、不思議な魅力をもってこの歌は沁《し》み通ってくる。音痴のわたくしですらしっかり歌えるほどに、である。

この並木《なみき》路子《みちこ》の歌う「リンゴの唄」（作詞サトウハチロー、作曲万城目正《まんじようめただし》）は、もともとは十月十一日に封切られた松竹映画『そよかぜ』の主題歌であった。

映画そのものは、レビュー・ガールの恋と生活を主題にし、「ムシズが走る」と酷評された他愛のない作品であったという。が、ラジオ番組「希望音楽会」ではじめて並木の歌声が流れると、リクエストが放送局に殺到した。そしてたちまちに歌はスクリーンを飛びだしていく。軍歌以外に口ずさめる歌のないときに、これこそ老若男女、ことごとくの日本人が歌うたったひとつの希望の歌となったのである(25)。

いまでもこのメロディを聞くと不可思議な気分になる。〽リンゴはなんにもいわないけれど……。人びとはほんとうに余計な口をきくことなくせっせと働いて、廃墟からの再生をめざしていた。リンゴはおそらく自分自身のことであると、言わず語らずして感得していたのであろう。そして後には……、いや、これは仮説である。そのリンゴが多くの日本人にとっては、国家再建の象徴としてのある人と変わっていったのかもしれない、と思えてくるときもある。自分の身はどうなってもいい、国民の生命を救いたいといったという、その人のことへと……。その人はまったく何もいわないが、〽リンゴの気持はよくわかる……、のである。

近衛発言の波紋

そうした庶民の悪戦苦闘や切ない歌声も知らぬげに、十月二十一日、近衛は外国記者団との会見で、憲法改正に関連して元気いっぱいに日ごろの持論（天皇大権の縮小、貴族院の改革など）を語っている。自分はマッカーサー元帥のすすめがあり、天皇から直接に内大臣府御《ご》用掛《ようがかり》を拝命し憲法改正の草案を準備していること。草案は十一月末までにできるであろうこと。これを陛下に奉呈《ほうてい》し、また議会に提出するに先立って、GHQの承認を求めることになるであろうこと。そう語って近衛は、質問されるままに天皇の退位問題にふれていく。

「陛下は、ポツダム宣言が完全に行なわれないうちには、国際信義からも、御退位はされないと思う」

AP記者が「それならば、ポツダム宣言を履行し終えたら、退位されるのか」と問うことになる。近衛は答える。

「御上は大元帥陛下として戦争に対する責任がある。ゆえにご退位なされないと、あるいは連合国の一部から戦犯指定の声が出てこないともかぎらない。それでは国体護持は不可能になる。退位されて京都にでもご隠居なさったほうがいいのではないか」

これは重大発言である。

記者は「ポツダム宣言を履行したら天皇は退位するであろう」と本国に電報を打つ。これをまた、日本の新聞各紙は、二十三日朝刊で「天皇退位の条項、挿入もあり得る。憲法問題、近衛公の談話」などと大見出しで報じた。いっせいに批判の発言が捲《ま》き起こる。いちばん驚《きよう》愕《がく》したのは松本国務相である。朝刊をわしづかみにするとまっしぐらに首相官邸に急行した。
松本に強烈にハッパをかけられて、幣原《しではら》首相はとるものもとりあえず木戸内大臣を訪ねる。『木戸日記』にある。

「あの儘《まま》にては政治上頗《すこぶ》る困難を生ずる虞《おそ》れあるを以て、近衛公に於て声明せらるるか何とか善処せらるる様、尽力せられ度《た》しとの希望あり。近衛公と早速連絡、善処せしむることを約す」

日本の上層部の大混乱の図である。結局、腰くだけとなった近衛の、二十四日の、あらためての弁明の記者会見でことは収拾される。が、このゴタゴタが影響するところは大きかった。米政府やGHQは、天皇問題にふれたとたんの世論の猛反撃に啞然《あぜん》とする。UP通信が伝える米政府高官の言葉「このまま天皇が統治者として存続するならば、日本人が民主主義者になり、日本が民主国家になることは永久にあり得ないのではないか」が、彼らの当惑ぶりを端的に示している。

いや、松本の〝信念〟に与えた影響にいちばん注目すべきであろうか。もともと〝明治の男〟の国務相は、大日本帝国憲法の第一条～第四条の改正など空っきし念頭にない。近衛の御用掛を絶対に認めぬと、戦闘的になっている。その許し難い元首相のやろうとしていることなど金輪際俺はやらぬぞと、いっそう守旧《しゅきゅう》の決心を強めたに違いないのである。

二十五日、松本を委員長として「憲法問題調査委員会」（俗に松本委員会）が設置される。顧問に清水澄《しみずとおる》、美濃部達吉《みのべたつきち》、野村淳治《のむらじゅんじ》の三人。松本と顧問三人はいずれも東大法学部元教授か講師。委員はほとんどが彼らの教え子で、その第一回総会が二十七日にひらかれ、松本は胸を張って挨拶《あいさつ》する。

「憲法問題調査委員会という名称をつけたのは、明治憲法を改正するとか、しないとかいうことではなしに、ただそういうことの問題を研究する委員会という意味にすぎない。それに調査を充分にするためには、たっぷり時間をかけたほうがいい。あまり早くやろうとすれば、どうしても行きすぎのようなことが起こる」

第一歩を踏みだしたとたんに、改正を前提とはせず、近衛や佐々木のやらんとしていることへの反撃、そして無視の宣言である。この頑固さ、この意地っぱり。

ワシントン発緊急電

あらためて書くまでもなく、天皇退位論は敗戦直後から内外の新聞をにぎわしている。そのなかで近衛の同情的にいう「天皇は退位して京都へ隠棲《いんせい》されたらよい」といったような発言は、情けないほど世界各国の複雑な思惑や糾弾を知らざるのものであった。退位が天皇の戦犯訴追や天皇制の存廃にそっくり繋《つな》がっていることにはまったく彼は気づいていない。いまや天皇退位は天皇の私事ではなく、まさしく戦後日本の運命を左右する根本の大事となっていた。とくにアメリカでは最大の難問なのである。それで九月から十月にかけて、ワシントンの国務省・陸軍省・海軍省の三省調整委員会（とくに下部の極東小委員会）において、時をおかず天皇の身柄をいかにすべきかについての激しい討議がつづけられていたのである。

実のところ、彼らはジレンマに直面していた。公然と、軍国主義の源泉たる天皇制の全面廃止をうちだせないのである。なぜならポツダム宣言受諾をめぐって、せっぱつまったところで日本政府に、天皇制の将来は日本国民の自由意思にまかせると、アメリカは約束していた。「いまになって、信義にもとるようなことはできない」と、強硬論者はホゾを嚙《か》まざるを得ない。たとえば、竹前栄治氏発掘のそのジレンマがよく出ている十月五日の第四十五回極東小委員会での議論がある。

陸軍省側「ポツダム宣言で天皇制の存続を黙約することにより、天皇の生命を救ってしまったのである。その事実からすれば、天皇を戦犯裁判にかけることは疑問となる。どうしても裁判にかけるというのであれば、証拠収集を慎重にやらねばならない」

海軍省側「といって、証拠が収集されるまで、天皇裁判の問題を凍結しておくことは国際情勢が許さない。断じて反対である」

国務省側「裁判にかければ天皇は自動的に有罪となろう。しかし裁判はあくまで法的手続きを守らねばならない。それにはまず、だれもが納得し得る証拠が絶対必要である」

こうして重なる討議を経て、極東小委員会がやっと結論を出したのは十月十六日ということになる。その骨子は——、

㈠天皇裕仁の戦犯問題の最終決定は、天皇制についての根本方針が固まるまで延期すること。

㈡最終決定を留保しつつ、とりあえず天皇裕仁の戦犯容疑についての証拠を、可及的速やかに、かつ秘密裡に、収集すること。

㈢証拠収集を連合軍総司令官に一任する。総司令官は収集した証拠を、天皇戦犯裁判をひらくべきか否かについての自己の勧告をつけて、統合参謀本部に速やかに提出すること。

この最終結論をうけて、ワシントンの政策が正式に決定された。つまり、アメリカ政府は、「裕仁天皇は戦争犯罪人としての逮捕、裁判、処罰からまったく免責されたわけではない」「裕仁天皇なしで、占領がうまくいくと判明したときは、天皇の裁判問題は当然に提起される」ということを前提として、東京のマッカーサーに戦犯容疑についての調査と、最終判断を委《ゆだ》ねることにしてしまったのである。

それからもさまざまな手続きを要することがあり、やっとワシントンは緊急電報で指令を東京へと送るところまで漕《こ》ぎつける。

「貴官〔マッカーサー〕はただちに、天皇が日本の国際法違反にたいし責任があるかどうか、についてのすべての証拠を収集されたい。……なお証拠の収集にあたっては、証拠の露顕《ろけん》はもちろん、証拠を収集していること自体がバレぬよう秘密保持に、細心の注意を払われたし」

電波は太平洋を一気に越え、指令はマッカーサーに届けられる。十一月二十九日のことであった。

＊この章の「余談」——

(23) 飢餓について書かれたもののうち、印象に残ったものを二つほどあげておく。まず、北杜夫《きたもりお》『どくとるマンボウ昆虫記』の一節を。

「家庭菜園を耕しても、リュックを背負って買出しに出かけても、元気に働けるだけの身体をつくることはできなかった。栄養失調のために、顔や足が腫《は》れたり、できものができたり、下痢がつづく場合が多かった。たべられるものならどんな草でもたべようと、植物学の本をたよりに、クローバーをたべてみたら、すこしばかりでやっぱりのどを通らなかった」

また、旧華族に嫁いで、計画出産の提唱者で有名な加藤《かとう》シヅエが、マッカーサーに訴えた手紙がある。

「われわれ日本人は、昔から高貴の人の前では腹が減ったなどと言うことを慎むしつけを受けてきましたが、現在の深刻な食糧難に直面してそんなことなど言っておられなくなりました。日本国民は皆腹を減らしております。……」

どれもこれも写していると、当時の空腹が自然に思い出され、ひとりでクククと笑ってしまうのである。おかしくてではない、悲しくてである。

（24）前記の北杜夫氏の文にもあったように、庶民はだれもがリュックサックを背負い「買出し」で何とか食にありつこうとした。それともうひとつ忘れられないのは「かつぎ屋」という言葉である。闇市はいわゆるこれらかつぎ屋の買出しによって補充が保たれていたのである。これもまた、大きなリュックを背負っていた。大小の闇ブローカーたちが農村にいって食糧を買出し、リュックいっぱいに詰め込み、それを闇市まで運んでくる。繊維品や靴、砂糖、酒類、乾パンなどは、旧陸海軍の軍需品の「横流し」物資である。リュックこそ、いちばん戦後を象徴する大切なものであった。いまの日本の肥満した若ものたちがリュックや頭陀袋《ずだぶくろ》みたいなのを背負って、得意気に街を闊歩《かつぽ》しているのを眺めるたび、われら老骨はあのころの腹っぺらしの毎日が嫌でも想起されてきて、これまた、そぞろ悲しくなるばかり。

(25)　歌った並木路子は、松竹少女歌劇団の新人である。三月十日夜の空襲で、みずからも火に追われて隅田川に飛び込む羽目となり、危うく溺《おぼ》れるところを救助されたのであるという。一緒に川に飛び込んだ母は遺体となって浮かんだ。父も南方で殉職死、次兄は千島《ちしま》列島で戦死。「並木君、君に明るく歌えというのはつらいのだが……」と作曲家の万城目正がいったとか。腹をペコペコにへらした並木は、ロケ先で食べたリンゴの味が死ぬまで忘れられないでしょうと、いつも語っていたという。

九　昭和二十年十一月（1）「近衛失格」の章

近衛を捨てたGHQ

憲法問題をめぐる近衛《このえ》と政府との心理的な小競り合いは、新聞に報ぜられることで、世間の注目を少しく引いたが、十一月一日、GHQの声明発表でいっぺんに決着がつく。

「日本憲法改正に関し近衛公が演じつつある役割については、大きな誤解があるように思われる。近衛公は連合軍当局によって、この目的のために選任されたのではない」

と、声明は、憲法改正の問題で、近衛に要求されたのは、東久邇《ひがしくに》内閣の副総理にたいしてなされたのであり、同内閣の総辞職により、近衛との関係は何もなくなった、とはっきりと宣言する。

「本問題にたいする近衛公との関係は、いまは皇室とのかかわり合いにとどまり、連合軍総司令部は同公をまったく支持していない」

ＧＨＱは、この声明を発表することによって、近衛に憲法改正を示唆した法的根拠を、真っ向から否定してしまったことになる。

愕然《がくぜん》となりつつも近衛は、二日、押しかけてきた新聞記者に、平静に、ぽつりぽつりと答える。たしかに、マ元帥の示唆を受け、天皇に奏上して下準備のため調査せよ、との下命を受けたのである。木戸内大臣も枢密院議長も承知している。

「つまり自分がいま憲法問題の調査を行なっているのは、マッカーサー元帥の示唆に端緒があることは事実であるが、とくにマ元帥から個人的に命令ないし委嘱をうけたものではない。あくまで日本側独自の決定にもとづくものでもある。……目下のところ、十一月二十日ごろには、調査の結果を陛下に奏上し得ると思っている」

近衛はそれ以上に何も語らず、記者団の質問にも答えず、さっさと居間に戻ると、常用の日本酒を運ばせた。黙って側に立つ秘書官の牛場《うしば》友彦《ともひこ》に笑顔をみせながらいった。

「飲もうよ、友ちゃん、冷やでいいだろう」

そうした近衛の抗議とも弁明ともつかぬ説明をよそに、二日の夕刊紙には、大きなスペースをさいてマッカーサー声明がすでに発表されている。

改正憲法形式、国民が決定
通告により幣原内閣の手で目下準備中
近衛公に委嘱の事実なし

近衛は、いずれにせよ、この声明により政治的には無力な存在となってしまったのである。今日になると、裏の事実が明らかになっている。近衛の側近である富田《とみた》健治《けんじ》の著書『敗戦日本の内側』にもそれがふれられている。

「――正義の国、ウソのない国アメリカも、おのれに都合の悪いときは、ぬけぬけとウソをつくものである。しかし、さすがに気恥しかったのか、裏ではアメリカ側の連絡者が『アメリカ世論の関係もあって、総司令部も立場上、あんな発表をしたけれども、迷惑をかけてすまなかった』というようなことをいって了解を求めてきたことも事実である。同時に、この声明後、数日してから、憲法改正に関する近衛との連絡は、この辺で打ち切りたい、といってきた」

声明の背後には、実は中国からの戦争犯罪人リストの提出があったという。そこには天皇を筆頭に、東久邇宮、近衛以下の名がずらりと書き出されていた。とくに日中戦争勃発《ぼっぱつ》時の首相の近衛の身柄の引き渡しを強く要請する。ワシントンから送られてきたリストを読んだマッカーサーは、そのときから近衛にたいする態度をガラリと硬化させる。戦犯確定の人物、しかも東京で軍事裁判を開廷する場合には必要欠くべからざる人物と、これ以上の親しい関係を保持することは好ましくない、どころか、危険でもある。内外の反近衛感情の高まりを知ったGHQは、先手をとって絶縁声明を出したのである。

GHQは、占領政策遂行上これはという人物なら、徹底的に利用したが、利用価値がなくなれば弊履《へいり》のごとく棄《す》てさった。日本人さえみれば、民主化、民主化を連発し、「君こそ民主化の立役者だ」と煽《あお》りたてたが、疑問符がつくとみれば即座に潰す側へ回った。それが当時のGHQのやり方であったと、いまもときどき苦虫を嚙むようにいう先輩に多くお目にかかる。当時中学生の分際が「民主化の立役者」のはずもないから、そんな実体験はない。こちらから媚《こ》びて尾っぽを振るからそんな目に遭《あ》わせられるのではないか、と思いたくなるところもあって、どこまで真実かはわからない。が、そのいっぽうで、やっぱりそうなんだろうな、と思わせられる点も多々ある。GHQの政策遂行の残酷さ、薄情さ。調べれば調べるほどひどい例を、もう沢山だというほどに見せつけられる。敗戦国民になるなかれ、である。

もし、近衛案が陽の目を見ていれば……

なぜ、マッカーサーの裏切りを長々と書いたのか。歴史の「もしも」をちょっと愚痴ってみたいと思うからである。そのためにも、一種のペテンにかけられ運命の暗転に遭遇しながら、近衛は、そして佐々木も、まことにご立派であったと褒《ほ》めなければならない。箱根に駆けつけた近衛が「GHQの声明が出ようとも、天皇の命令の変更のないかぎり、このまま調査の仕事をつづける所存だ」といった。すると「結構です」と、佐々木はうなずいて一言、あとは何も語ろうともしなかった。そして改正案作成を急いだという。

歴史の「もしも」は、調査執筆がつづけられて一応完成した佐々木案を、さらに自分流に手直しした近衛「大綱」案が、陽の目をみることがあったならば、すなわちGHQに提出されるようなことになったならば、である。というのも、「我国今回の敗戦に鑑《かんが》み、国家将来の建設に資するが為《ため》に、帝国憲法改正をなすの要あり。単にその解釈運用のみに頼るべからず」（近衛案の第一）の文言が示すように、それは日本側のイニシアティブで積極的に、明治憲法を全面的に改正する方向で検討しようとしていたものであったからである。しかもGHQ政治顧問アチソンの要望項目をほとんどとり入れている。しかし、近衛案は（同時に佐々木案も）、内大臣府が廃止されたためもあり、公表されることはなかった。つまり、その後の憲法改正の動きには何ら影響を与えることはなかった。近衛「大綱」案の原本が発見されたのは昭和三十六年二月のことという事実が、それを象徴的に物語る。
近衛「大綱」案の「改正の要点」の主要な部分を簡略にして挙げておく。
「一、天皇統治権を行うは万民の翼賛《よくさん》による旨を特に明《あきらか》にす。
二、天皇の憲法上の大権を制限する〔……〕
三、軍の統帥《とうすい》及編成も国務なることを特に明にす〔……〕
四、臣民の自由を尊重する〔……〕」
明白なことは、近衛が苦心して明治憲法の基本線を守ろうとしながらも、GHQの意向を充分に考慮していることである。そして急いでいることである。と、いくらか近衛に肩入れをして考えれば、あるいは「押しつけ」という不愉快な事態には……。返す返すも残念なことということになる。

ともあれ近衛側の構想は挫折《ざせつ》し、憲法問題は、GHQの勧告に従った政府の、ひとり松本委員会だけが担うこととなる。委員会では、その名称どおりに、まず憲法の問題点のあぶりだしと調査に重点が置かれた。それはGHQ要望の「憲法の自由主義化」ではなく、明治憲法を護持しつつそこに少しでも日本的デモクラシーを見つけて、加味しようとするものであった。しかも、審議は極秘であり、GHQにたいしてもその方針は頑固なほど貫かれている。近衛サイドのGHQの意向をたえず探りながらのやり方とは違って、GHQへの連絡などはいっさいなしで推し進められたのである。はたして、それが結果的に何を生むことになるか、後々の話となる。

美濃部達吉の意見書

いまから考えても、松本委員会のメンバーは驚くほど敗戦国という厳しい現実を認識していなかった、というほかはない。(26) ポツダム宣言を受諾して連合軍の占領下にあるとの意識が希薄そのもの、といえようか。逆をいえばGHQ何するものぞの気概に満ちていた人びとばかりである。この委員会にあっては、日本の国体とはゆるぎない永劫《えいごう》不変の体制なのである。それで共通している。その観点でみると、八日に提出された美濃部達吉の意見書はまことに興味深い。

憲法改正は部分的な改正なんか考えないほうがよろしい。やるならば全部改正、すなわち「新憲法」の制定に着手すべきである、と博士は論じて、こう主張する。ここが実に楽しいところである。

「若《も》シ現在ノ状態ヲ基礎トスベシトセバ、陸海軍、外交、戒厳、兵役ニ関スル各条項ヲ削除スルヲ要スルト共ニ、第一条ヲモ『日本帝国ハ連合国ノ指揮ヲ受ケテ天皇之《これ》ヲ統治ス』トイフガ如《ごと》キ趣旨ニ修正スル必要アルベシ」

どうであろうか。美濃部は被占領国日本、手足を縛られている日本という現状を、しっかりと認識していたといえようか。そこに立脚して正論を吐いたのか。「連合国ノ指揮ヲ受ケテ」の文字なんか、あまりに正しすぎて、ただ泣きたくなるくらい感動的である。ところが、実はそうではなくて、逆説的に、いまの占領下という現状では憲法改正などとんでもない、するべきではない、無意味きわまる、とハッパをかけている。

ただし、それを承知でなおやむを得ず改正が必要というのであれば、

「寧《むし》ロ現在ノ状態ハ一時的ノ変態トシテ考慮ノ外ニ置キ、独立国トシテノ日本ノ憲法タラシムベキニ非《あら》ズヤ」

と、正当かつ断固たる気概を示すのである。占領下という現状なんか敢然と無視しようと。ただし、委員会はこの意見を一顧だにしなかった。老先生の気概はお見事と受け取りながら、ここはやっぱりやむを得ない、できることは明治憲法の手直しぐらいで、ゆるゆると、という具合に、議事をすすめていくのである。

こうして、松本委員会が、憲法の各章ごとの問題点を抜き出した「研究項目」にそって、討議をまずは順調にすすめだしたとき、十二日の読売には、「汚れをもたぬ政党」として人気の日本共産党が、自党の掲げるものとして発表した「新憲法案骨子」が掲載されている。

「一、主権は人民に在り。

二、民主議会は主権を管理す。〔……〕
三、政府は民主議会に責任を負う。〔……〕
四、〔……〕
五、人民は政治的、経済的、社会的に自由であり、かつ議会および政府を監視し、批判する自由を確保する〔以下略〕」
主張されている天皇主権の否定は、もちろん、天皇制打倒、人民共和政府樹立などを高らかに謳《うた》いあげる「人民戦線綱領」に基礎を置いている。

「天皇の運命」をめぐって

この「骨子」ばかりではない。「天皇制打倒」「天皇の戦争責任は免れず」などという声は折からほかでも最高にかまびすしく論じられていた。きっかけは、ことによると、トルーマン大統領の十月十八日の記者会見の談話にあったのではないか、とも思われる。

「天皇の運命は、日本人民の選挙によって決定すると故ルーズベルト大統領がいったということは、自分は聞いていない。しかし自分の考えは、この案に賛成である。日本人民が自由な選挙で、天皇の運命を決定する機会を与えられるのはいいことである」

日本の新聞はいっせいに「天皇制の運命——選挙に問うのも一案」と大見出しでこれを伝

えた。同調するように、このあと米国ではAPをはじめとする通信社、ニューヨーク・タイムズやヘラルド・トリビューンなどの新聞が、天皇制の将来についての議論を大々的に展開しはじめる。

前駐日大使グルーの天皇制擁護の立場からの論もあったが、「天皇に戦争責任あり」とするのがむしろ米世論の大勢となり、全般的には峻厳《しゅんげん》きわまりないものであったのである。たとえばヘラルド・トリビューン紙に載った「一定期間空位論」がある。

「天皇は〔……〕ある意味では軍閥以上に戦争に責任がある。／この点から日本に一種の空位時代を設定すべきであって、日本占領期間中少なくとも二十年くらいは、この状態におくべきだ」

また、つぎのAPの論説が十一月十一日の朝日新聞に掲載される。

「米国の政策は、天皇の存続を許し、降伏、占領および民主化計画の遂行のために、天皇の特異な権威を利用することである。が、連合国が天皇制を支持しつづける保障はないのである。天皇の観念にたいする究極的決定は日本人民の中から生まれねばならない」

これらのいちいちが日本の新聞に大きく報道されたのである。侍従長藤田尚徳《ひさのり》は、その著『侍従長の回想』に書いている。

「このころは新聞を開いて〝天皇〟という字を見るのが、何となく心重かったものだ。何が書かれているか、読み終えるまでは軽い焦燥をおぼえた。しかし、陛下は一言も天皇制や戦争責任論について、私たち側近にも仰せにならなかった。新聞やラジオの論調にも気をくばっておいでになることは、私たちにも分ったが、それについて具体的な反応をお示しになったことはない」

天皇とは違い、大学生の山田風太郎は激しく反発する。ポツダム宣言受諾のさいに、天皇制存続のことで連合国は「日本国民の自由なる意思」といい、はっきりした返答を示さなかった、それなのに、とした上で、

「今や日本がまる裸となってから『われらは天皇制を支持すると曾《かっ》て言明したことはない』と放言しようとしている。日本みずから進んで欺かれたのだとも云えるが、敵も進んで欺いたのである。〔……〕／しかし、余思うに、日本人に天皇は必要である。われわれは八月十五日に於《お》ける天皇に対する戦慄《せんりつ》的な敬愛の念を忘れることは出来ない。／いずれにせよ、敵が天皇制を認めようと否定しようと、それは米国自身の政策の都合による。そしてまた絶対廃止とまで自信のないことは、終戦時の『沈黙』及び今の小姑《こじゅうと》的な言動から推《お》しても明らかである。われわれは心をひきしめて敵を見すえ、『日本の珠玉』を護《まも》りぬかなくてはならない。ひとたびこの珠壊《たまくだ》けんか、それは永遠に返らない。われわれの時代にこの取返しのつかぬ失態をしてはならない」(十一月十二日)

こうして山田が怒りをこめて日記をしたためている十二日、天皇は伊勢《いせ》神宮への参拝を果たすべく、列車で西下している。というのも、「真に純真に祖宗《そそう》に対し御詫《おわ》びがなさりたい」(『木戸幸一関係文書』)との天皇の強い要望があったからである。GHQがどう思うか。民衆が天皇をどう迎えるか。不穏なことが起こりはしないか。予想される問題点は山積しているが、天皇の意思が何よりも決定的に働いたのである。

天皇、東奔西走の日々

この伊勢神宮参拝をはじめ、新聞にしきりに掲載される天皇制廃止論など意に介することなく、十一月の天皇は実に積極的に動いている。侍従たちの日記を手がかりにそれを抜きだしてみる。

七日、皇太子明仁《あきひと》と義宮《よしのみや》が疎開先の日光《にっこう》より、一年半ぶりに赤坂《あかさか》離宮へ戻ってきた。

八日——「今日九時過より東宮、義宮御参、東宮は花蔭亭で、義宮は御文庫で、夫々《それぞれ》御生活になることになる。両陛下の御満悦もさこそと拝せられる」(『入江相政《いりえすけまさ》日記』)

十二日、「天皇陛下には終戦御奉告の為《た》め、〔伊勢〕神宮、山陵〔桃山御陵〕御親拝仰出され、本日御出発被遊《あそばさる》」(『木戸日記』)

そして十五日、「午前八時五分御出門、八時二十分京都駅御発、還幸の途に就《つ》かせらる。／五時二十五分東京駅御着、還幸。／かくて無事御親拝を終らせらる。真に幸慶なり。臣民の態度掬《きく》すべきものあり。大《おおい》に安心す」(『木戸日記』)

木戸はこのとき、各所で天皇を心から歓迎する民衆の姿に、天皇と天皇制存続の根本的支柱がまだ打ち立てられていると感じ、安堵《あんど》している。

また、この日の『高見順日記』に面白い記載がある。

「〔……〕そうした文学話をしていると、前の席の人たちがすっと立って帽子を取って最敬礼する。／『……?』／ふりかえって歩廊を見た。歩廊で汽車を待っている人たちもみな直立不動の姿勢だ。／向うのホームに、見なれない立派な列車がついている。車に菊の御紋が光っていた。／天皇陛下がおかえりになったのだと知らされた。／〔……〕昔だったら、何時間か前から警固の巡査や憲兵が駅に沢山出ていて、天皇陛下の特別列車がおつきになる頃は駅になど私たち一般乗客を入れはしなかったろうと、その変化に驚ろかされた。巡査の姿はまるで見えなかったから、ちっともわからなかった。列車がついても、気付かなかった。大変な変りようだと感慨無量だった」

まったく大きな時代の変革である。

十七日、「九・〇五―一二・一八　多摩陵御参拝。／天皇服、勲章記章全部御佩用《はいよう》、侍従長、侍従次長、入江、三井お供」(『徳川義寛《よしひろ》終戦日記』)

二十日、「聖上、昨夜の御風邪も、村山侍医拝診の結果、御心配申上ぐる事なしとの事にて、御予定通り10時御出門、靖国神社大招魂祭に行幸あらせらる。／昨日より御言葉に、明日の行幸は大切なれば是非行くとの御事なりき」（侍従次長木下道雄《きのしたみちお》『側近日誌』）

なお、この間の十八日、GHQは皇室財産の凍結を日本政府に命令した。

二十九日、「1時50分、聖上に拝謁。／一、本日拝謁せらるる歴代山陵への御代拝の七宮（高松、三笠、賀陽《かや》若宮、閑院、竹田、東久邇若宮、朝香の各宮）に対せられ、御思召《おぼしめし》を伝えらるるを可とする旨上げたる所、／(イ)敗戦は朕《ちん》の不徳の致す所なり。御詫び申上ぐること。／(ロ)新日本建設の為《ため》神助あらんこと。／を、朕に代りて為《な》すべきことを伝うる心算なり、尚《なお》、これに併せて、／一、過般の関西行幸は上下の間柄を親しくする事に於《お》いて大いに効ありき。皇族は朕と民衆の間に在りて、此の点に充分尽力ありたき旨を／言わんとす、との御事なりき」（侍従次長木下道雄『側近日誌』）

山田風太郎のいう「日本の珠玉」が、戦犯容疑とか、退位とかの外圧に影響されることなく、天下独往していることが明瞭になっている。

乱れ飛ぶデマ

こうしていろいろな人の貴重な日記から、退位論の渦巻くなかを天皇はなすべきことをしている、という事実を、改めて確認するのである。が、当時のわたくしはどうであったかといえば、まったく記憶していない。伊勢神宮、京都の桃山御陵《ももやま》、多摩《たま》御陵そして靖国《やすくに》神社へと、敗戦の報告とお詫びを申し上げるとともに、天皇は皇統の継続と弥栄《いやさか》を祈願したものに違いないと、いまは推量するばかりである。そのころの皇室に関することでいえば、かすかではあるが奇妙に記憶にとどめているのは、長野県松代《まつしろ》に極秘裡に建造された地下大本営が発覚した、という話である。

新聞で確認してみると、十月二十六日のこととある。昭和十九年十月から東部軍司令部は本土決戦に備えて着工、そこの山中に大元帥陛下の御座所である堅固なトーチカをはじめ、大本営、参謀本部、軍令部および諸官庁を収容するに足る「大地下防空壕」を建設しつづけ、いまや九分どおり完成している、というのである。新聞は、この広大な地下壕は現在大蔵省に移管されたものの、あまりに大きなものでいまさら利用の方途もない、といっておいそれと埋められるものでもなく持て余している、とも報じている。

われら越後の中学生は、この話をめぐって大いにダボラを交えての議論に精出した覚えがある。なにしろ長野県といえば隣県である。これは身近な話であり、関心をもたないわけにはいかなかった。近ごろはやりの大デマだと力説する友が多かった。なぜなら、そこまで準備ができているのなら無抵抗で降参するのはおかしい、というものである。いや、事実それはあったのであろう。が、原爆の前には残念ながら無効とわかったので、手を上げたのだと反論する友も、少数ながらいた。いまになれば、後者の説が真相に近かったとわかるが、いずれにせよ、大人たちがもうこのころからだらしなく、次第に厳しくなるＧＨＱの占領政策にたいして米搗《つ》きバッタのようなていたらくになっている。そのことにたいする反発が、われら中学生に闘志をもたらしていたのである。

それにしてもこのころ日本にはデマが乱れ飛んでいた。東京や大阪などの都会での、目もあてられないような進駐軍の悪行非道や、信じられないような途方もない与太《よた》話が、どんどん地方へ流れ込んできた。記憶にある事実では、白昼、御《お》徒《かち》町の都電停留所で電車をとめ、ピストルを持って乗客全員をホールドアップして、金を全部奪っていった。あるいはまた、日比谷《ひびや》の映画館のキップ売り場を襲い、売上げ金をかっぱらっていった、などがある。新聞でそんな記事を読みながら、

「怪《け》しからんも程がある。それにも増して怪しからんのは、近ごろの新聞はそれを『色の白い背の高い男が……』とか、『カネヲダシナサイと言った』とか、誤魔化した言い方で報じている。そんなこっちゃ、日本の将来が思いやられる。ずっと罪が重い。進駐軍の悪業にたいしてそこまで卑屈になる必要がどこにある」

などと、父がぶつくさ呟いていたのを耳にして、心から同感した。

また、これはデマであるのか実話なのか、いまもって見当のつかない〝名文〟が、どこで探し出したものか忘れたけれども、わが取材ノートに書き込まれている。例の特殊慰安施設協会（RAA）の幹部がいよいよ営業開始の日に、うちそろって宮城前広場に参集し、万歳三唱とともにそのひとりが読み上げたといわれている宣誓文である。たしかにわが住む寒村でも酒席で面白おかしく語られていた記憶がある。

「〔……〕血気蒙昧《もうまい》の徒、あるいは我らが使命を汲む能《あた》わず、皮相の見解にとらわれて、誹《ひ》謗《ぼう》迫害の挙に出ずることなしとせず。同志結盟して信念の命ずる所に直往し、〝昭和のお吉〟幾千人かの人柱の上に、狂瀾《きょうらん》を阻む防波堤を築き、民族の純潔を百年の彼方に護持培養すると共に、戦後社会秩序の根本に、見えざる地下の柱たらんとす。〔……〕」

そういえばデマで、田舎の中学生を大そう喜ばしたものにこんなのがあった。三宅《みやけ》坂あたりを歩いていた日本の若ものが、アメリカの婦人兵のジープに乗せられて熱海《あたみ》に連れていかれた。それから一週間、毎日のように何人かの婦人兵に強姦された。やっと大金を貰《もら》って解放されて家に戻ったが、箸《はし》も持ち上げられないほど衰弱していたんだそうな。「ああ、俺もフラフラになってもいいから金がほしい」「アホぬかせ、そんな鳥のガラみたいな中学生を連れていくもんかよ」。そんな他愛のない会話でどうにか元気を取り戻している、そんな毎日がつづいていたのである。

＊この章の「余談」──

(26) 松本委員会の当初の委員は、つぎのとおりである。

委員長　松本烝治《じょうじ》（国務大臣・元東大教授）

顧　問　清水澄《とおる》（枢密院副議長・学士院会員）、美濃部達吉（学士院会員・東大名誉教授）、野村淳治（東大名誉教授）

委　員　宮沢俊義（東大教授）、清宮四郎《きよみやしろう》（東北大教授）、河村又介《かわむらまたすけ》（九大教授）、石《いし》黒《ぐろ》武重《たけしげ》（枢密院書記官長のち法制局長官）、楢橋《ならはし》渡（法制局長官のち内閣書記官長）、入江《いりえ》俊郎《としお》（法制局第一部長のち法制局次長）、佐藤《さとう》達夫《たつお》（法制局第二部長のち第一部長）

補助員　刑部《おさかべ》荘（東大助教授のち教授）、佐藤功《いさお》（東大講師）、窪谷直光（大蔵書記官）

その後に、諸橋襄《もろはしのぼる》（枢密院書記官長）、小林次郎《こばやしじろう》（貴族院書記官長）、野田卯一《のだういち》（大蔵省主計局長）、大池真（衆議院書記官長）らが委員として、嘱託として古井喜実《ふるいよしみ》（元内務次官）らが加わった。旧帝国大学の憲法学者を網羅する意図がはっきりしている。にもかかわらず、京都大学の関係者がいない。はじめ佐々木惣一を予定していた。ところが佐々木は近衛の大ブレーンであった関係上これを断ったという。

十　昭和二十年十一月(2)「陸海軍消滅」の章

近衛「大綱」案の上奏

松本委員会の審議は、遅々として進捗《しんちょく》しない。別にさまざまな議論が沸騰して討議が難航しているわけではないのである。委員の全般的な真意が改憲に消極的であったために、急ぐこともないとして議論をつづけている。張り合っていた近衛《このえ》側が、GHQの鶴の一声で潰《つぶ》れてから、刺激もすっかり失《う》せているといえるかもしれぬ。

十一月十日に第二回、十四日に第三回の顧問を加える総会を開いて、抜き出された明治憲法の問題点を吟味する。会議の雰囲気たるや、一種の春風駘蕩《しゅんぷうたいとう》、「教授会」の、あるいはシンポジウムのそれといったもので、それぞれが自説を丁寧に開陳して、それぞれがそれにゆったりと耳を傾け、疑問があれば丁寧に問いただすのである。日暮れて道遠し、ここでは時間はまことに悠揚《ゆうよう》と流れている。

第三回での中心議題は軍事に関する問題である。ほとんどの委員が、陸海軍を存続させることに、異論をさしはさもうとはしない。戦前の軍部が国を引きずり回した統帥《とうすい》権独立は否定するが、軍そのものは国家存立のため必要とするのである。松本は論じている。

「万一、軍に関する規定を憲法から削除しなければならないことになったら、第十条の『文武官』を『官吏』としておく。将来、軍を復活させるために、憲法を改正しなくてもそれは可能であろう」

そうした将来を見据えての細かい配慮を施しつつも、統帥権、戒厳、非常大権の項を削除すれば、軍の存続に関しては問題はないであろう、という見解でほぼ一致したのである。

一方、そのままつづけた近衛自身の憲法改正案は、十一月十九日にはでき上がり、その「大綱」が意見書として、天皇にだけは報告されている。侍従次長木下道雄の『側近日誌』には、天皇がそれをいかに待ち侘《わ》びていたか、を示す記載が残されている。

「近衛は今明日に来る筈《はず》なるも、未だ確認を得ずとの事」（十九日）

「聖上《せいじょう》は、近衛公の奉答を御待ち遊ばさるること切なる様拝せらる。しばしば御下問あれども昨夜迄《まで》は何等確報を得ず」（二十日）

この待ちに待った近衛が天皇の前に姿を見せたのは二十二日。さらに、二十四日になって、箱根から上京した佐々木が、威儀を正して参内《さんだい》し、その憲法草案を改めて逐条的にご進講する。天皇がいかほど憲法問題に深い関心をもっていたことか。しかし、すでに記したように、近衛「大綱」案も佐々木草案も、かすかな影響力をもその後に発揮することはなかったのである。

皮肉な事実がある。二十四日の佐々木の進講がはじまる直前に、幣原《しではら》首相が参内し、とくに下げ渡しを願って、近衛「大綱」案を内閣にもちかえっている。

ところが、この日の松本委員会の第四回総会は、そうと知らされなかったため、意味のない文書として受け取られた。たとえば、近衛苦心の第一条項「天皇統治権を行うは万民の翼《よく》賛《さん》による旨を特に明にす」にたいする論議は、「万民は臣民とすべきだ」とか、「翼賛は大政翼賛会を思わせるゆえナンセンス」とか、一笑に付されてしまった。こうして審議するまでもない資料として、「フロシキをかぶせてふみつぶすような形で処理済みとなった」(児島襄氏)というのである。

歴史というものは、まったく素直には進んでくれない。

「戦犯」の報、深刻化する物不足

　こうした上《うえ》つ方《かた》の政治的な駆け引きや策動、対ＧＨＱ問題で何が工作されているのか、新聞などにはまったく出なかった。それ以上に、そんなことは大多数の日本人には関係ないこといえた。いまでも思い出せることで、十九日、荒木貞夫《あらきさだお》、小磯国昭《こいそくにあき》、南次郎《みなみじろう》、真崎甚三郎《まざきじんざぶろう》、本庄繁、松井石根《まついいわね》の六人の陸軍大将をはじめとして、元外相松岡洋右《まつおかようすけ》、元駐イタリア大使白鳥敏夫《しらとりとしお》、代議士久原房之助《くはらふさのすけ》たち十一人に、ＧＨＱはＡ級戦犯容疑者として逮捕を指令した。

　それが二十日の新聞に出たとき、この大物たちが何をしたために戦犯になったかを、われら中学生は話し合ったが、だれもほとんど存じなかった。当時のわたくしときたら、いっぱしの物知りぶってあれこれ罪状を論じたものの、正しく知っていたのは、元首相の小磯、三国同盟の松岡、南京《ナンキン》攻略の総指揮官松井のたった三人ということになる。

「上野の動物園の檻《おり》かなんかに、放り込まれるのかのう？」

「そいが。動物が殺されてしまって、幸い空いているし、のお」

など、利口ならざる級友の問答を同感して聞いた覚えがある。

　おそらく多くの国民も、われら中学生同様ではなかったか。戦前・戦中における思想・言論の極度の統制もあり、国民は戦争が終わっても、政治家や軍人個々の戦争責任を追及しようにも、きちんとした知識もデータもつかんでいなかったというのが事実である。しかも、戦後においても、権力は、かつて権力の座にあったものの手でたらい回しされ、なお真相は隠されていたのである。

そこで、この戦犯指定の報をただ漫然と眺めていたのではあるまいか。なぜなら、このころの日本人は、戦争責任の追及にほとんど興味を失ってしまっていた、とそう思えてならない。それには大きな理由がある。人びとはだれもが生きるためにそれどころではなかったから。冬が近づくにつれて、食糧事情は深刻になるいっぽうで、それに薪《まき》も炭も配給される期待は皆無である。本土決戦のための軍の備蓄米や、隠匿物資（隠退蔵物資）を完全に食いつぶして、あらゆるものの在庫が底をつき、ほんとうに食うものがないままに空っ風に縮み上がっていた。それをはねのけ生き残る道があるとすれば闇の売買である。が、それはまた眼の飛び出るほどの高値を記録しつづけている。

そして三十六年ぶりの凶作。大きい風水害の被害。政府は約二千万石の食糧不足が生ずると発表した。ＧＨＱに食糧輸入を要請したが、許可の量はわずかであって、「二合一勺配給でも千八百九十万石の絶対不足を来すから、かりに外国食糧が三百万トン（千八百万石）輸入されたとしても、二合一勺配給が精一杯である」と農相が説明する。

新聞は報じている。十一月一日現在の旧東京市の総人口は二百七十七万七千十人。が、都経済局食糧課の調査では、配給人口は二百八十万一千九百四十人。そこには二万四千九百三十人の幽霊がいることになる。一人一日に二合一勺の米と、味噌、醤油《しょうゆ》、野菜、魚などの配給を幽霊が食べている。悪質な例としては、発行される移動証明書や罹災《りさい》証明書に架空の人名を書き加えるものがいちばん多いが、として、新聞は半ば笑い話のように記している。

「死亡者があっても未申告、妊婦が途中で流産しても申告しない。猫の名前を『木村タマ子』と人間に仕立てているものもいた」

笑ってはいられない。いまは自分の才覚で、踏ん張って生きるほかはない。人びとの日々はまさに真剣勝負であったのである。(27)

「無政府状態にある日本」

米どころ越後にいたわたくしなんかも、疎開もんであったから相当に食うことに難儀した。それこそ何でも口に入るものは放りこんだ。昭和四十七年十一月七日の朝日新聞「ひととき」欄も切り抜きがとってある。長野県の山村に住む主婦の「カボチャを受けつけない夫」という投書である。

それによれば「全児童よりコオロギを集め給食材料とした」という。さらに「ドングリ、ススキの穂、桑の皮、ワレモコウ」をしきりに食べたが空腹は満たされず、病気のときには「サナギを沢山。おやつは梅づけのシソを竹の皮に包んで吸ったり」したし、「サツマ芋やカボチャの煮たものにどろっとメリケン粉を流した粉がき。ザリガニやアカザ」もよく食べた。そして、同年代の夫は、いまも「サツマ芋の茎の干したのを」もういっぺん食べてみたいというそうな。

つまりは、おそらく同年代の人びとの体験もまた然《しか》りといえることであろう。

で、大蔵大臣渋沢敬三《しぶさわけいぞう》が外国人記者会見で不用意にもらした「米が一千万人分不足で、一千万人が餓死するかもしれぬ」の、その一千万人のなかに入ってたまるものかと、キリキリ歯がみしながら生きていたのである。

「豊葦原瑞穂《とよあしはらみずほ》の国に生まれきて米がないとは不思議なはなし」——だれの作か忘れてしまったが、なんでも大正七年の米騒動前夜に詠まれたものと覚えている。この大正の名歌を口ずさみながら、空腹を誤魔化す毎日であったといえる。

十一月九日の朝日新聞の、作家石川達三《いしかわたつぞう》（当時四十歳）の書いたものに大そう溜飲《りゅういん》を下げた覚えがあるので、いま縮刷版をくってみる。

「日本に『政府』は無いのだ。少くとも吾々《われわれ》の生存を保証するところの政府は存在しない。これ以上政府を頼って巷《ちまた》に餓死する者は愚者である。〔……〕経済的には無政府状態にある今日、吾々の命をまもるものは、吾々の力だけだ」

まったくの話、当時の日本政府はＧＨＱの断固たる指令を下々《しもじも》に伝達する〝通訳官庁〟に落ちぶれていたといえる。

恐ろしい話が山田風太郎日記の二十八日の項にある。

「解剖実習室に屍体《したい》二十余来る。すべて上野駅頭の餓死者なり。それでもまだ『女』を探して失笑す。

一様に硬口蓋《こうこうがい》見ゆるばかりに口ひらき、穴のごとくくぼみたる眼窩《がんか》の奥にどろんと白ちゃけたる眼球、腐魚の眼のごとく乾きたる光はなてり。肋骨《ろっこつ》そり返りて、薄き腹に急坂をなす。手は無理に合掌させたるもののごとく手頸紐《てくびひも》にてくくられぬ。指はみ出たる地下足袋、糸の目見ゆるゲートル、ぼろぼろの作業服。悲惨の具象」

上野駅で一日最高六人の餓死者、と新聞が報じたのが、虚偽や誇張でないことが証明されている。こうした暗澹《あんたん》たる「死の行進」が日を追って殖《ふ》えつつあるとき、いまさら何の戦犯か。現実の、庶民を餓死に追い込みつつある戦犯を摘発するほうが先、ということになる。

ベストセラー『日米会話手帖』

もうひとつ、わずかに残る記憶を辿《たど》れば、このころ読売報知新聞が社説で「ローマ字採用論」をぶって、作家志望のわがクラスメイトをして「ローマ字の小説なんかだれが読むものか」と仰天させた話がある。十一月十三日のことと、これも縮刷版ではっきりする。

「漢字を廃止するとき、われわれの脳中に存在する封建意識の掃蕩《そうとう》が促進され、あのてきぱきしたアメリカ式能率にはじめて追随しうるのである。文化国家の建設も民主政治の確立も漢字の廃止と簡単な音標文字（ローマ字）の採用に基く国民知的水準の昂揚《こうよう》によって促進されねばならぬ」

写しながら、この馬鹿馬鹿しさは恥ずかしくなる。民主主義の名のもとに、四角の紙面で三角野郎がいい気になって踊り出すの図ならんか。本気で論説委員どのはそう信じこんでいたのであろうか。

と、偉そうにいって超然としてはいられない。ローマ字ではないが、民主主義日本の公用語は英語、それならまずは英会話と、周辺に躍り出た三角野郎とグルになって、ハロー、ハローとやり、校門の前で別れるときはグッドバイと日常語化しようとしていたのは、どこのだれであったか。

十一月二十三日、募集していた新煙草《たばこ》の名称と図案の当選を、専売局が発表する。名称の一等は「ピース」、二等「漣《さざなみ》」と「憩《いこい》」、三等「郷土」と「黎明《れいめい》」と「ニューライフ」。戦争中の英語全廃で「ゴールデン・バット」や「チェリー」が姿を消したが、改めての英語熱で英語名が堂々の復活である。ちなみに図案の一等は、「ニューワールド」、二等「ピース」と「望」、三等「コロナ」「ペアー」と「白樺《しらかば》」。そして充分なる審議の結果、発売は「ピース」と「コロナ」と決まる。好戦国が戦《いくさ》に負けたら、平和《ピース》！　平和《ピース》！　かいな、といまなら悪態のひとつもつけるが……。当時こちとらはコンサイスの手巻き煙草組で、どうせ高価にきまっているから関係ないよ、とぼやいていたものである。

そういえば、戦後ベストセラー第一号は『日米会話手帖』であった。発行日は昭和二十年八月三十日。初版は三十万部。〝鬼畜米英〟からわずか一カ月で発売、売れた部数がなんと四百万部。全人口の十六人に一人がこの『手帖』を買った勘定になる。当時の関係者によると、まず日支会話手帖や日シャム会話手帖など数冊から、日本文だけを書き抜き、それを東大の学生に英訳させただけのもの。日本文を作るのに一週間、英訳が三日間、十日でこの本を作ってしまった。日本国の草木は英語英語で靡《なび》いていたのである。

高見順の日記の十一月七日の項を引く。

「日本はもう四等国だとマッカーサー元帥はいったが、国民も四等国民だ。敗れて、誇りを失って、ガタガタと落ち込むみたいにして、四等国民になったのか、それともはじめから四等国民なのか。／敗れる前は一等国民だったが……とはお世辞にもいえない。しかし、敗戦国民になってから急激に低下したところもある。ただに日本人のみでなく人間というものは、そういうものなのではないか」

余談ながら、当時に教わっていまも忘れられない語源を二つ紹介したい。〈GI〉〈米兵〉は、Government Issue の頭文字をとったもので、政府の消耗品の意。ヘェー、アメリカ兵は茶目なんだ、と大そう感心した。〈know-how《ノゥハゥ》〉はもともとは、秘密情報のこと。原子爆弾の秘密を守るために、American should guard the secret of the industrial "know-how" of the atomic bomb. と警戒した。原爆から一般の産業情報にまで、やがて使われるようになる。どうでもいいことながら、〝民主化〟少年時代の記憶はなかなかに薄れないようである。(28)

言論の自由とはいうものの……

さて、四等国民に成り下がった、と嘆いてはみたが、十一月は、ともかくも戦後日本が生きるために活発に動きだしたときなのである。虚脱感や絶望感から脱却し、日本人はかなり正気を取り戻しはじめる。十一月中ごろ、渋谷駅にべたべたと貼られたスローガンやら宣伝ビラやらを眺めればそのことがよく察せられるか（山田風太郎の日記から）。

曰く「餓死対策国民大会！」
曰く「吸血鬼財閥の米倉庫を襲撃せよ！」
曰く「赤尾敏大獅子吼《ししく》、軍閥打倒！」
曰く「天皇制打倒、日本共産党！」
曰く「爆笑エノケン笑いの特配！　東京宝塚劇場！」
曰く「十万円の夢、宝クジ！」

もうひとつ、常套句《じようとうく》で恐縮なれど、「雨後の筍《たけのこ》」のごとく現れた沢山の政党が、日本人の蘇生《そせい》を示すことにもなろうか。来る二十六日からの第八十九臨時議会を前に、政治の民主化を唱え、既成勢力打倒を目標に、それらはつぎつぎに結党の声をあげる。

二日、日本社会党（書記長片山哲《かたやまてつ》）。九日、日本自由党（総裁鳩山一郎《はとやまいちろう》）。十六日、日本進歩党（総裁町田忠治《まちだちゆうじ》）。これに戦前からの日本共産党（志賀義雄、徳田球一）を加え、すでに全三十三政党が十一月に勢揃《せいぞろ》い、来年一月下旬と予想される総選挙に向けて活発な闘争を展開中なのである。日本民党（橋本登美三郎《はしもととみさぶろう》）、日本国民党（児玉誉士夫《こだまよしお》）、日本民主党（谷口雅春《たにぐちまさはる》）、さらに名称だけを以下に……、日本勤労大衆党、在日本朝鮮人連盟、青年自由党、大日本革命党、立憲青年進歩党、生活党、新日本建設同志会、世界平和党、自治皇民党、国民大衆審判会、日本民主同盟などなど。

雑誌の世界も同様の盛況を呈している。創刊・復刊を含めれば、九月十三誌、十月四十六誌、十一月三十六誌と、いまも書店で目につく雑誌は十一月までにすべて出揃っている。が、考えてみよう。用紙は配給制ゆえ毎号毎号それを確保することに狂奔《きようほん》しなければならない。印刷所の空襲による消失、印刷資材の入手難、寡少な書店と店舗の狭小《きようしよう》さ。いまと違って一冊の雑誌をつくることが最大の難事のときなのである。そのなかで、雑誌を毎号発行する。編集者は確固たる信念をもって雑誌づくりに没頭する。作家や評論家や知識人は自分の一言一句に責任と情熱を傾注《けいちゅう》する。すべて新日本再建のために。「それは今日の売れる雑誌を作るために内容を問わないようなものとは格段の差をもっていた」と出版研究家の福島鋳郎《じゅろう》氏がいうとおりの、厳しさを克服しての言論活動であったのである。

十一月下旬創刊の「新生活」に載った東大助教授中野好夫の「文化再建の首途《かどで》に」は、いま読み直しても胸がすく。

「戦争中沈黙を守ったというだけで、成程《なるほど》個人的良心の限りならば心軽かろうが、苟《いやし》くも公人の進退としては、私達は子供ではあるまいし、別に節を守って偉い人などと尊敬する気にはなれない。〔……〕老自由主義者たちもまた節操を守るどころかせめて城明渡しの責任くらいはとって欲しいところである。卒直にいえば、私達は、旧自由主義者とは口ばかり達者で、イザとなれば頼りにならぬ連中だというのがごく偽らない感情である」

こうした老自由主義者が「沈黙」という勲章をぶら下げ、時を得たのさばり顔で、日本再建の先頭に立つ。戦争の責任はすべて軍部に押しつけて。かつて軍部に沈黙したものは、GHQにも反骨を示し得ないのは、あまりにも明瞭ということになる。中野はそれを憂慮し腹によほど据えかねていたに違いない。この啖呵《たんか》はアッパレである。

作家で詩人の中井英夫《なかいひでお》日記（当時二十三歳）のすばらしい言葉も、冷静に時の推移をみていた人もいるという証《あかし》に、是非とも引用したい。

「……米国側で、善良な国民、欺かれた国民というままに、しらじらしく、軍閥にだまされていた、今眼が覚めたというとぼけた顔や、だからいわないこっちゃないといった上品な顔を並べたところで、誰が信用出来るだろう。何になるだろう。／己の一番嫌悪し、最も憎むのは、この枯っ葉みたいにへらへらし、火をつければすぐかあっとなる日本帝国臣民という奴だ。この臣民をそのまま人民と名を置き換えて、明日の日本に通用させようとするのは、今日最も危険なことだ。それは翼賛議員が看板を塗り替えた位のことではない。このくすぶれる暗黒の大地からは、何度だって芽が出てくる。狂信的な愛国主義者、国家主義者、軍国主義者、そいつらの下肥《しもごえ》がかかった、この汚れたる土地を先ず耕《たがや》せ。でなければ明日の日本に花開き栄えるものは、単に軍国主義の変種にすぎないであろう」

長すぎる引用になった。しかし、中井のこの予言ともいうべき指摘は、不思議なくらい当たってしまっているような、そんな想いだけが残っている。

陸相・下村定の答弁

時流に乗って大いに興《おこ》るものがあれば、滅びゆくものもある。

二十六日から開かれた臨時議会では、冒頭質問から戦争責任がとり上げられる。二十八日、日本進歩党の斎藤隆夫《さいとうたかお》が質問に立った。

昭和六年の満洲事変から、軍人が政治に干渉し、その弊害とどまるところなく今日の悲運を招いた。軍部大臣と相まみゆることは、すでに十一月三十日をもって陸海軍省廃止と決定している今日、これが最後と思われるゆえ、あえてこの機会に、なぜこのような事態を招いたのか、大臣の所見をお聞きしたい……。

この質問にたいし、下村定《さだむ》陸相が答弁に立つ。戦後はじめて、みずからが犯した歴史的罪業について、当事者たる陸相が説明をするのである。それこそ満場水を打ったように静まったという。

「いわゆる軍国主義の発生につきましては、陸軍内の者が軍人としての正しきものの考え方を誤ったこと、とくに指導の地位にあります者が、やり方が悪かったことと、これが根本であると信じます。このことが、内外のいろいろな情勢と、複雑な因果関係を生じまして、ある者は軍の力を背景とし、ある者は勢いに乗じまして、いわゆる独善的な、横暴な処置をとった者があると信じます。ことに許すべからざることは、軍の不当なる政治干渉であります。かようなことが、重大な原因となりまして、今回のごとき悲痛な状態を、国家にもたらしましたことは、何とも申しわけがありませぬ」

そういって陸相は深く頭を下げる。このあまりに率直な詫《わ》びように、議場内には勃然《ぼつぜん》として大きな拍手がわき起こった。

「私は陸軍の最後にあたりまして、議会を通じてこの点につき、全国民諸君に衷心《ちゅうしん》からお詫びを申し上げます。陸軍は解体をいたします。過去の罪責にたいしまして、今後、事実をもってお詫び申し上げること、事実をもって罪をつぐなうことはできませぬ。まことに残念でありますが、どうか、従来からの国民各位のご同情に訴えまして、この陸軍の過去における罪悪のために、純忠なる軍人の功績を、抹消し去らないこと、ことに幾多《いくた》戦没の英霊にたいして、深きご同情を賜《たま》わらんことを、このさい切にお願いいたします」

粛然となった議場より「もういい、もういい」と、やさしく陸相の発言を止めようとする声もあがったという。

二日後の三十日、内地復員を終えた陸海軍省が廃止、外地からの復員業務のための復員省ができる。この日、下村は宮中に参内し、復員の順調に進んでいることを報告、あらためて敗戦の詫びを天皇に述べる。八月十五日いらいほとんど背広姿であった天皇は、この日、久しぶりに大元帥服を着た。

「ほんとうにご苦労であった」

と大元帥陛下は答え、最後の儀式を終える。ただちに天皇は軍服を背広にかえた。大日本帝国陸海軍は永遠に姿を消した。

＊この章の「余談」――

（27）辛《つら》い時代の思い出を書いた二人の人の手記を引いておく。

「米粒が底のほうにわずかによどんでいて、あとは菜っぱと大根とか、イモなどがプカプカ浮いている雑炊を『天井雑炊』と呼んでいました。おもゆのように水っぽいので、雑炊のどんぶりに天井がそっくりうつるからです。自分の顔もうつりました。こんな食事しかできなかったので、おべんとうは作れません。食糧不足のため、女学校は二週間の学校閉鎖を行いました。（閉鎖中は）この雑炊のために私はもっぱら、野草をつみに行きました」（埼玉県飯能《はんのう》市・坂口和子）

「米軍の残飯を煮た『シチュー』が一皿十円で売られていました。いわゆる洋食の残飯なので何やらバタ臭い食べ物でしたが、中に何が入っているのかわからない代物でした。時には、マッチの燃え残り、タバコの空き箱、チューインガムのカスなども混じっていました。食べ残しは残飯ですが、こういうものを食べるのは戦前は乞食《こじき》か豚と相場が決まっていました。ヤミ市で、煮返したとはいえ残飯は残飯です。当時の日本の民衆は、残念ながら豚とかわらなかったのです」（東京都新宿区・村井孝夫）

写しながら初めてお目にかかる「天井雑炊」には、自然とニヤリと頬がゆるむ。

(28)　横文字に関連して、戦勝国の象徴として忘れられないのにジープがある。対して敗戦国の象徴はリンタクである。リヤカーを改造して人が乗れるようにしたこの乗り物。戦後二年たって、旧制高校受験のために久しぶりに上京し、この人力を動力とした交通機関にお目にかかったとき、哀愁がせつせつとして湧《わ》き上がったものである。のろのろ走るわきをジープが疾駆して飛んでゆく。

それと同じ象徴語とも思えたMP（military police）。勝利者らしくニコリともせぬ厳《いか》めしさには、心から恐れをなした。かつぎ屋の兄《あん》ちゃんが「鈴蘭《すずらん》野郎メ」と糞《くそ》いまいましそうにいっているのを、最初は何のことかと思ったが、白く塗った鉄兜《てつかぶと》を目深にかぶっているところからの呼称とか。敗戦国民のせめてもの抵抗といったところである。

さらにはアメリカ兵がやたらに街の壁などに書き散らかしていた言葉、Kilroy was here が蘇《よみがえ》ってくる。どんな意味なのか、と不思議でならなかった。新聞記事で、キルロイとは単なる人名で、ジョンとかジェームズとかヘンリーでなく、日本語にいう熊五郎八五郎、あえて日本語訳すれば「田子作、ここに来たれり」ということと知らされ、なーんだとひどくがっかりしたことも思い出される。

さらにさらにもうひとつ、隅田公園近くの路上でＧＩに英語で尋ねられた。「ホエアリイズ・キング・ポイント?」。何であろうと知っていても知らない、と答えるつもりのこっちはすげなく返事したが、実際に何のことかわからなかった。あとでそれが「玉の井《たまのい》」と知って腰を抜かしそうになるほど驚いたものであった。

十一　昭和二十年十二月(1)　「真相はかうだ」の章

憲法をめぐる国会論議

十一月の第八十九議会では、憲法改正問題が正式にとり上げられ、活発な質疑が展開された。新聞も雑誌もこの問題をめぐってのさまざまな意見を載せはじめる。憲法改正問題の中心点は天皇制の変革問題にある。その根底には、十月十八日の米大統領トルーマンの「天皇制の存廃を日本国民の国民投票に委《ゆだ》ねてもいい」との言明があり、議員たちに衝撃を与えている。それで質疑の潮流はどちらかといえば保守的なほうへと傾きつつあった。

十一月二十九日、トルーマンに反発するかのように、斎藤隆夫議員が、

「如何《いか》に憲法を改正するとも、これによってわが国の国体を侵すことはできない。統治権の

主体に指をふるることは許されない」

と叫べば、和して鳩山一郎も声を強めていう。

「天皇が統治したまうということが、国民の血肉となっている信念である。日本は族長的国家の典型的なもので、一大家族的集団である。この美しさを土台として発展してきた日本の中心は天皇である。われわれは国家の中心を失うことは絶対にできないのである」

反対の意を表するのは共産党のみであり、社会党は「民主化された天皇制」を提唱。皇室をイギリスの王室のような立場にあるようにし、天皇を政治の圏外に置くことを主張するのである。

答弁する政府側もこの流れにうまく棹《さお》をさそうとする。天皇中心の体制は動かしうべくもない、と首相はいい、

「もし憲法の若干の条規を改正することによって、将来の疑義を閉ざし、濫用のおそれを断ち、国運の伸張に貢献し得らるるものがあると認める場合には、この方向に歩を進めることが望ましい」

と、大幅な条規の改正など考慮にないことを言外に表明するのである。したがって、いま進められている松本委員会の憲法改正の討議は、その方向が保守的なものであることを、政府側は議会に示唆しようとする。議員たちもいわばア・ウンの呼吸でこれを了解しているの

である。

国民感情も十人十色

こうした議会での論戦をうけて、たとえば朝日新聞でも「声」欄で、十一月二十三日と十二月二日に、天皇制にたいする賛否を載せ国民の意識を高めようとしている。言論統制の恐れのなくなった民衆にとっては、まさしく天皇制をめぐっての率直な意見の表明ということになろうか。

まず十一月二十三日の「声」欄のいくつかから。

「確かに天皇の命令によってのみ、終戦の混乱を免れ得た。〔……〕／日本人の信仰の中心である天皇制を廃止することは、国民の支柱を折るとの説は成立しない。重大なる変動期に際しての混乱、困難は避け難いというよりは寧《むし》ろあった方が結果から見てよいか、或《あるい》はなくてはならないものでさえある」（小池義澄＝学生）

「今後における天皇の地位をいかに規定すべきか。筆者は天皇の政治からの完全な分離を主張する。天皇は国民的信仰の対象として、日本民族古来の祭祀《さいし》、儀式、風俗を最も純粋な形で伝承し給う者として存続されるであろう。〔……〕／民主主義日本の建設は、国民自身が一切の封建的イデオロギーから完全に解放され、盲目的支配の全能的基礎として軍国主義者に利用されてきた『天皇制』と『国体護持』に対する、冷厳なる批判精神を獲得する事から始まる。／今日、この事に躊躇《ちゅうちょ》するならば、封建制の完全な清算に失敗した明治維新の変革がたどったと同じ轍《てつ》を踏むことになり、日本民主主義の前途に重大な禍根を残すであろう」（園部四郎）

「我々の祖先は、自分の利益のために天皇にお仕えしたのではない。大君の御前に我を捨てる。日本人が心から日本人としての誇りを感ずるのはこれだけである。／もちろん、天皇を神という非科学的存在たらしめることは、今日の場合不合理であるし、また誤解の因である。／しかし天皇は一定不変の絶対的存在である。あたかも我々の父が絶対に我々の父であるように、我々の利益のためにとか幸福のためにとかいうことは、第二第三の問題である。／日本人の信仰は、絶対に神がかりではない。大君の御前に、己を捨てるという人間として至高至純の大精神に外ならない。天皇制を論ずるすら祖先に恥じ、日本人の純真性の失われたことを嘆かねばならない」（岸本寿美子）

「我々は天皇制に対する科学的検討をなすのに余りに基礎資料に乏しい。今まで我らはただ空漠たる観念論、理念論のみが聞かされてきた。幸か不幸か、天皇に関する資料は目下連合軍の手によって調査されつつある。〔……〕我々は今や天皇に関する全資料の公開と、これに基く科学的な自由論議を展開すべきである」（菊地盛）

十二月二日は、藤森清一郎ひとりだけで、まず、天皇は政治や統帥《とうすい》の権外にあり、宗教的存在というのが本質だ、と論じる。それなのに「明治以後は直接地に下って来られて、政治や統帥の事を見られた」、それが「根本的な敗因である」として、こう結論づける。

「一日も早く、京都辺りに御帰りを願い、本来の天皇にお戻りになっていただく事である。主権だ、大権だなどといっていると、再び幇間《ほうかん》的な軍閥が附着して、同じ間違いを繰返すことになるから、連合国は現在の天皇制度である限り、進駐軍をひかないであろう。明治以前の天皇が本格的のものであって、今の天皇制度は根本的に間違いである。だから、これを改めない限り、民族としても起きあがることはないであろう」

こうして十人十色の論説を写していてしみじみ感じられることは、敗戦にともなうさまざまなウラミ、ツラミが昭和天皇あるいは皇室には向かっていない、という国民感情の不思議さである。たしかにほぼ一致して、「天皇制」はいい方向へ変えなければならないと力説する。天皇制に寄生して、横暴のかぎりを尽くし、国を滅ぼした連中、とくに軍閥どもは排除しなければならない、としながらも、無私の裕仁天皇への崇敬あるいは敬愛の念はその心から消えずに残っている。

もっとも、当時の日本人のほとんどは天皇制以外の政体というものを知らず、そのなかでのみ生きてきたのである。もっといえば、制度と個人とを区別して思考する訓練すらができていなかった。かりに天皇制不支持を理論的に唱える人でも、なぜとはなしに天皇個人へはひそかに親愛の念を抱くことになるのである。それは天皇が一身の危険をかえりみることなく、一億玉砕の破滅から救い出してくれた、という民衆の実感に支えられた感情といえる。

そしてこの実感は、廃墟《はいきょ》からの再生のために、天皇陛下は不可欠である、という確信につながっている。

「つぎは天皇か」の思い

しかし、そうした国民感情に無感覚な、世論などおよそ頼りにもならないと考えている天皇側近や保守的な政府筋にあっては、依然として、天皇については沈黙を守るＧＨＱのある第一生命相互ビルの建物が、不気味に眺められてならない。

そのＧＨＱが、十二月に入ると、最も大がかりな戦犯容疑者への逮捕指令を出してきた。二日、平沼騏一郎《ひらぬまきいちろう》、広田弘毅《ひろたこうき》の両重臣、畑俊六《はたしゅんろく》、豊田副武《とよだそえむ》、佐藤賢了《さとうけんりょう》など軍人を中心に、政財官界の広範囲から実に五十九人もの逮捕指令。新聞は号外でこれを伝える。なかに元帥陸軍大将の梨本宮守正王《なしもとのみやもりまさ》がふくまれていた。

四日の木下侍従次長の『側近日誌』には、驚愕《きょうがく》し、身に迫る危険を感知したような、まことに興味深い記載がある。

「戦争責任者について色々御話あり。右は非常に重要なる事項にしてかつ外界の知らざる事あり。御記憶に加えて内大臣日記〔『木戸日記』〕、侍従職記録〔侍従職は天皇の言動を分単位で記録〕を参考として一つの記録を作り置くを可と思い、右御許を得たり」

また、幣原《しではら》内閣も、「戦争責任等ニ関スル応答要領」案を、五日に閣議決定をしている。泥棒をみてあわてて縄をなっている感ありであるが、その細則に「陛下ニ関スル説明」があり、こう記されている。

「（1）飽《あ》く迄《まで》日米交渉の円満妥結方を政府に御命令あらせられ、最後の段階に至る迄、之《これ》を御軫念あらせられしこと。

（2）開戦の決定、作戦計画の遂行等に付ては、統帥部、政府の決定したるものを、憲法運用上の慣例に従はせられ、之を却下遊ばされざりしものなること。

（3）真珠湾攻撃以前に於《おい》て、海軍幕僚長より初期作戦の大綱に付きては聴き及ばれたるも、実施細目に関しては報告を受け居られざりしこと。

（4）右作戦計画を実施に移すに際しては、武力行使に入るに先立ち米国政府に対し外交上の措置を講ずるものと了解遊ばされ居りしこと」

この程度の説明で、いよいよ厳しさをましている国際世論の攻撃を、政府はかわせると楽観していたとは思えないが……。

ところが、さらに六日、近衛文麿《このえふみまろ》、木戸幸一をはじめとする九人に逮捕指令が発せられる。同じ日、東京裁判の首席検事に任命されたジョセフ・キーナンが羽田《はねだ》飛行場に着く。マニラでは山下奉文《やましたともゆき》大将に死刑が求刑されたの報もあった。

この二日、六日とつづいた連続逮捕指令に、皇居内は震撼《しんかん》した。皇族の最長老の梨本宮、臣下第一号の近衛、側近第一号の木戸とくれば、このあとの「目標」は……天皇その人が狙われていることになる。不安と危機感が東京の中央部に一気に噴き上がる。

梨本宮の逮捕がどれほど天皇訴追の不安をかき立てたものか。そしてその心配は必ずしも根もないことではなかったのである。外国の通信社・新聞社はしきりに「つぎは天皇の可能性」を書きたてていたのである。このころ、新聞を読みながらわが父が忌ま忌ましそうにいった言葉がわが記憶に残っている。

「マッカーサーめ、日本軍の武装解除を完全にし終わったら、政治的攻勢を思うようにかけてきおったな」

しかし、すでに「天皇退位論」の章で書いたとおり、実は、ワシントンは十一月二十九日、「天皇を戦争犯罪人にするつもりはない。そのために必要な証拠と意見とを送れ」という指令を、マッカーサーに送っていたのである。しかも当のマッカーサーは天皇を戦犯にする気などさらさらなかった。そして東京裁判はマッカーサーの名において構成され、運営されることになっていた。歴史には「もしも」はない。そうと知らされていれば、日本側は心臓の潰《つぶ》れるほど脅《おび》える必要はなかった。が、現実には、天皇の身にたいする不安と憂慮とで戦《おの》のかざるを得なかったし、いつ逮捕の指令が下されるかもしれない、と感じられる事態が相次いでいたのである。

「松本四原則」の発表

こうしたGHQの政治的攻勢にたいして、いよいよ国体を護持せんとの姿勢を強固にしたのは、松本烝治《じようじ》国務相ではなかったか。八日、予算委員会で「憲法問題にたいする政府の態度は不透明の官僚的秘密主義でありすぎる」という議員の抗議的質問に答えて、松本は「自分一個の大体の構想であるが」と断って、憲法改正の基本方針をはじめて明らかにする。いわゆる「松本四原則」である。

①天皇が統治権を総攬《そうらん》せらるる原則に変更がない。
②議会の権限を拡充し、従来のいわゆる大権事項を制限する。
③国務大臣の輔弼《ほひつ》の責任を国務全般にし、それ以外のものの介在する余地なからしめる。国務大臣は議会にたいして責任をもつ。

④人民の自由、権利を保護し、国家の保障を強化する。

この答弁のあっぱれなところは、①の天皇統治という明治憲法の基本構造の護持にある。しかも、明治憲法の天皇主権と民主主義とは決して矛盾するものではない、としている。第四条に「天皇ハ国ノ元首ニシテ統治権ヲ総攬シ此ノ憲法ノ条規ニ依《よ》リ之《これ》ヲ行フ」とある。ならば「憲法の条規」のほうを少しく改正すれば、憲法の民主化も可能であろう。つまり「新」憲法は基本的に明治憲法の多少の手直しで十分としているのである。大きくいえば、松本委員会の総意がいま松本委員長の私見をとおして、国民に示されたことになる。

松本委員会はおそらく国民が天皇に親しみの念を抱き支持していることを承知していたのであろう。それで国民は天皇君主制を望んでいると考える。しかし、それが国民の総意であったろうか。

ひとつの資料がある。東京大学社会学研究室が十二月に行なった世論調査である。対象は東大生という狭いものであるが、一千百三十一人の回答者の七五パーセントが天皇制支持、否定したものはわずか六パーセント。ただし支持者の内訳をみれば、一部改革が四〇パーセント、根本改革を望む者が三五パーセントもいたのである。手直しの憲法による「戦後」を期待するような総意は、ここにはなかったのである。

さらにもうひとつ、同じ八日、神田《かんだ》共立講堂では、自由懇話会、自由法曹団、新日本文学会などの共同主催で、戦争犯罪人追及人民大会が開かれていた。ここで日本共産党の志賀義雄が用意していた戦犯リストを発表している。まず衆議院議員三百五十七人、貴族院議員百六十五人。聴衆は大拍手でこれを承認する。

さらに右翼の指導者百六十八人、陸海軍将官百三十人、財界人八十六人。軍の走狗《そうく》となった労組の指導者百十四人、マスコミのお偉方七十人、学者五十人。そして最後に裁判官二十三人。ただし完全なかたちでリストは残っていない。なかには一度も耳にしたことのない人も含まれるが、聴衆の拍手は委細《いさい》かまわず鳴りひびく。

志賀の告発は最後の段階にさしかかる。

「われわれはさらに多くの名前をつけ加えなければならない。われわれは成人に達した皇族のすべてを、これに加える。皇后良子《ながこ》も、だ。彼女は、日本の婦人を反動と封建主義の道に導いた。彼女は、日本婦人の半奴隷的な身分のシンボルだ。しかし山階宮《やましなのみや》となると話はちがう。あれは気が狂っている」

聴衆は爆笑した。やがて場内に沈黙がひろがるのを待ち志賀は叫んだ。

「いまや、われわれは最後の名前に到達した。それは天皇だ！」

この瞬間、「聴衆は歓呼し、怒号し、足を踏みならした。会場の洞穴のような薄闇《うすやみ》はいまや騒音と熱狂にみたされ、群衆は壇上にたいし、演壇に立つやせた姿に対して手を打ち鳴らした」と米新聞記者マーク・ゲインはその著『ニッポン日記』に書いている。ここにいる人びとは、天皇主権の廃止を衷心《ちゅうしん》から望んでいるのである。

『太平洋戦争史』と「真相はかうだ」

十二月八日、といえば、いくつかの注目したくなる日記がある。まず、詩人岡本潤のこの日の日記を引く。

「大詔奉戴日《たいしょうほうたいび》であった今日、新聞は増ページして、聯合軍司令部提供の『太平洋戦争史』を掲載している。満洲事変から大東亜戦の開戦まで、日本軍閥の罪悪史が、聯合軍的立場から開陳されたわけだ」

岡本は「聯合軍的立場」と記すだけで、特別な感想はない。が、東大教授の矢部貞治《ていじ》はやや違った感想をつけ加えている。

「〔……〕米の司令部は満洲事変以後の太平洋戦争史を新聞に発表している。宣戦記念日の宣伝だ。大体の筋道は正しいとしても、世界史の背景を除いての一方的議論だ」

大学生の山田風太郎は九日付けのところで触れている。

「このごろ連合軍提供の大東亜戦争史しきりに発表さる。ことごとく嘘ではないであろうが、戦争中の軍部の宣伝と逆の意味で大同小異なるべし」

三人ともさすがに見る目をもっている。が、このＧＨＱの民間情報教育局（ＣＩＥ）が作成し、九回にわたって全新聞に掲載された『太平洋戦争史』の、戦後日本に与えた影響たるや、すこぶる大きいものがあったといわざるを得ない。第一に、太平洋戦争という言葉が定着することになった。それにＧＨＱの押しつける歴史観がごく自然に日本人の心のうちに沁《し》み通っていった。「自衛」のためのやむを得ざる戦いであると信じていた戦争が、軍部と政財界とが結びついて企《たくら》んだ罪悪そのものの「侵略」であるとは、受けた衝撃が大きすぎた。(29)

これに加えてもうひとつ、当時中学生のわたくしが何としても忘れられないでいるのは、翌九日の日曜日からはじまったＮＨＫのラジオ放送「真相はかうだ」である。これまたＣＩＥラジオ課が直接制作したドキュメンタリー・ドラマ形式の教育番組。翌年二月十日まで十回つづき、十七日からは問答体の「真相箱」と改められたが、これをさながら敗戦国民の義務のようにして聞いた、いや聞きたくはないことを聞かされた。効果音をふんだんに使い、速いテンポで畳みかける演出で、南京大虐殺、バターン死の行進など、日本人が初めて聞かされる裏話がラジオから流れ出たのである。

週刊新潮編集部『マッカーサーの日本』に台本の一つ（一月十三日放送）が残されている。主題は「バターン死の行進」で、音響効果入りで捕虜たちが殺される情景がつぎつぎに流された上で、こんな問答がおごそかに行なわれる。
「アナ『太郎くん！　今述べたのは、死の行進で日本人がおこなった残虐行為の、ほんのごく一部なんだよ』
太郎『とても信じられない。そんなことをした日本兵は、もちろん軍紀できびしく罰せられたんでしょうねえ』
アナ『ところがそうではない。こうした残虐行為こそが日本の軍紀で、これはしょっちゅう繰り返された事実なのだよ』」
この聞くに耐えない放送は、太郎少年の「そうだ、真実に根ざした新日本を建設しよう」という独白で、ひとまず十回で終了した。

精神も、また瓦礫と化す

それにしても占領宣伝とはいえ、新聞とラジオと時を一にして見事な共同戦線、といまはいうほかはない。陸軍の満洲進出から真珠湾攻撃までの「侵略」の歴史のくさぐさを、GHQは頭越しに日本人に教えこんだのである。

まさに山田風太郎がいうように戦争中の日本軍部の宣伝と「大同小異」な、あざとい、大ボラをまじえたものといえばいえるが、少なくともこれによって日本人がひとつの歴史観をはっきりと心奥《しんおう》に刷り込まれたのは確かである。

こんどの大戦は超軍国主義と民主主義との戦いであった、とまず定義され、日本人が死にものぐるいで頑張った戦争は、実は誤った「侵略」戦争であったのである。しかも、それは一部少数の軍人や政治家たち軍国主義者によって「騙《だま》されて導かれた」ためであり、多くの日本人が悪いわけではなかった。

すなわち「軍国主義者に支配されたあわれな国民」という図式が見事に提起される。そして、この図式によって日本人の多くは免罪《めんざい》されるのである。つぎにはこの免罪符をかかげることによって、人びとは気も晴々と民主主義の戦士たり得る資格をもつのである。

こうした大人たちの精神的武装解除を実地にみながら、わたくしたちかつての「少国民」はなかなか武装解除しなかった。もっとも純粋であったはずのわれらが行為が、徒労であり無意味であり、歴史に照らしてみれば茶番であったなどと、どうして信じられようか。わたくしは進駐軍にたいして、敵意こそあれ、心易《やす》い気持をもとうとはしなかった。大人たちが民主主義の担い手よろしく、へらへらとアメリカ兵に媚《こび》を売ったり、得意そうに英語で話しかけたりする姿をみるたびに、ムカムカと腹を立てた。そしてほんとうにＡＢＣＤ包囲陣はなかったのか、最後通牒《つうちょう》（ハル・ノート）は亡国の強要でなかったのか、国家に殉ずることは悪なのか、と素朴な疑問をひそかに抱きつづけた。そして、原子爆弾は「広島の軍事施設」「長崎軍港の軍事施設と三菱ドック」に投下された、などという「真相はかうだ」に、そんな馬鹿なことがあるものか！　と唾《つば》を吐きつけていた。

といって、当時中学生でしかないものに、どれほどの知恵と信念と決意とがあったわけではない。ただ、こうやってＧＨＱの宣伝戦術によって、日本人がうまく導かれ、アメリカのいうことは正しく、過去の日本はうさんくさく虚偽で固めた国であり、すべての責任は「軍閥」にあり、と信じるようになっていったことだけは、はっきりとこの目に見たと記しておきたい。つまりは自国の歴史をしっかり見ない国民となり、無邪気に無知にさせられていったという事実を。

敗戦国民であることに馴《な》れきり、日々の糧《かて》をあさることに疲れ、いつか日本人はただ戦勝国のお仕着せを有難くおし戴《いただ》くようになる。下司《げす》な言葉を使えば、日本人は嬉々《きき》として新しい支配者とともに〝寝て〟しまった。見渡すかぎりの瓦礫《がれき》のなかにあって、精神もまた瓦礫と化していたのかもしれない。新しい憲法を迎えるための精神の素地は、ここに築かれていった。

＊この章の「余談」——

（29）　高橋史朗《たかはししろう》氏の研究によれば、これは昭和二十年十月二日付けの一般指令第四号にもとづいて、ＣＩＥの局長ダイクが立案した計画によるとされている。すなわち計画は「各種の日本人に、彼らの敗北と戦争に関する罪、現在および将来の日本人の苦難と窮乏に対する軍国主義者の責任、連合国の軍事占領の理由と目的を、周知徹底せしむること」を狙ったものであった。「真相はかうだ」とともに、思想戦の弾丸そのものといえた。

いま新聞の縮刷版によって見れば、『太平洋戦争史』のすさまじさは一目瞭然《いちもくりようぜん》である。満洲事変の見出しは「奪う『侵略』の基地　国民の対米憎悪を煽《あお》る」となっている。以下、昭和十年代は「荒れ狂うテロ　重圧に喘《あえ》ぐ国民生活」、日中戦争は「恥づべし南京の大悪虐暴行沙汰《ざた》　泥沼に墜《お》つ日支事変」、日米交渉は「米の調停に応ぜず日本軍大陸に増強」、そして太平洋戦争は「比島捕虜への残虐　日本軍ニューギニアに進出」……というふうなのである。日本の軍国主義者の横暴によって侵略がはじまり、大戦争の火蓋《ひぶた》が切られた。戦争犯罪のすべては日本人側にある。そして許せざる南京、比島での残虐行為。のみならず、日本国民にはそれらをすべて隠蔽《いんぺい》して知らせなかった、という構図は見出しを見るだけで十二分にわかるであろう。

いまになって考えれば、受けとる側の日本人にあったのは、完膚《かんぷ》なきまでに叩きつけられたという敗戦のコンプレックスだけで、それが思想戦であるという認識は微塵《みじん》もなかったのである。それゆえに、CIEの政略の操るままに、毎日毎日お仕着せの歴史を読ませられて、すべて侵略戦争であったというさらなるコンプレックスまで植え込まれたということになる。あのとき、対米英戦争はギリギリの自存自衛のための戦いであった、追いつめられて起たざるをえなかったのである、という抗議すらもだれもがしなかった。

なお「真相はかうだ」は、昭和二十一年二月十七日からはドラマ形式をやめて、問答形式による「真相箱」となった。そしてこれもほぼ一年後には、聴取者からの質問に答える「質問箱」とタイトルを改めた。そのころには日本軍の悪行暴露はあきられてしまって、むしろ民主主義教育的な内容になっていた。それで聞くのはやめたのか、ほとんど「質問箱」の記憶はない。それよりも二十一年七月からはじまった「尋ね人」に耳を傾けていた覚えがある。戦争で別れ別れとなった人を捜し求める投書を、丁寧に読むアナウンサーの声の、何と荘重にして悲哀にみちていたことか。これが終わるまで戦後はつづいている気がしてならなかった。

十二　昭和二十年十二月(2)　「神道指令」の章

GHQからの改革指令

いまから思うと、何と厳しい指令を矢継ぎ早にGHQは日本政府に発したことよ、と驚くほかはない。それを何とも唯唯《いい》諾諾《だくだく》として日本政府と日本人は無気力に遵奉《じゅんぽう》したことか。敗戦国民としては微笑を浮かべて従うほかはなかったということなのか。

九月二日の陸海軍解体指令、そして十月十一日の自由と人権に関する五大改革にはじまる主要なGHQの指令を、以下に書き出してみる。

九月十日、言論および新聞の自由に関する覚書。

十九日、日本プレス・コードに関する覚書。
二十四日、新聞界の政府からの分離指令。
二十六日、軍需品処分に関する命令。
十月二日、植民地銀行閉鎖の覚書。
四日、政治的・公民的・宗教的自由に対する制限の撤廃に関する覚書（自由の指令）。
十一日、五大改革指令。
二十二日、教育制度の行政に関する覚書。軍国主義的・超国家主義的教育の禁止。
三十日、教壇追放命令（軍国主義・国家主義の教師追放）。
十一月六日、特殊会社の解体に関する覚書（財閥解体）。
十日、労働統制法規の撤廃指令。
十八日、皇室財産に関する覚書（皇室財産の凍結）。
二十五日、軍人への恩給停止命令。
二十五日、戦時利得税設定命令。
十二月九日、農地制度改革に関する指令（農地解放）[30]。
十一日、資産凍結命令。

　そしてこの間にも、新聞や出版にたいする言論統制はぐんと強められる。全出版物の事前検閲は十月五日からはじまり、東京の五大新聞も九日から検閲が開始される（大阪は二十九日から）。そしてプレス・コードに抵触するものは不許可、または削除処分が科せられた。民間情報教育局（CIE）はあらゆる報道機関に「①軍国主義と極端な国家主義の撲滅。②日本敗戦の事実を明らかにし、日本国民に戦争の責任、日本軍の犯した残虐な行為および日本指導者の戦争犯罪を熟知せしめる」などを指示、その任務遂行を強く要請する。新聞はいつかGHQの御用新聞になっている。

　そういえば思い出した。われわれの出す手紙などまでが封筒の下が切られ、検閲されて届けられるようになったのは、十二月に入ってからであったか。何の真似だよ、これは、とホトホト呆《あき》れ返った覚えがある。山田風太郎日記の十二月十五日の記事にある。

「このごろ、手紙類ことごとく封を切られ、あとにOpened by Army Examinerと印せるセロファンを貼らる。すでにわれらは敗れたり。またむろん国家機密を書いているわけにあらざれば御苦労千万といいたいけれども、不愉快なることは不愉快なり。そのためならんか、一週、十日、甚《はなは》だしきは月余も通信遅る。これが『自由』なりや、戦時中の検閲もかほどにはあらざりき」

　とにもかくにも、政治・経済・教育・思想・マスコミと社会全般にわたって旧体制の破壊をGHQは命じたことになる。こうしてあらゆる障害を排除し、日本軍部を解体し、軍国主義的・超国家主義的体制を消滅させ、日本人を洗い直して民主化を推進するという占領方針は、頑強に貫かれた。なるほど、ポツダム宣言によって明言された「日本の政治形態は日本国民の意思による」からは逸脱することはできない。としても、至上命令である日本の徹底的民主化を完成させるためには、天皇をとりまく権力構造は極力破壊ないし削減しなければならない。日本政府に下される指令や覚書は、そうしたGHQの鉄の意思の実現であったのである。

「天皇制排除のすすめ」

十二月十五日、その完遂を告げるかのような命令が、GHQから発せられる。「国家神道、神社神道に対する政府の保証、支援、保全、監督並びに弘布《ぐふ》の廃止に関する覚書」という長い名称の、いわゆる「神道指令」である。要すれば、それは神道と国家との結びつきを断とうという断固たる方針である。神道の国家からの分離、神道にある軍国主義ならびに超国家主義思想の排除、学校から全面的に神がかった儀式を取り止めさせる、などなどを命じたものなのである。指示はCIEから出されている。日本進駐以前から米軍のなかには、「カミカゼ的狂信の根元に神道がある」「日本人の自己犠牲の精神のなかに神道イズムがある」「超国家主義はまさしく神道から発している」「神道さえなければ戦争は起こらなかった」などの声が渦巻いていた。神道がいったいどんな教義や思想や歴史をもっているのかも知らないままに、これを叩き潰さないことには日本人を民主化することは不可能であると、深く信じられていたのである。

たしかに神道は、皇室とは伝統的に切っても切れないほどに密接につながっている。が、それを全否定することは「言論・宗教および思想の自由」を謳《うた》ったポツダム宣言に背くことになることにも、深く思いを致さねばならない。そこにＧＨＱのジレンマがあった。しかし、「軍国主義のいっさいを打破する」ことが至高至上の命令なのである。ＧＨＱの指令がなみなみならぬ決意のもとになされたことが察知されるであろう(31)。

それを明示するかのように、「神道指令」には別にすこぶる強引な禁止命令が表明されているのである。

「公文書に於て『大東亜戦争』『八紘一宇《はっこういちう》』なる用語乃至《ないし》その他の用語にして、日本語としてその意味の連想が、国家神道、軍国主義、過激なる国家主義と切り離し得ざるものは之《これ》を使用することを禁止する。而《しこう》してかかる用語の即刻停止を命令する」

日本人のなかにはこの指令に激しく反発する人がいた。例によって山田風太郎の卓見。

「号外飛ぶ。〔……〕一枚は近衛《このえ》文麿《ふみまろ》公けさ午前五時自殺(32)との報。一枚は国家神道禁止のマッカーサー命令。〔……〕／神道禁止は、日本の『神国』なることを払拭《ふっしょく》するものにして、〔……〕これ知性ある日本人のいいしことにあらず征服者の強要なり。〔……〕／マッカーサー、『天皇制』の城に刃《やいば》を一太刀切り込みぬ。その波及するところを憂うるならば、国民はここで抵抗する必要あり。さなくばマッカーサーさらに一歩を進めん。されど国民は今や天皇や天照大神《あまてらすおおみかみ》よりも一片の食を求むるに狂奔《きょうほん》す」（十二月十六日）

いや、両手を挙げて歓迎する人もいる。作家で詩人の中井英夫はその日記の十七日のところに感想を記している。

「天皇兼現人神《あらひとがみ》もやめになって、一介の人間に帰れることは、彼の為《ため》に御目出度《めでた》いことだ」

ただし、その後のところでは山田の意見と一致する。

「マッカーサーの指令はいよいよ適確だが、国民はますます無気力であり、働いても喰《く》えないという現実、もう直《じ》き喰えなくなるという意識。〔……〕」

二十一日、「GHQ当局談」がほぼつぎの趣旨で発表された。

〈ポツダム宣言の主張する「日本国民の自由に表明した意思に基づく」最終的政府形態の樹立を促進するため、直接間接に悪影響を及ぼす一切の障害を除くべく、総司令部はこれまで日本政府にたいし幾多の指令を行なった。神道に関する指令は、政府がいかなる形態をとるべきかという新たな問題について、最後の推進を与えるものである。日本の民主化に関する

基本的指令は一応出つくした。今後は日本の民主的再建は日本自体の問題となっている〉
まさに、いうとおり指令は出つくしたのである。そして仕上げの指令は、日本国民への「天皇制排除のすすめ」ということになろう。毎日毎日が食うことで追われるほとんどの国民は、だれもがそれどころの話ではなかったのである……。けれども、天皇と天皇制の命運を憂慮する人びとにとっては、「神道指令」の意味するところは容易ならざるものとして胸奥に深く止めざるを得ない。不安は刺激されて増大するいっぽうということになる。

「人間宣言」への伏線

われわれは、日本文化の伝統に根ざして政治形態を選ぶ、そこに疚《やま》しさはなかろう。文化や宗教や伝統に正否や善悪はなく、その維持と保存に外部の干渉を受ける筋合いはまったくない。いわんや戦争の勝敗とも関係はないはずである。と真っ向から抗弁しようにも、勝者の傲慢《ごうまん》にたいする所詮《しょせん》は敗者の悲哀で、手立てはないのである。またしても、敗戦国はつらきかな、とくり返すほかはない。

侍従次長木下道雄『側近日誌』には二十二日以後の、政府と宮中とがひとつになって、この突きつけられた問題「天皇制排除のすすめ」をめぐって、水面下の工作に頭を悩ましている日々のことが描かれている。それがいわゆる「天皇の人間宣言」の詔勅につながっていくことになる。

この詔勅がつくられるまでの経緯は、多くの文献が示すとおりで〝以下略〟にする。ただ一点、二十三日の『側近日誌』を引く。

「大詔渙発《かんぱつ》。／ダイク—ブライス—山梨—石渡—○—幣原《しではら》—鈴木」

実際の伝達経緯とはちょっと違った認識が書かれているが、民間情報教育局長ダイク、学習院英語教師ブライスを通して、同院院長山梨勝之進《やまなしかつのしん》、石渡宮内大臣、首相そして鈴木貫太郎枢密院《すうみついん》議長へと、詔勅に係わった衆知の人たちの名がはっきりと記されている。

いまは「人間宣言」はGHQの直接の指令にあらず、とされているが、「神道指令」と、発想は同じCIE、しかも軌を一にして、となると、はたして連動して「人間宣言」が思いつかれたのではないか、と疑いたくなってくる。かりにそうでないとしても、CIEの示唆が宮中の不安にぴたりと当てはまったことだけは確かなのである。

書くまでもないが、『側近日誌』の「○」は天皇のことである。天皇みずからが神秘的な雲霧を排し、一個の人格として国民とともに歩もう、という意思を示したことは、この『側近日誌』で明らかである。そして二十五日に詔勅の下書きを書いたとしている幣原首相の回想にも、その事実が述べられている。

「私は永田町の首相官邸の私の部屋に一人でいた。静かな雰囲気の中で、私はかねて陛下に命ぜられていた詔勅の起草に着手し、一生懸命に書いた。日本よりむしろ外国の人たちに好印象を与えたい、という気持が強かったものだから、まず英文で起草し、約半日かかってできた」（伝記『幣原喜重郎』）

それを受けるように、藤田侍従長の手記にも、

「英文の名文家といわれた幣原首相がはじめに英文で起草し、それを和訳したもので、宮内省の詔勅の係官に渡されたが、原文が英文なのでどうも従来の詔書の型にはめにくい。そこで侍従職にもちこまれ、私や侍従次長木下道雄氏らが、あれこれと文案を修正して出来上がったものであった。〔……〕文章はともかく、これは陛下の真意をお示しになった点では、歴史的なものである」

と書かれている。わたくしは編集者時代に、時の文相前田多門《まえだたもん》の回想「『人間宣言』のうちそと」の談話筆記に関係し、くわしく内情を聞く機会をもったことがある。急性肺炎で倒れた首相に代わって参内《さんだい》し、文相ができ上がったばかりの詔書の草案を天皇に提出した。そのときのつぎの天皇の言葉を語りつつ、前田は抑えきれず瞼《まぶた》から熱いものをどっと溢《あふ》れさせたものであった。

「これは結構だが、詔書として今後国の進路としてかように進歩的な方向を指し示す場合に、その事柄がなにも突然に湧《わ》き上がったというわけでなく、わが国としてはすでにかような傾

向が、明治大帝以来示されておるのであり、決して付け焼き刃ではないということをも明らかにしたい。そのなによりの例は、明治の最初のときに、明治天皇が示された五箇条の御誓文であって、民意を大いに暢達《ちようたつ》させるとか、旧来の陋習《ろうしゆう》を破り、天地の公道にもとづくとかいう思想は、これから大いに万機《ばんき》公論に決していこう。築き上げる新日本の伏線となるものである。だから、なにかそういうような意味も詔書のなかに含ませてもらえないだろうか」

そして、この天皇の意思を、なんとか文案にもりこもうと努力したが、結局はうまくいかない。やむなく木下侍従次長たちとも相談し、「五箇条の御誓文そのものを冒頭に引用したほうがよかろう、という結論になった」と苦笑まじりに語って、前田がぐいと涙を拭《ぬぐ》ったのをいまも忘れられない。

紛糾する松本委員会総会

二十一日の「GHQ当局談」に、もうひとり、余人にはわからぬほどの強いショックを受けた人がいる。松本国務相である。「指令は出つくした」との発言は、あとは憲法改正を残すのみである、の意ととれる。日本側の自発的改革を一日も早く示せ、という催促だと解釈できるではないか。松本は憤然とした。それならば、年内に委員会の審議を終えて、天皇と国体とを憲法的に安定にする基礎を確立してやろう、と頑強きわまりない決意を固めたので

ある。(33)

翌二十二日、土曜日をおしてさっそくに開かれた総会は、大いなる松本のハッスルを裏切るように紛糾する。児島襄の著書を参考に、論争部分をドラマ仕立てでわかりやすく記すことにする。まず天皇関係の条章の検討でぶつかりあった。

美濃部（達吉）　国称の大日本帝国であるが、敗戦国が〝大〟というのは、適当ではないようだ。〝帝国〟も語感がよろしくない。ただの日本国としてはどうだろうか。で、第一条の「大日本帝国は万世一系の天皇之を統治す」を「日本国は君主制とし万世一系の天皇を君主とす」とすることを提案する。また、第四条の「天皇は国の元首にして……」の「元首にして」を削ってはどんなものか。

宮沢（俊義＝東大教授）　そこまではっきりさせるならば、第一条に「統治は臣民の輔翼《ほよく》によりて行う」とつけ加えて、民主主義を表明するのがよいと思われますな。

河村（又介＝九州大教授）　いや、臣民という言葉には封建的な響きが感じられます。国民としたほうがよろしいのではないですか。

美濃部（眼を怒らせて）　臣民は臣民でいいじゃないか。御詔勅には「爾臣民《なんじ》」とある。これを変えるということは、国体を変革することにもつながりかねない。

野村（淳治＝東大名誉教授）　臣民が当然だと私も思いますな。イギリスでも国王にたいするサブジェクト、すなわち臣民となっています。国民にあたる言葉となればシティズンでしょうが、シティズンは共和国民でありますしね。

美濃部　そう、それに宮沢君のいう「輔翼」も納得ができん。「輔翼」と「協賛」とはどう違うのか。全然はっきりしないではないか。

——つづいて問題は第三条の「天皇は神聖にして侵すべからず」に移っていく。大方の意見は、GHQの「日本は神がかりの国」という批判もあるゆえ、「神聖」については訂正することに一致していたが、では具体的にどうするかとなって、論議は紛糾する。

野村　これは立憲君主の政治的無答責の規定でありますから、はっきりと「天皇は統治権の行使につき責任を負わず」とすればいいのではないかと思う。

松本　ではありますが、日本の天皇の神聖なるところも残しておきたい。で、条文を二つに分けて、第一項に無答責を明示し、第二項で天皇の「尊厳は侵すべからず」としたらどうであろうか。

野村　ウム、しかし「尊厳」とはすなわちディグニティで、名誉だけを意味する。生命身体は侵してもいいのかということになりかねない。むしろ「天皇は至尊《しそん》にして」とするほうがよいと思う。

清宮（四郎＝東北大教授）　いっそのこと、「天皇は国の元首にして侵すべからず」と明確に規定してはどうか。

美濃部 いやいや、「天皇の身位は侵すべからず」とすべきだ。

結局、第一条〜第四条は決定保留となる。児島襄は評する。「要するに、第一から第四条の天皇の地位に関する条項にはふれたくない。ただ〝民主的風味付〟をする修正に思い悩む風情が感得される雰囲気である」と。憲法の大幅な改正にはほとんどの委員が躊躇《ちゅうちょ》するばかりであったとわかる。しかも年内にはあと二十六日の総会を余すのみで、松本の「急がねばならない」という思いのみが空転したのである。

この暮れの二十六日、あとでまたふれるときがあるが、松本委員会とは別に、なんと民間の最初の憲法草案が、発表されているのである。岩淵辰雄、杉森孝次郎《すぎもりこうじろう》、鈴木安蔵《すずきやすぞう》、高野岩三郎《たかのいわさぶろう》、馬場恒吾《ばばつねご》、室伏高信《むろぶせこうしん》、森戸辰男《もりとたつお》の「憲法研究会」の作成案で、その統治権の項の一部を引いておく。

「一、日本国の統治権は日本国民より発す。

一、天皇は国民の委任により専《もっぱ》ら国家的儀礼を司《つかさど》る」

GHQはこの案にきわめて強い関心をもったという。この民間の憲法案は、あの万事無関心であった時代に、なお真摯《しんし》なる憂国の志士が巷《ちまた》にいたということなのであろう。

「現人神」という言葉

余談になるが、楽しい話題にふれておきたい。『側近日誌』をこんど丁寧に読んで仰天したことである。「人間宣言」の詔書にでてくる「現人神《あらひとがみ》」という言葉を存じていない閣僚があったらしい。

「大臣は現神《ママ》と云う言葉も知らぬ程国体については低能である。これは驚くべきことなり。これではMAC司令部に馬鹿にせらるるであろう」（二十九日）

この大臣は外務大臣、すなわち吉田茂のこと。

「天皇を現御神《ママ》（特にこれにアキツミカミと仮名が付いて居る所を見ると、読み方も知らぬ閣僚が居るらしい）なりとし、……（以下略）」（三十日）

考えてみると、戦争中に「現人神」という言葉をわたくしも知っていたかどうか、記憶はまことにおぼつかない。たしかなのは、前にも書いたことと思うが、蔭《かげ》で「天ちゃん」などと呼び、少なくとも「神様」などとは金輪際考えたこともなかった。もちろん、環境と年齢その他で事情は異なるであろうが、日本人の多くは「神」として天皇を崇《あが》めたのではなかったのではないか。時に強制されてそのふりをしたこともあったが、どちらかといえば、少しく高いところにいるもうひとりのおやじ的に、半ばおっかなく、半ば尊敬をもって仰ぎ見たというほうが、感覚的に近くはなかったか。

たとえば御真影《ごしんえい》に不動の姿勢をとった。それは電車のなかで遺骨を抱いた人に出会ったりしたとき、戦争中は車中の客はみんな立って「英霊」に最敬礼を捧げた。ほぼそれと同じ自然な気持であったように思う。戦後は、みんな英霊にはソッポを向いたが、天皇にたいしては必ずしもそうはならなかった。そうであるから、たとえばアンケート「天皇制支持か、否定か」の結果、支持する—九五パーセント、支持しない—五パーセント（「日本週報」十二月二十三日号）、あるいは東大生だけを対象に十二月に行なわれた同じ設問の世論調査、改革を条件にしつつ支持七五パーセント、否定六パーセント（東大社会学研究室）という結果が出たのではなかったか。

いやいや、もうひとつ、天皇制支持に関連して楽しい挿話が十二月二十八日付けの山田風太郎日記に記されている。またまたの引用となるけれども、当時の日本民衆の気持の一端を察する上で参考になると思うので、採り上げておく。日本共産党の徳田球一が、北海道へ遊説にでかけていき、大衆を前に例によって雄弁をもって「天皇制打倒」を叫んだという。ところが、民衆は耳を傾けるはおろか、徳田を袋叩きにして追い払ったというのである。たまたま郷里の兵庫県に帰っていた山田はそれを新聞で読む。

「民衆天皇陛下万才を絶叫し、君が代を高唱せりという事件報道せられ、百姓ら、〔徳田〕球一がこの村に来たら袋叩きどころかぶち殺すという。／天皇信仰の鉄壁はげに農村にあり。

されど、ああ、これら農民の信仰は盲信との区別なし。それゆえに強く、それゆえに弱し。それゆえに恐るべく、それゆえに恐るるに足らざるなり」

わたくしが住んでいた越後の村人もまた同じか。輿論《よろん》（公共的意見）にあらずして世論（民衆感情）は、往々にして暴走することがある。また、たちまち裏返ることもある。

「ああ、昭和二十年！」

余計なことを書いた。ともあれ、楽しんで大笑いしたことのひとつもなかった戦後の昭和二十年が終わる。特攻くずれという言葉が、年の暮れの新聞紙面をにぎわしていた。自暴自棄になった元特攻隊員が、追い剝《は》ぎ、強盗を働く、それを特攻くずれという。〝神〟が強盗となる世なのである。

その特攻くずれのひとりが堀切善次郎《ほりきりぜんじろう》内務大臣を襲った事件を覚えている。大臣を訪れ、上野の浮浪者の有様を視察してほしいと頼んだところ、堀切は今日は会議があり時間がないと断った。それは大臣に真の責任感と誠意がないからであると、海軍ナイフを振るって襲ったものと記憶する。「生きている神」「救国の英雄」と特攻隊員を礼讃した人びとは、いまは死にそこねたあぶれ者として知らん顔をし、侮蔑《ぶべつ》する。

もうひとつ、書き忘れてはいけない大事なことがあった。十二月十七日、衆議院議員の改正選挙法が、GHQの指示にしたがって公布された。

つづいて第八十九臨時議会の会期満了の日の翌十八日、衆議院は予定どおり解散した。昭和十七年の翼賛選挙によって選出された現議員は、民意を正しく反映するものにあらず、とのGHQの強い意向を受けての解散で、世にGHQ解散といわれる。

新選挙法は、選挙権、被選挙権の年齢の引き下げ、大選挙区制・制限連記制など目をひく改正があったが、それよりも何よりも改正最大の骨子は、マッカーサーが日本上陸直前の飛行機のなかで口述した「改革」の一である婦人参政権を、まず第一に認めたことにある。これによって、戦前は人口のわずか二〇・四パーセントにすぎなかった有権者が、実に五一・二パーセントにまで拡大することになる。アンシャン・レジュム（旧制度）は音高く崩壊していき、そして「強くなったのは靴下と女」の時代がここに幕を揚げた。

この年は寒気の到来が早く、越後の空はもう連日厚ぼったい雲が垂れ、冬のはじめを告げる荒天がつづき、雷が鳴った。これをユキオロシといった。学校は早めに冬休みに入ったが、空腹、空腹、空腹で勉強もする気になれなかった。畳に寝ころがってジッと天井をみつめ、とにかく現実的でなく、かつできるだけ長続きのするテーマを、ぐるぐる頭のなかで回しつづける。それ以外に空腹を癒《いや》す方法はなかったのである。

「ああ、昭和二十年！　凶悪な年なりき。言語道断、死中に活を拾い、生中に死に追われ、幾度か転々。或《あるい》は生ける屍《しかばね》となり、或は又断腸の想いに男泣きに泣く。而《しか》も敗戦の実相は未だ展開し尽されしにあらず、更に来るべき年へ延びんとす。生きることの難しさよ！」

作家海野十三《うんのじゅうざ》の大晦日《おおみそか》の感慨である。同じ思いはほとんどの日本人に共通していたことであろう。

＊この章の「余談」――

（30）　農地改革は十二月十五日に衆議院を通り、十八日に貴族院も通過した。地主の耕地を五町歩まで認め、それ以上の農地は強制的に地主から小作人に譲らせることを決定した法案である。しかし、後のことになるが、それでは小作地の三九パーセントしか改革の対象にならないと、その後に大揉《おおも》めに揉める。結局は、昭和二十一年十月、GHQの第二次改革の指令により、不在地主は所有地のすべて、在村地主の保有地は平均一町歩（北海道四町歩）に引き下げられ、政府が強制的に買い上げることになるなど、紆余曲折《うよきよくせつ》があった。それにしても、この血を流さずに実行された農村の改革ほど、実質的に日本国民の生活に影響を与えたものはなく、敗戦の大激動の最たるものとなった。

いまになれば、マッカーサー改革には多く異論を抱く人であっても、おそらく農地改革には賛意を表することであろう。極論すれば、戦後日本の再建・発展の原動力となった最大のものは、この改革ではなかったか。

当時の民法下ではその恩恵に与《あず》からざる身分の、地主の三男に生まれた父が、

「いままで天皇陛下に守られて地主であったんだから、こんどはその陛下をお守りするために、辛い涙も抑えなくちゃあ。……それにしても、これはやっぱり革命だよな」

と、しょげ返る当主の長兄にいくらか冷やかすようにいった。当主はただ憮然《ぶぜん》とするのみ。

(31)　ある資料からえた挿話をひとつ記しておく。靖国神社のことである。近代国家にあっては、戦没者を慰霊するのは当然のこと。GHQ内部にもそうした議論が公然と出ていたらしい。しかし、日本では地方の各地に護国神社というものがあり、戦死者はそこにも祀《まつ》られている。いったい兵士の魂はどちらにいるのか。靖国神社の見解はどうなのか？　ということでGHQは質問を送ったというのである。それにたいして、神社のある宮司が答えた。
「わが国の英霊は、靖国神社本殿の上空、三〇メートルほどの辺りを舞っておられるのであります」

（32）　十二月十六日朝まだき、近衛文麿は青酸カリを飲んで自殺した。遺書にはつぎのようなことが認《したた》められていた。
「僕は支那事変以来、多くの政治上過誤を犯した。これに対し深く責を感じているが、いわゆる戦争犯罪人として米国の法廷において裁判を受けることは、堪え難いことである。〔……〕しかし僕の志は知る人ぞ知る。僕は米国においてさえ、そこに多少の知己が存することを確信する。戦争に伴う興奮と、激情と、勝てる者の行き過ぎと増長と、敗れた者の過度の卑屈と、故意の中傷と、誤解にもとづく流言蜚語《ひご》と、これら一切の輿論なるものも、いつかは冷静を取り戻し、正常に復する時も来よう。その時はじめて、神の法廷において正義の判決が下されよう」

あれから六十年近く経ってその「志」がどこまで理解されたことか。死を賭《と》しての堂々とした抗議も虚《むな》しく、その後の神の法廷における判決も彼に厳しいものがある。「悲劇の宰相」と呼ぶ人もいるが、しかし、それはどんなものか。「悲劇」と冠するにはあまりにも近衛は底知れない無責任な貴族であった。高い身分と地位だけで、真摯さも洞察力も責任感もなく、小手先の芸当だけで国際政治をあやつろうなどと考えるのは、身のほど知らずであった。その過ちを近衛自身はまったくわからなかった、とわたくしには思える。

(33) 十二月十一日の衆議院予算委員会において、この明治人松本国務相の硬骨ぶり、そして意気軒昂《いきけんこう》ぶりが如実に出ている問答が残されている。

水谷長三郎《みずたにちようざぶろう》議員が、明治憲法の第一条から第四条の天皇の統治権をそのままに残しておいては憲法の民主化は不可能である、と追及した。たいして松本は、「天皇制と民主主義とが両立しないとか、天皇制がなくなれば民主主義になり得るとか、そんなふうに考えるのはぜったい間違いである」と突っぱねる。さらに池田正之輔《いけだまさのすけ》議員が、国家が滅んだのであるからあらゆる法規は御破算にしてかからねばならない、憲法においても然《しか》り、全面改正すべきであると真っ向からの強硬論をぶつけてくる。

それに続いて行われた論争での松本の答弁が、まことに愉快というほかはない。

「日蝕《につしよく》があるがゆえに太陽がなくなっていると言うことは、間違った見方で……太陽自身はなくなっておらない」

この〝天皇日蝕論〟はGHQの注目するところとなる。松本ははたしてその太陽の光を少しでも薄めようとしているのであろうか、それとも、その意思がぜんぜんないのではないか、と。

十三　昭和二十一年一月(1)「詔書とパージ」の章

天皇の「人間宣言」

昭和二十一年一月一日、数えで六十八歳になった永井荷風は日記に記した。

「六十前後に死せざりしは此上もなき不幸なりき、老朽餓死の行末思えば身の毛もよだつばかりなり」

商店街に流れるラジオの「リンゴの唄」。あちらこちらに立つ星条旗。表通りを鼻歌まじりにゆくＧＩ。その手にぶらさがる日本女性。疾駆するジープ。新年はいつものように訪れるが、相変わらず飢餓に追われる日本人にとっては、明日に期待のもてるものは何ひとつなかった。

山田風太郎は慨嘆する。

「詔書発布。悲壮な御声。
日本史上空前絶後の暗黒の年明けたり」

この朝の新聞各紙は一面トップに、山田のいう「詔書」を掲載した[34]。全文千語を超えるいわゆる天皇の「人間宣言」である。と書いてはみるものの、この詔書に関連する記憶は、まったくといっていいほど、わたくしにない。

詔書は、「茲《ここ》ニ新年ヲ迎フ」と冒頭して、明治天皇の五箇条の御誓文を掲げ[35]、その誓いを新たにして国運を開き、平和な文化国家を建設したい、として、後段において大事なことを述べている。

「朕《ちん》ト爾《なんじ》等国民トノ間ノ紐帯《ちゅうたい》ハ、終始相互ノ信頼ト敬愛トニ依《よ》リテ結バレ、単ナル神話ト伝説トニ依リテ生ゼルモノニ非《あら》ズ。天皇ヲ以テ現御神《あきつみかみ》トシ、且《かつ》日本国民ヲ以テ他ノ民族ニ優越セル民族ニシテ、延《ひい》テ世界ヲ支配スベキ運命ヲ有ストノ架空ナル観念ニ基クモノニ非ズ」

いま改めて、この、詔書のいちばんの勘どころを写してみれば、これでは中学三年生の国語力と理解力では珍紛漢紛《ちんぷんかんぷん》であったろうとも、これはもうやむを得ない。記憶に残らなくとも不思議ではない。冬休みが終わり授業再開となって、天皇は「現人神《あらひとがみ》」ではないんだ、同じ「人間」として、戦後の試練と苦難とを克服し、国家再建の難問題をともに手をたずさえて解決しよう、という有難い御言葉なんである、と懇々と教えられた覚えがある。

実は、天皇が「神か人間か」よりも、同じ日の新聞に発表されたＧＨＱ命令の「修身」「日本歴史」「地理」の授業停止のほうに、ごく自然と目がいったことを記憶している。それも正直にいえば、歴史や修身担当の教師の顔が浮かび、これら先的たちはこのため首になっちまうのかいな、といった低い次元での関心であったが……。

今日になれば、内情ははっきりしている。

学習院英語教師ブライスが学習院院長山梨勝之進に、前章でもふれたように、天皇の神格否定の詔書発表の「ＧＨＱ希望」を伝えたとき、御真影と教育勅語をも否定してほしい旨も付け加えられていたのである。山梨は、教育勅語の内容に悪いところはないし、それに神格否定に本意があるならばほかを加えると焦点がぼけると反対。ブライスもその意見に納得した。

恐らくは、その代償として、なのであろう。十二月三十一日、「ここに天皇の新年にあたり発布する詔書の日本語訳をおとどけ致します」という吉田茂外相の書簡とともに、閣議決定した英訳詔書がＧＨＱに伝達される。と、まさに折り返しのかたちで、指令が内閣に突然に届けられてきた。

「去る十二月十五日命令された国家神道の廃止にかんする指令の主旨に基づき、また日本政府がこれまで軍国主義、極端な国家主義鼓吹《こすい》のため、それらの教科書をもって教育をおこなってきた実情にかんがみ、左のとおり命令する。
(1)一切の教育機関における修身、日本歴史、地理の三課目を直ちに廃止し、総司令部より許可あるまでは再開を許さない」
そして以下、(2)三課目にかんする文部省の法令などの廃止、(3)教科書と教本の全部回収、(4)代案の提出、が命ぜられる。修身教育が廃止となれば、それの基礎となっている教育勅語の運命もまた風の前の塵《ちり》のごとし。が、政府はこれにも唯唯《いい》諾諾《だくだく》として従うのみなのであった。

自国の歴史を否定すること

多くの先行書に触発されながら、またしても要らざる理屈をこねたくなる。自国の歴史を、地理を教えるべからずということを、何らの抵抗もなしに受諾することの意味についてである。一言でいえば、この指令は国民ひとしく「根なし草」になれということではないか。生をうけた日本という国家がどんな国柄であるのか、何を精神の骨髄として営々として築かれてきたか、それを知ることは誤りなり、無駄なりという。国家愛、郷土愛の源泉ともいえる日本の国土や自然なんかに一瞥《いちべつ》もくれる必要はないという。それを敗戦国日本は、いともあっさりと受け入れた。

春秋の筆法からすれば、歴史の否定は、この国の文化や伝統を、日本人の存在理由をひっくり返す大事件であるはずである。しかし、それを戦後日本人はあまりにも軽く見過ごしてしまう。戦争に負けたんだから仕方がないとして。未曾有《みぞう》の犠牲を払った上での敗戦という厳粛な事実を、自国の歴史を糾弾《きゅうだん》し、否定することによってしか、戦後日本人は確認し納得することができなかったのである。

いまにして思えば、日本人はほんとうに敗戦という現実に打ちのめされてしまった。根こぎにされていた。軍事的敗北は日本文化の敗戦とも受け取られたのである。

歴史は語っている、戦争に負けたことのない国民が負けると、往々にして自国の文化否定に陥るものであるということを。

すなわち敗戦をしばしば体験した同じ敗戦国のドイツでは様相がずいぶんと異なる。そこでは民主化が声高に叫ばれたり、近代化が新たに礼讃されたりすることはなかった。対して日本は、民主化が金科玉条《きんかぎよくじよう》となる。民主化が平和であるということと不可分となる。それを叫ぶことが正義である。政治運営の仕組みであるアメリカ式民主主義が、一敗地に塗《まみ》れた民族再生のための崇高な文化原理であるかのようになる。

過去の全否定、すなわち戦後の受諾、すなわち国家再建という筋道をとったとき、「現人神」の崇拝に代わる新しい〝神〟としてのマッカーサーへの崇拝は、ごく自然に日本人の心情のうちに育《はぐく》まれたようである。占領下の日本人が伝統や文化の否定にそれほど痛痒《つうよう》をおぼえなかった理由は、そんなところにあるような気がする。

かつての日本が「天皇の命により」一億一心となったように、戦後日本は「マッカーサーの命により」いそいそとして、昔はすべてが悪かった、したがって歴史も地理も要らないと、あっさり〝文化〟を捨て、日本のすばらしさに目を瞑《つぶ》ってしまった。

その意味あいからも、天皇の「人間宣言」に若干の戸惑いを見せはしたが、日本人のほとんどは積極的に強い反応を示そうとはしなかったのである。厳密に考えれば、現人神であればこそ天皇であって、天皇が人間になったらもう天皇ではなくなったことになろうものを。いま残されている多くの日記は、この日を重大事として書き留めてはいない。わずかに、高見順がそれとない感想だけを記している。

「かようなことを、敗戦前にもし私がいったら、私は不敬罪として直ちに獄に投ぜられたであろう。さような言を天皇自らいう。驚くべき変りようである」と。

こうしてみると、悪童あがりの中学生のわたくし同然に、現人神としての天皇など、ほんの一握りの人を除けば、日本の大人のだれもが信じていなかったということなのであろう。ということは、だれもが壮大なるフィクションを承知で、のうのうと、あの苛烈《かれつ》な昭和という時代を不敵に生きていたということなのか。高見順ではないけれども、考えてみるとこれは驚きというほかはない。

面食らったアメリカ側

いや、日本人の平然さに驚いたのはむしろGHQの要人や、アメリカ人新聞記者なんかのほうであったかもしれない。AP東京支局長R・ブラインズはその著『マッカーサーズ・ジャパン』に書いている。

「長年のあいだ、深く教えこまれてきた観念を否定し去ったこの宣言は、日本人の間に何らの動揺もなく受け容《い》れられた。それは天皇の達しであり、それ故にこそ忠実な国民たちは、彼らの観念を変え得たのである」

その前に、その時点のアメリカの新聞や通信社の反応に少しくふれておこう。それらはおおむね詔書に好意的である。

「これによって全人類のために輝かしい前途が疑いもなく展開するであろう。この詔書によって憲法改正の道が開けた」（ニューヨーク・タイムズ紙）

「天皇を破壊せずして、日本軍国主義を破壊することはできない、という主張はこの天皇の宣言で効果をうしなった」（ワシントン・ポスト紙）

ところが、二、三日後の日本の英字新聞ニッポン・タイムズの記事に、アメリカ人記者たちは椅子《いす》から転げ落ちんばかりに仰天する。

「天皇の新年の詔書は日本国内でよりも海外においてさまざまな論評と注目をひいたかに見受けられる。驚愕《きょうがく》したのは日本人よりもどうやら外国人だけであったらしい」

記者たちは外へ飛び出て取材する。道ゆく日本人のだれ彼にかまわず、天皇についての質問を浴びせかける。だれもがあっさりと答えた。

「天皇陛下が神様でないことは前から知っていましたよ」

アメリカの「タイム」の記者は面食らって記事にこう書かざるを得なかったという。

「これこそ謎《なぞ》の日本人というものである」

GHQの政治顧問部次長W・シーボルトもさっそく知り合いのある実業家夫人の感想を聞いた。夫人はニコニコして答えた。

「日本は、何でも神にしてしまう国なんです。自然も動物も神になる。天皇を神だというのは、一般人と違い何千年もつづく血筋だから、樹木だって千年も生きれば神木になるのだから、神とみなせる存在だと思うのは当然でしょう。そういうふうに神といえる存在だからこそ、国民は天皇を守りつづけ、尊敬しつづけてきたのであり、それが一般の人と同じだということになっては、有難味も薄くなって、天皇を中心にしてまとまってきた国民はバラバラになってしまうと思いますね」

たしかに有難味は薄れた。ではあるけれども、ワシントン・ポスト記者の指摘するように、詔書発表によって、米世論の風当たりが緩和され、天皇制論議に休止符が打たれたことはたしかである。結果として、天皇はそのままその地位にとどまることが可能になった。それゆえに、マッカーサーはこの天皇の「人間宣言」には大満足であった。

一月三日の新聞は、彼の公式のコメントを掲載する。

「天皇の新年の声明は、私の非常に欣快《きんかい》とするところである。天皇はその詔書に声明するところにより、日本国民の民主化に指導的役割を果たさんとしている。天皇は断固として今後の天皇の立場を自由主義な線に置いている。かかる天皇の行動は畢竟《ひつきよう》抗し得ない健全な理念の影響を反映せるものに外ならぬ。健全なる理念というものこそはとうてい止め得べきものではない」

少し先走るが、一月十一日、東京新聞は「天皇陛下に投書ができます」と題して、大正六年の勅令についての解説を掲載し、

「元旦に昭示せられた詔書にもあるごとく、天皇御躬《みずか》ら民主主義に率先せられ、民主主義に徹せられたのであるから、国民は過去日本の軍国主義的威圧を払拭《ふつしよく》して、食糧問題の解決に、民主主義的道義の維持に、敗戦による犠牲者すなわち生活苦のどん底にあえぐ民衆の救済に、

各自の意見を〔天皇陛下に〕開陳《かいちん》して社会国家のため、一刻も速かに新生日本建設に邁進《まいしん》しなければならない」

と勧誘している。さて、この「投書のすすめ」に調子よく乗っかって、どのくらいの人びとが直接に「天皇陛下様」と請願の投書を出したことか。明らかにはされていない……。

公職追放令の大ショック

一月四日、さらに痛撃が日本人を見舞った。旧陸軍の長老宇垣一成《うがきかずしげ》元大将（七十七歳）の日記を引く。

「一月四日。マックアーサー日本の人物凍結を指令せり。政界は大衝撃を受けて狼狽《ろうばい》の体也《ていなり》。昨秋資産の凍結によりて日本の産業経済を萎縮麻痺《いしゆくまひ》せしめ、今又人物の凍結によりて日本の政治や思想を萎靡《いび》退嬰《たいえい》せしむることになりそうである。此等《これら》其他の仕向から考察すれば、米国が衷心《ちゆうしん》より真に日本の立直しを考え呉《く》れ居ることは頗《すこぶ》る怪しい。寧《むし》ろ第二の比利賓《フイリピン》、キューバたらしめんと欲して居るものと吾人《ごじん》は考えて対策を講じて行くべきであると思惟《しい》する」

この日は「政始《まつりごとはじめ》の日」であり、宮中で儀式が行なわれる。それが終わって、病気の幣原《しではら》首相を除く閣僚たちが、控えの間で和気藹藹《あいあい》と祝い酒をくみかわしているとき、正月休みなどなく活動していたＧＨＱから、またしても衝撃的な指令が伝えられた。宇垣のいう人物凍結令すなわち公職追放令で、閣僚たちのほろ酔い機嫌はいっぺんにふっ飛んだ。翌日の新聞も「政界を粛正し、日本を戦争に駆り立てた人物を官、公職より追放すべき旨の画期的な重大指令」と大きく書きたてた(36)。

戦争中の政治責任追及についてはすでにポツダム宣言で明示されている。さらに九月の「初期対日方針」でも強調されている。もうひとついえば、アメリカの歴史において、南北戦争後に、勝った連邦政府は負けた南部政府とその地域にたいして、広範なパージを行なった事実が残されている。米国にとって、公職追放は勝者の特権であり、敗者がそれを甘受せねばならないのは、ごく自然の道理とみなされている。そこには何の疑問も不思議もないのである。敗者の日本は、そのことを歴史に学んでおかなければならなかったのである。

それゆえに、ポツダム宣言受諾とともに、指導層にあった人びとは一応は覚悟を固めていたことであろう。が、それが現実となったとき、その規模の大きさには瞠目《どうもく》せざるを得なかったのである。その狙いは、軍国主義者の追放と国家主義団体の解散、それにかつての大政翼賛議員たちの、戦後第一回総選挙出馬を阻止することにあった。人間宣言よりも、歴史・地理の教育禁止よりもショックは大きく、指導層に根こそぎにされんばかりの激震を与えた。

なにしろ該当する人があまりにも広範囲で、その範囲にふくまれる者は数万人に及ぶと予想されたのである。戦争中になんらかのポストについていた者は全員ひっかかる。それはもう日本中がひっくり返ったと形容してもいい過ぎではない。

その『回想記』によれば、「新しい日本の建設に当ってほかには見当らないような人物を、数多く政府から失うことになりかねないので、私はこの措置をとることに非常に大きい疑問を持っていた」と、マッカーサー自身は弁解する。しかし、前年の二十年暮れに、GHQの上の組織として極東委員会が設立されることに決まり、委員会に加わるソ連や豪州などが天皇の死刑を要求する可能性が俄然《がぜん》強まった。このうるさい要求をかわすためにも、「天皇の安泰と引換えに」この強引にして無謀な追放令に、マッカーサーはついにサインをしたらしい。これはかなりの信憑性《しんぴょうせい》をもって信じられている説であるという。

そうした内幕もあったようであるが、ともあれ、のちに細則によって決められた事項によって、該当する人たちをあげてみる。

A項＝戦争犯罪人。B項＝職業陸海軍軍人、職員など。C項＝極端なる国家主義者。D項＝大政翼賛会、翼賛政治会などの有力者。E項＝日本の膨張に関係した金融機関・開発機関の職員。F項＝占領地の行政長官などの官吏。

これでは政界・官界・経済界の主な人物は総退陣ということになる。天皇側近では藤田尚徳《ひさのり》侍従長が「海軍正規軍人」「海軍次官」「軍事参議官」という軍歴でずばり該当する。内務省は幹部や知事がすべて該当、過半数がいなくなる。

政党では、日本進歩党は二百七十四名中の二百六十二名の議員が、日本自由党は四十五名中の三十名が、日本協同党も二十三名中の二十一名が、それぞれ追放ということになる。日本社会党といえども十七名中の十一名が該当者と目された(37)。

さきに触れたように、十二月十八日に旧議会は解散、総選挙は法にしたがって三十日以内に施行されるから、それは一月中旬。これではその総選挙など行なうべくもないではないか。ただ混乱に混乱を重ねるばかりで、だれもが明日の日本のことなどウワの空である。まさに当時いわれた言葉であるが、「無血革命」そのままに、過去の天皇制支配層が粛清されるのである。

しかもGHQは追放の実施を日本の政府機関に委《ゆだ》ねた。結果として、だれがいけにえに供せられるのか、だれもが疑心暗鬼となる。われ先に当局への密告や中傷が開始される。面従《めんじゆう》腹背《ふくはい》とはどうやらエゴイズムと同義のようである。情けないほど多くの人びとがそれをむき出しにして、うごめき合った。

虚偽と保身と陰謀と不信にあわてふためく大人たちを眺めながら、われら中学生は大いに喝采《かつさい》していたものであったことを思いだす。

昨日まで「撃《う》ちてし已《や》まん、だ」と吼《ほ》えていた人が、今日は「民主化のためには」と馴《な》れない旗を振る。よくやるよ、と半ば呆《あき》れながらも、およそ日本人の正体はこんなもの、と半ばは諦《あきら》めてもいた。何となく各界のお偉方が、いままでの政治機構をそのままに占領政策が運ばれているのをいいことにして、戦争責任をすべて軍部に押しつけて、手前たちは安穏《あんのん》たる面《つら》をならべてきているではないか。そんな反感をそれとなく抱いてきたからである。それを許している戦後日本はやっぱり大したことないや、と敗戦四カ月余でもう諦念《ていねん》に沈んでいたときの、この鉄槌《てっつい》である。アタフタとしている大人の哀れな姿は、痛快な見せ物でしかなかった。

わが父も焼け出されるまで、東京で区会議員や町会長など小区域のボス的な仕事をやっていたから、追放にひっかかるのではないかと、ちょっとばかり心配をしたものであった。が、ご当人はいたってのんびりと構えている。新聞の予想を眺めながら、

「ホー、あの人もか。エッ、この人も……。フーム、これじゃ敗戦前の日本帝国の全否定とおんなじだなあ。お前たち中学生も、手本になるような偉い人がみんなアウトじゃ、これからだれを目標に勉強したらいいかわからなくて困ることになるなあ」

などと、炬燵《こたつ》でチビチビどぶろくを呑《の》みながらいっている。

「お父さんも名誉職をやっていたから追放になるのと違うか」

「何をぬかす。俺までが追放になったら、日本再建のために働くものがいなくなってしまうぞ」

このとき、普段は偉そうなご託宣をならべ、ときにわが頭をゴツンとやるオッカナイ親父も、何だ、大したことはないんだと心のうちでひどく軽蔑したことを覚えている。

松本「私案」の奏上

突然に吹き荒れたこのパージの嵐は、天皇にも不安を与える。その訳文を藤田侍従長から見せられた天皇は、そのあまりの厳しさに驚き、天皇自身の処遇についての真意を、マッカーサーに問い合わせてみたいといった。そして、

「ずいぶんと厳しい残酷なものだね。これを、このとおり実行したら、いままで国のために忠実に働いてきた官吏その他も、生活できなくなるのではないか。藤田に聞くが、これは私にも退位せよというナゾではないだろうか」

とも、侍従長に尋ねた。自身の身柄と天皇制の命運がGHQに握られていることを、天皇は明確に承知していたのである。

幣原内閣そのものも、六人もの追放の該当者が想定された。内相堀切善次郎、文相前田多門、農相松村謙三《まつむらけんぞう》、運輸相田中武雄《たなかたけお》、書記官長次田大三郎《つぎただいさぶろう》、そして南満州鉄道理事の経験のある国務相松本烝治《じょうじ》である。

病床にあった幣原首相は驚愕するとともに、せっかく下がりかかった熱がまた四十度近く

に戻る。それでも訪ねてきた書記官長に、翌日総辞職か、内閣改造かを決めるための、臨時閣議をひらくように命じる。さらに、パージの範囲や例外措置があるのかなどについて、吉田外相を通じてGHQに打診するように、との命を委託する元気をどうにか取り戻した。

こうした大混乱と苦境のなかにあって、自分自身が追放該当者であるにもかかわらず、意気《い》軒昂《きけんこう》としていたのは松本国務相ひとりである。彼は暮れから新年の休みを利して、鎌倉の別荘で憲法改正案の新案をまとめて脱稿する。それがなんと一月四日のその日であったのである。

もちろん、この私案は「松本四原則」を基礎にするもので、したがってきわめて保守的なものである。たとえば、明治憲法の第一条、第四条はそのまま、第三条の「神聖」は「至尊」といい換える。第十一条は陸海の二字を削って、「天皇ハ軍ヲ統帥《とうすい》ス」とし、統帥大権はそのまま残す。それでも彼なりに必要最小限の改正を心がけた自信作であったのである。

一月七日、松本は参内して、これを天皇に奏上し、改正の趣旨をくわしく説明する。徳川義寛侍従の『終戦日記』には「松本国務相　三・二五―四・三五」とある。改正各条項のうやうやしき説明が一時間余に及んだことが知れる。最後に天皇は松本に、佐々木惣一が作成した憲法改正案を、「参考文献として研究してもらいたい」と手渡したという。これが松本の回想となると、こうなるのである。

「天子様はこうおっしゃってお示しになりましたよ。『佐々木博士の案というものがあって謄写をさせたが、謄写ができたから一部あげましょう』……、『見てもすぐしまっておいたらいいでしょう』と言われて……」

松本が、佐々木案をまともに参考にする気などさらさらないことが、これではあまりに明白というものである。

＊この章の「余談」――

（34）大原康男《おおはらやすお》氏の発掘によれば、国立公文書館に保存されているこの詔書には、終戦の詔書と同様な、清書のさいに後からの書き加えがあるという。それは「朕ハ爾等国民ト共ニ在リ、常ニ利害ヲ同ジウシ休戚ヲ分カタント欲ス。朕ト爾等国民トノ間ノ紐帯ハ……」となっている箇所の、傍線の部分がまるまる飛ばされて写されている。たしかに、「爾等国民」の文句が二つすぐ傍《そば》に並んでいる。これではついうっかりということも考えられはするが、詔書という大切な文書の場合には「うっかり」ではすまないものがある。類推されることは、CIEがとにかく急がせたのではないか、年内に基本的な改革を済ませてしまおうという意図があった、ということである。つまり神道指令とこの詔書は通底している政策ではなかったのか、という疑いである。宮中側近や政府の慌てぶりはそれを窺《うかが》わせるに充分なものがある。

（35）冒頭に五箇条の御誓文を掲げることについては、昭和天皇の意味深い談話がある。昭和五十二年八月二十三日に、那須《なす》の御用邸での宮内記者会において、記者の質問に答えてこう述懐している。

「そのことについてはですね、それが実はあの時の詔勅の一番の目的なんです。神格とかそういうことは二の問題であった。／それを述べるということは、当時においては、どうしても米国その他諸外国の勢力が強いので、それに日本の国民が圧倒されるという心配が強かったから。／民主主義を採用したのは、明治天皇の思召しである。しかも神に誓われた。そうして五箇条の御誓文を発して、それがもとになって明治憲法ができたんで、民主主義というものは決して輸入のものではないということを示す必要が大いにあったと思います。（中略）幣原がこれをマッカーサー司令官に示したら、こういう立派なことをなされたのは、感心すべきものであると賞賛されて、そういうことなら全文を発表してほしいとマッカーサー司令官の強い希望があったので、全文を掲げて、国民及び外国に示すことにしたのであります」

さらに「ご自分もご希望されたのか」という質問に答えて、

「私もそれを目的として、あの宣言を考えたのです」

民主主義はすでに五箇条の御誓文や明治憲法のなかで謳《うた》われている。いまさらGHQに押しつけられなくてもよい。そう天皇は思っていたというのである。「人間宣言」などは二の問題であったとは!?

(36) 公職追放令とは、正しくは、「公務従事に適せざる者の公職よりの除去に関する覚書」という。これによれば「軍国主義的国家主義、暴力主義、秘密愛国団体の有力分子、大政翼賛会、翼賛政治会または大日本政治会の有力分子、日本膨張に関係した金融機関ならびに開発機関の役員は、一切、公職につくことが禁止される」のであった。ちなみに、一月四日の指令にもとづいて政府機関である小委員会がつくった別表をもとに、民政局(GS)の担当者とともに日米合同会議がひらかれ、まずC項(極端なる国家主義者)とD項(大政翼賛会など)の追放者が発表される。これが二月九日である。ついでA項(戦犯)、B項(職業軍人)とF項(占領地関係者)の発表が二十七日、残りのG項(軍国主義者)とE項(海外開発関係者)は三月十日に該当者がまとめられ発表された。追放の旋風はこの日まで荒れ狂ったのである。
とくに問題となったのはG項であった。これは軍国主義者のレッテルのもとに、民主日本建設にふさわしくない者の、一網打尽をねらったものである。が、ある人が追放されるべきであるか、その基準は解釈次第でどうにでもなる要素をはじめから含んでいた。A項からF項までは、たとえば藤田尚徳侍従長が海軍大将であったことに議論の余地のないように、ごく自動的に行なわれた。ところがG項は、はたしてある人が追放に該当するか、その人の経歴を審査する人びとに絶大な権力を授けることになった。結果として自己の政敵を除去するためにこの権力がひそかに行使されたりして、大騒動を生んだのである。新選挙法にもとづく総選挙の目処《めど》がこれでは立つべくもなく、疑心暗鬼、闇夜に手探りの状態で混乱はいつまでもおさまらなかった。

ＧＨＱが昭和二十二年九月に発表した「占領二カ年報告」に、追放に関して総括されている。

「公職追放は、二十年十月にまず教育と警察の部門で開始され、二十一年一月四日の指令にもとづいて、最初の一カ年には千六十七名がその処分をうけた。二十二年一月四日、この追放の範囲を拡大した結果、その年の七月十五日までに千六百八十一名が追放となった。なお、はじめの追放令によって、職業軍人、憲兵、諜報《ちようほう》部員などの追放は、十八万三千名にのぼった」

(37) 主たる追放者の名前をあげておこう。日本進歩党では、町田忠治総裁をはじめ、前《まえ》田《だ》米蔵《よねぞう》、大麻唯男《おおあさただお》、松村謙三、島田《しまだ》俊雄《としお》、鶴見《つるみ》祐輔《ゆうすけ》など。日本自由党は安藤正純《あんどうまさずみ》、松《まっ》野《の》鶴平《つるへい》、牧野良三《まきのりょうぞう》ら。さらに五月になって鳩山一郎、三木武吉《みきぶきち》、河野《こうの》一郎《いちろう》の面々。日本社会党からは河上丈太郎《かわかみじょうたろう》、松本治《まつもとじ》一郎《いちろう》、杉山元治《すぎやまもとじ》郎《ろう》、阪本勝《さかもとまさる》たち。

十四　昭和二十一年一月(2)　「浮浪児とパンパン」の章

散りゆくものは道義なりけり

敗戦二年目が明けて、新聞記事に見る一月上・中旬の出来事を列記する。

五日、昭和二十一年度の一般会計は歳入百三十三億円、歳出百二十八億円（朝日）。

九日、贋造《がんぞう》紙幣乱れ飛ぶ（毎日）。強盗一夜十一件、中野《なかの》、高円寺《こうえんじ》に恐怖ひろがる（朝日）。

十日、戦争熱を駆り立てた出版界に粛清令（朝日）。

十一日、酒もねらう集団強盗、中野界隈《かいわい》を襲う、被害一夜十一万円（朝日）。

十二日、失業実数は五百万か（朝日）。

十三日、高級煙草《たばこ》ピース お目見得（十本入り七円）、ひとり一箱に限る（各紙）。六大都市の特定販売店で売出し一時間前より行列、一時間で六百五十個売り尽くす（日経）。

十八日、「自分は正統の皇位継承者たる南朝の子孫なり」と熊沢寛道《くまざわひろみち》がマッカーサーに陳情（米紙スターズ・アンド・ストライプス）。明日から値上げ、一級酒一升十七円（旧十五円）、二級酒九円五十銭（八円）、ビール二円四十銭（二円）へ（朝日）。

十九日、NHKラジオの「のど自慢素人音楽会」はじまる（各紙）。「リンゴの唄」が断然リード、ほかに最初のころはブルース調がわずかに歌われたとか。

こうした混沌《こんとん》たるこのころの世相を歌った戦後百人一首の傑作がある。矢野目源一《やのめげんいち》氏が作ったパロディと記憶するが、一首一首に当時の悲惨が偲《しの》ばれる。

・蚤《のみ》しらみうつりにけりないたずらに十円出して長湯せし間に
・忍ぶれど色に出にけりわが暮し銭が無いかと人の問うまで
・配給よ絶えなば絶えねいつもいつもスケトウ鱈《だら》に弱りもぞする
・買出しのいくのの道の遠ければまだ粥《かゆ》も見ずうちの膳立《ぜんだて》
・嘆きつつ電気来ぬ夜のあくる間はいかに久しきものとかは知る
・わが家は八人家族三畳によく寝られると人はいうなり

当時わたくしも負けずに「朝食ったままの空腹忍ぶれどあまりてなどか飯の恋しき」と、ものしてみたものであったが……。こうしてひもじさばかりの先に立つ歌ばかり、相聞歌《そうもんか》や挽歌《ばんか》はなし、の感があるが、いまはむしろつぎの歌がいちばんわが胸を衝《つ》く。

・敗戦の嵐のあとの花ならで散りゆくものは道義なりけり

矢野目氏が歌うように、ほんとうに戦後日本の道義は地に墜《お》ちていた。新聞を見れば一目《いちもく》瞭然《りようぜん》である。追放令の嵐の吹きまくるなか、指導的立場にあった日本人同士のやっていることとは、足の引っ張りあいであり、自己正当化のための人身攻撃といえるものばかりである。新聞には毎日のように、糾弾そして自己弁護の投書が掲載される。それはもう浅ましい論戦といっていい。かつての同志も友人もない。いや、長年よく知るゆえにいっそう酷薄にして苛《か》烈《れつ》な糾弾という形をとって、個人攻撃の弾丸をぶち込むのである。

高見順は日記で大いに嘆いている。

「『摘発者』はそうして、有能な文化的働き手を片端から撲殺して、日本を植民地と化そうというのか、――心ある者は、そう、顰蹙《ひんしゆく》している。〔……〕／同じ摘発するのなら、奸悪《かんあく》な日本主義的軍国主義的『文化人』（文化人というようなものではないが）を摘発すればいいのに、かつての『同志』、身近かな文化人——これからの同志たるべき有能な人々を摘発するのはどういうことか。『敵』を摘発せず、『味方』を摘発するのは、どういうのか」

戦後とは、日本人の美質良質なものをすべて喪失した時代であり、混乱に混乱の果てに、野卑と軽佻浮薄《けいちょうふはく》が横行し、新しい暴力が大鉈《おおなた》を振るい出したとき、と規定してもいいのかもしれない。

「生きていくのが犯罪であった」

何ともすさまじい世の中で、そうした時代相を書こうとすれば、当時中学生のわたくしには、忘れられないいつらい存在がある。同年齢かそれ以下の、戦災で両親を失ったための不幸な浮浪児たち。「特ダネ雑誌」に「浮浪児の手記」という読み物が載ったのを記憶している。発行は二十二年であるが、このころの彼らの生態が物語られていることに間違いはない。ひとつの記録として書くが、彼らは日常こんな隠語を使っていたらしい。ノガミ（上野）、モグラミチ（地下道）、スズメ（強盗、強姦《ごうかん》）、タイイン（出獄）……。

「『お前、何をしているんだ』と阿兄《あにい》が聞きますので、『モクヒロイ（吸殻拾い）さ、毎日五十円くらいになるぜ』と言うと、『馬鹿野郎、ヌレコミ（雨降り）にはバイショウ（商売）にならねえじゃねえか。降っても照っても一コ（百円）になるバイがあるんだ。俺についてきな……』と言われて一寸《ちよつと》恐かったのですが……」

まさに「生きていくのが犯罪であった」時代を、浮浪児は必死に生き抜いていたのである。いまその事実を思うと粛然となる。

浮浪児についで、戦後を語るとき、筆がパンパンへと移っていくのは自然というものであろうか。ただし、いまなお鮮明な記憶にあるのは、二十二年四月二十二日の夜の有楽町駅ガード下のことで、この物語の範囲外の話になる。しかし、パンパンについてふれようとすれば、やっぱり外すことはできない。とにかく、あの放送は強烈すぎるものであった。

「そりゃ、パンパンは悪いわ。だけど身寄りもなく職もない私たちは、どうして生きていけばいいの。好きでこんな商売している人なんて、一体何人いると思うの。苦労してカタギになっても、世間の人は、あいつはパンパンだったってうしろ指をさすじゃないの。私は、今だってここの娘を何人もカタギにして、何人も何人も世間へ送り出してやったわよ。それがみんな、いじめられ、追い立てられて、またこのガード下に戻ってくるじゃないの。世間なんて、いい加減、私たちを馬鹿にしきってるのよ」

時折、ガードを渡る電車の轟音《ごうおん》がおおいかぶさり、それに負けまいと叫ぶラク町お時《とき》さんの声である。二十年十一月末からはじまったＮＨＫ「街頭録音」の、それは何回目のときであったか。[38]藤倉修一《ふじくらしゅういち》アナウンサーの質問に、お時さんは臆《おく》せず、冷静ゆえに悲痛に聞こえる口調で、マイクに社会への抗議を精いっぱいにぶつけていた。ときにお時さんは二十二歳であったという。

元凶は公娼廃止指令？

パンパンの出現は、一月十五日、東京都長官藤沼庄平《ふじぬましょうへい》の〝公娼《こうしょう》廃止指令〟に発しているように考えられてならない。指令はきわめて厳格なものであった。ただひきつづき職業を継続するものは接待婦の名称で貸席料、下宿代、設備費を業者に支払えばよい、ということになっていた。が、こんな痛烈な時代にそんな余裕のある娼婦のいるはずはない。

それにしても、なぜ突然にこんなときにこの指令が出たのか。間違いなくGHQの困惑が裏にあったと思われる。

このころの諸都市にある遊郭や花街は、もっぱら米兵が出入りして営業が成り立っていた。高見順日記にも山田風太郎日記にも、その他にもそれらしいことがちょくちょく記録されている。

「上大岡で降り田圃《たんぼ》の中の花街をのぞく。〔……〕花月と云う家。米兵が玄関で二人待っている。上ってビールをのむ。（日本人は立入り許さぬ）。襖《ふすま》一重向うに米兵二人おり、やがてパーマネントにスフの和服で真っ白に塗ったのが入る。言葉は通ぜぬが結構意思は通じるらしい様子である。もとは十円持ってくると飲んで泊まれたのが、ショートタイムで七十円と云うきめだそうである」(高見順、二十年十月七日)

「船橋へんの遊廓、今や日本人など相手にしないそうで、近隣の若い男は悲鳴をあげているそうである。向うの方が気前がよくて、煙草やチョコレートをくれて、あっさりしているからだそうである」(山田風太郎、同十二月一日)

このころ東京にいた都立七中のクラスメイトは、向島の三業地や娼婦の町〝鳩の町〟はオフ・リミットで、日本人は入れなかったと証言している。

この種の家の女が米兵専門となるのは、高見順の書くように、支払いがあまりに高額になったからであろう。ちなみにアメリカ兵の給料(月額)は、二等兵—七五ドル(千百二十五円)、一等兵—八〇ドル(千二百円)、伍長《ごちょう》—九〇ドル(千三百五十円)、軍曹—一〇〇ドル(千五百円)、曹長—一六五ドル(二千四百七十五円)であった。さらに海外にある場合は基本給の二〇パーセントが加算されるそうな。日本人には手も出ない「ショート七十円」も、彼らにあってはそれほど頭の痛い出費ではなかったのかもしれない(39)。

しかし、こうした日本人総排除《オフ・リミット》の蜜月《みつげつ》も、性病の蔓延《まんえん》でたちまちに崩れ去っていく。米軍当局はこの由々しい事態に頭をかかえる。占領をガッチリ固めるはずの精鋭が、思いもかけない方面から撃破されていることになるではないか。これが都長官の厳格な指令へと繋《つな》がっていったのではないか。さらにそれは全国的公娼制度の廃止についての、一月二十一日のGHQの覚書となり、二十四日には指令として日本政府に手渡される。

村岡花子《むらおかはなこ》が「世界の一等国を誇っていた日本が、この屈辱にみちた制度を公認していたのに、敗戦国日本がこれを否定するとは、皮肉なものです」と語ったというが、まさに皮肉そのものであり、結果として、業者への支払いなど不可能な貧しい娼婦たちは追い出され、夜の闇のなかへ出ていくことになった。

街にはこのころからGI専用の「パンパン」と呼ばれる夜の女がふえてゆく。同時に、生きるに生きられないシロウトの娘もそれに加わっていく[40]。

米兵も「メチル」には降参

ついでというか、忘れないうちに、山岡明氏発掘の徳川夢《む》聲《せい》のエッセイ「メチル談義」によりながら、メチルの猛威についても書いておきたい。

ふつうのエチルアルコールにたいして、ガソリン、アセトン、ホルマリンを混入した危険な酒を、ひっくるめてメチルと呼んだ。戦前から若干は出回って飲んべえにはその危険性についての知識はあったというが、とにかくこれを多量に飲むと間違いなく天国行きになる。少量でも失明したりする。そこから「命散る」、あるいは「眼散る」と通称されていたそうな。または一命を落とすことから「バクダン」ともよばれた。

それが敗戦後の酒類の欠乏にともない左党を絶望的にし、こうなれば止むを得んと、隠退蔵物資として軍や軍需工場に秘匿《ひとく》されていたものが、放出物資のひとつとして多量に闇市に出回ったのである。しかもこのメチルの猛攻撃に、金回りのいいアメリカ兵がもろに曝《さら》された。字義どおり金が仇《かたき》とは、皮肉といえばこれ以上の皮肉はない。それは前年の二十年の秋ごろから、ということになろうか。その犠牲者が出はじめたことが日本の新聞によってすでに知ることができる。

十月十一日、「米兵暫《しばら》く酒とお別れ」と大見出しで、警視庁管下のビアホール、食堂、慰安所などに米兵の立入禁止の命令がＧＨＱから出たことが大きく報じられている。米兵に突然の失明者が出たゆえという。さらに十六日、メチル製ウイスキーによる死亡者が十三名に達し、失明者はその数知れず、と米軍発表を新聞は載せている。

ついにマッカーサー元帥も報告を受けて、この伏兵の攻撃に悲鳴をあげたらしい。翌十七日に強硬手段に出る。

「米憲兵及び日本側警察は東京、横浜の街頭で闇売りされている酒類の没収を命じた。理由は悪性酒のため米陸海軍将兵間に数名の死者及び重態者を出した為である」

しかし、攻撃は収まらない。十一月四日の新聞に、米国第八軍渉外局の発表が出た。

「十月一日以降、死者すでに二十名、重症十一名」

年を越して二十一年になっても猛威を振るう。「メチル禍いよいよ拡大！」とか、「所持するだけで三年の体刑！」とかの大見出しが、新聞紙面に躍っている。徳川夢聲が特筆大書している。

「吾々《われわれ》が一口に『メチル』といって片づける液体が、実に千差万別、複雑怪奇を極めているんだから、到底、水を混ぜて見るぐらいの、原始的戦術では駄目である。そんなことでは、竹槍《たけやり》で戦車に向う如《ごと》しだ」

やや危ない記憶であるが、水を混ぜると、有害のメチルアルコールは濁り、無害のエチルアルコールは濁らないという見分け方が、巷間《こうかん》に流布していたように思う。

さて、酒といえば目のないわが父である。酒が手に入ると、さっそくわたくしに「いまから訓練しておくといい」とか何とか厳《おごそ》かにいって、少量を飲ませてくれる。何事もないと判明すると、グビグビやりだした。

「酒で命を落とす奴は落ちゆくばかりで、決して浮かばれることはないんだ」

と胴間声《どうまごえ》を張り上げながら。


「あに乙女心のみならんや」

とにかく昭和二十一年の年初は殺伐とし、ある意味では酷薄な日々がつづいた。そしてまわりには理解不可能な大人たちがいっぱいいる。昨日まで天皇帰一の国家主義のラッパ手が、今日は天皇を彼と呼んで、まるで占領軍兵士になったかのように、太鼓を叩いて民主化と自由の有難さを説教するのである。そして昨日までは追放を恐れて小羊のように従順、卑屈であった人が、今日は占領軍ににじり寄り権力を笠《かさ》に残酷に人を貶《おとし》める。権力に限りなく近づくと人は何と残虐になるものか。そんな例を嫌というほど見せつける。

日本共産党の指導者野坂参弎《のさかさんぞう》（のち、読みやすいように参三と表記）が、朝鮮からの引揚げ船黄金丸で中国の延安《えんあん》から帰国してきたことを、新聞各紙が大きく伝えたのは一月十三日である。その夜の午後十時過ぎ、鞄《かばん》とこうもり傘一本をもって、野坂は東京駅に到着する。車中で、野坂は「人民から愛される共産党でなくてはならない」と発言するなどしてその人気は急上昇、駅には千人を超える歓迎陣がつめかけた。そしてその夜の代々木の日本共産党本部付近は内外の新聞社、通信社、映画会社の自動車やジープで溢《あふ》れんばかり。

実はその夜、幣原《しではら》内閣の新閣僚の就任式が行なわれていたのである。閣僚から多くの追放者を出したため、総辞職が当然と追い込まれながらも、すったもんだの大議論の果てに、病床の幣原首相は内閣改造によって危機を切り抜け、ひきつづき政権を担うことを決意する。国務大臣小林一三《いちぞう》の十一日の日記にこんなふうに書かれている。

「……一時間あまりの松村君〔農相松村謙三〕の熱意に動かされたと見えて、両君〔次田《つぎた》書記官長と農相〕が帰っての報告は、『それ程諸君が政局の前途を憂慮する余り改造を希望するならば、決心を翻して総辞職を思止り改造することにしよう。その代り、退職せざるべからざる責任者およびその後任等〔首相に〕一任され度《た》きこと、またこの場合自分は辞職したいなぞと勝手な希望は申出ざるべきこと』等の注意があった次第を、両君から報告があり、……」

病床の首相は、このさいは総辞職という形で、GHQの理不尽で一方的な〝追放政策〟に抵抗しようと強く決心していた。それを翻意してどんなにか悲壮な決意で、内閣をつづけることにしたかがわかる。その再スタートの夜なのである。

が、何としたことか、首相官邸よりも、代々木界隈に参集する新聞記者のほうがはるかに多かったとは。「日本の政治の胎動は永田町から代々木に移った観があった」と新聞は報じたが、あながち誇張ではなかったのである。

「シデハラ内閣、改造に決す。いやな爺だ。ああ蒼然《そうぜん》とした禿頭《はげあたま》からは後光もささない。何でまあ未練がましくもしぶとく居すわるのだろうか」

中井英夫の十二日の日記である。恐らく庶民感情はこんなものであったであろう。新内閣に期待をかけるものは、だれもいなかった。

そして十五日の朝日新聞の「青鉛筆」欄――。

「アメリカ兵とお手々をつないで歩く少女を〝道義の頽廃《たいはい》〟などと嘆く男もあるが必ずしも当らず、野坂氏の帰った共産党本部の前には洋装、和装の美しい娘さん達が、楽屋入りのターキー〔水の江《みずのえ》滝子《たきこ》〕を垣間見るように見物に来ている。／〔……〕／神風号が欧州から帰れば一にも二にも飯沼、土俵で連勝すればなんでもかんでも双葉山、アメリカ軍が堂々進駐すればその進駐兵、そして野坂参三が日本の注目を浴びて帰国すれば忽《たちま》ち野坂ファンになるというところが、移り気な乙女気質？　ともいうべきか」

わが父がこれを読んで「あに乙女心のみならんや」といい、「巷《ちまた》に民主主義を説く人は多いが、さてご本人の信条は如何《いかん》、人間観は如何、世界観たるや如何となると、さっぱり摑《つか》みどころがないものばっかり。右へ左へ流行に流されとるのは日本のお偉方よ。お前は将来ゆめかかる奴になるなかれ。こうなると、大丈夫と思っておったが、国体護持も空念仏になるのと違うか」

と外の猛吹雪のヒューヒューという音に耳を澄ましながら、例によって炬燵《こたつ》に丸くなってどぶろくをちびりちびり、ひどくボヤいていたのを覚えている。

滔々たる「革命」的な流れ

突然のＧＨＱ指令やら、それが選挙のためとわかってはいるが野坂の「愛される共産党」論やら、熊沢天皇の出現やらで、わが父の憂慮なんか問題にならないほどに、どんどん国体護持は無力化されていっている。そのことに、強烈な反発を覚えているのは松本国務相である。

それ以前、新年早々から、松本は顧問ぬきで、宮沢俊義（東大教授）、入江俊郎（法制局次長）、佐藤達夫（法制局第一部長）、それに補助員三人の調査会をつづけて開いている。パージによって自身は退陣を覚悟せざるを得ないだけに、年明けとともに猛烈に急ぎだしていたのである。案件は年末に宮沢によって作成された甲案（大幅改正）と乙案（小改正）の逐条審議である。第八回が四日、第九回は五日、そして第十回が九日と連続である。この第十回のときに、松本は参内して「すでに天皇に報告ずみ」を伝えた上で、四日に完成の「私案」を委員会に提示する。さらにこの日の記者会見で松本は、憲法改正の私案を作ったことを明らかにして、

「改正の方針は民主主義的な線に沿い、天皇が統治権を総攬《そうらん》せられるという大原則には、何ら変更はない」

と言明する。噂《うわさ》にのぼっている内閣総辞職という事態になろうとも、その方針は貫こうと

松本は意欲満々たるところを見せる。まさか総選挙で共産勢力が圧勝するとは思えぬが、とにかく手遅れにならないうちに、憲法だけは安心のできる形で改正し、国体の護持を確実にしておかなくてはならない。松本はその使命感に燃えだした。十二日には第十一回、十六日に第十二回と、甲案、乙案そして松本私案の検討がすすめられる。

この第十二回のとき、内閣改造などの新情勢に直面したいま、政府として、憲法改正についての具体的な方針と、同時に今後のスケジュールを国民に知らせるべきである、という意見が入江委員から提議される。松本は得たりや応と答える。

「そのことはまさに私が最近大いに考えていたところである」

議会は解散したものの、青天の霹靂《へきれき》というべきパージ指令のために、法令の定めている一カ月後の総選挙も、ＧＨＱからのストップがかけられている。このため一月下旬予定の総選挙は四月ごろと見こまれている。とすれば、憲法改正を審議する臨時議会の開催は八、九月ごろになってしまう、として、

「それではあまりに遅すぎる。急がねばならぬ。その上に、私のもっとも恐れるのは、最近における様に天皇制の議論が激しくなってくると、付和雷同的な日本人のことであるから、たとえ現在ではなお天皇制廃止論などは全国民中真に九牛の一毛に過ぎぬと思うけれども、これから半年以上も今の様な新聞の論調がつづくと、やはり国民の思想にははなはだ面白から

ぬ影響を与えると思う。したがって、そうならないうちに、憲法を改正して天皇制に対する論議に一応の終結を与えたいのである」

と、松本はその心情を訴える。

これに補助員である嘱託の古井喜実《よしみ》（元内務次官）が、ややいい渋るような口調で疑義を述べる。

「しかし、憲法改正は日本の究極の政治形態、すなわち天皇制の問題であり、それを国民の自由な意思によって決定すべきであります。できるだけ民意を代表する議会で行なわれねばならないと思います。それには、中間内閣である幣原内閣でことをはこぶよりも、総選挙後の多数党内閣の仕事とするほうが、適当ではないでしょうか」

松本は「ごもっともである」と一応はうべなったが、

「すでに申しあげたように、客観情勢は、とても八月、九月までの遷延《せんえん》を許さない急迫したものにあると思うのです」

と、すぐに重々しい声音でいった。

世の風潮は思いがけない方向へ流れ出したの観測が、明治生まれの人びとには強く感じられだしていたようである。松本はようやくあわてだした。民心は「付和雷同的な」、とは思ってみるが、戦犯逮捕といいパージといい、「共産党万歳」の声といい、熊沢天皇人気といい、あきらかに「革命」的な流れが滔々《とうとう》として世情を洗い出している。もう国体護持という言葉は消しとんでいた。松本は憂いを深くするばかりである。

「皇国は将《まさ》に危機に瀕す。これを救い得るの確算は今はないといわねばならぬ。咄《とつ》！　救い得ずとも吾々はこれを救わざるべからず！　それには妙案奇策はない。ただ挙国一致して是非とも救わねばならぬ気分になりて、各人は正しい強い明るい気持で智慧《ちえ》を絞り汗を絞り頑張り通すの心構身構で邁進《まいしん》することにある！」

旧陸軍の長老宇垣一成《かずしげ》も一月二十日の日記にこう記して、日本の前途を憂慮するのである。

＊この章の「余談」——

（38）「街頭録音」は昭和二十年十一月の末にはじまった、と藤倉アナウンサーは記憶している。といっても、いまのようにだれもがマイクに慣れている時代ではない。一癖ありそうな人を物色して録音自動車まで来てもらい、とにかく質問してみて意見を聞く、といった単純なものであったのである。その第一回のとき、先輩の坂口アナウンサーが銀座通りに出て、「あなたは今度の戦争をどう思いますか」と尋ねたら、「主任さんに聞いてから返事します」といわれ目を白黒したという。当時の日本人は自己の意見がなかった、というよりも自己表現がまったくできなかったといったほうがいい。

藤倉氏はその日は日比谷公園の前で子どもをつかまえて、「チョコレートは好きかい？」と尋ねたところ、「チョコレートってナアーニ？」と逆襲を食らってひどく面食らったらしい。ギブ・ミー・チョコレートは浮浪児たちだけが使う言葉であったとは思えないのであるが、とにかく一般の生活の貧しかったことを証明するようである。

「このときを第一回として、その後二週間に一回の割りで街頭の各処に進出、巷の声を集めて来て放送したが、どうも期待ほどの効果は上がらなかった。というのは、話の内容にこだわり過ぎて話し手を厳選したために、みんな中途半端な講演形になってしまって、雑踏する街頭で放送しているという気分が全然出なかった」

と、藤倉氏は回想する。ラジオを聞いているわれわれにはかなり画期的な、民主主義的な、人気のある番組にも思えたものであったが。

(39) もちろん、当時すでにして為替レートができていたわけではない。けれども、いわゆるPX（占領軍向けのスーベニル屋）などでは、ほぼ一ドル＝十五円で円に換算されていたという。それでここには七五ドル（千百二十五円）などと書いたが、あくまで暫定的な交換レートによることを断っておきたい。円とドルの為替《かわせ》レートが公式に決定されたのは、昭和二十四（一九四九）年四月のこと、一ドル＝三百六十円である。

ということは、円の価値が四年で二十四分の一にもなっている。もって戦後日本のインフレのすさまじさがしれようか。

(40)　当時、新潟県にあっては、パンパンのことをほとんど知るところはなかった。その後に東京に戻ってきて、実際にその存在を確認し、また小説などで知ることが多かった。田村泰次郎《たむらたいじろう》『肉体の門』にも瞠目《どうもく》したが、いま思うと藤原審爾《ふじわらしんじ》の基地ものの小説でひどく衝撃をうけたように思う。昭和三十一年ごろに書かれた『酔いどれと娼婦』という作品がいまも忘れがたい。登場する気のいいパンパン嬢がGIに強要されやっている性行為には、読むのも忍び難く、中途で止めた覚えがある。純情であったとわれながら恐縮するが、GIは横柄に「お前らジャップどもにはもっとも相応《ふさわ》しいテクニックなんだ」と、女に迫るのである。屈辱に堪えながらも「アメリカじゃ、奥さんにもこんなことをさせるの」と女が尋ねると、GIはケタケタ笑いながらいう。「させるもんか。お前らジャップの女だからやらせるのだ」と答える。一物が汚れるゆえ普通の性交じゃなくて、ジャップの女ごときには口淫《こういん》が相応しい、と米兵たちが考えていたことがリアルに描かれていた。敗戦日本は日本女性を〝性の奴隷〟として人身《ひとみ》御供《ごくう》のごとくに勝者に差し出した。戦争をしでかした日本の男子は、その責任も放棄して、だらしなく降参し、大和撫子《なでしこ》の貞操を護《まも》ることもできなかったとは慙愧《ざんき》に堪えないと、高校生になったころに痛感したことであった。

余談のまた余談となるが、山岡明氏の本に引用されている「人間探究」第二七号の「東京街娼《がいしょう》分布図」によると、戦後の東京の、いわゆるパンパンの発祥は有楽町といっていいらしい。それは銀座四丁目の地下鉄構内から、であるという。

「終戦間もなく、この構内売り場口、また入口に、モンペ姿に下駄《げた》穿《ば》きという格好《かっこう》で、はじめ二、三人の女が、ここを根城にタバコの闇売りをしていたが、場所柄とて売上げがいいので、他の女が目をつけるようになり、いつの間にか二、三十人の女が集まってきた。ところが、これら闇タバコ売りの二、三が、いつの間にか、通行の外人、日本人に売春するようになり、果ては、その風が全部の女に蔓延《まんえん》してしまった。そして、ついには収入の多い売春が本業となってしまったのである。やがて、地下鉄がオフ・リミッツとなり、商売ができなくなると、彼女たちは相率いて、有楽町ガード下へ移動し、ここにラク町パンパンの創生となったわけだ」

もっとも一説には、地下鉄銀座駅構内にそれを職業とする女を見かけるようになったのは、そんな戦後の話ではなくて、戦争中の、相つぐ爆撃で東京が瓦礫《がれき》の街になったころからだ、ともいわれているそうな。戦時下の、目を血走らせてうるさい人びとの監視をかいくぐって、「まさか街娼がウロウロするなんて」という気もするが、いずれにしても、いちばん古くから走っていた地下鉄銀座線に発することは間違いはなさそうである。

十五　昭和二十一年一月（3）「戦争放棄」の章

二年つづきの大雪

このころ山形県上山《かみのやま》に疎開していた歌人斎藤茂吉の一月の日記に、昭和二十一年の豪雪に米進駐軍が出動した様が描かれている。

八日「米進駐軍ガ雪道ノ雪片付作業、午後八時カラ」

九日「午前中、昨夜ノ米軍ノ戦車デ雪ヲ掃イタノヲ見物ニ行キ、明治水ノ処、道路開通ノ石碑ヲ見テ帰ツテ来タ」

まったくの話、前年の超豪雪につづいて、天は、飢餓や失業や犯罪などでヘナヘナになっている敗戦国民に、さらなる試練をあたえるかのごとくに、この年も北国の野や山は丈余《じょうよ》の雪に埋まった。雪は毎日毎日、しんしんしんしんしんしん、と降った。中学校は一月十一日に授業開始となったが、御真影《ごしんえい》と教育勅語を奉置してある奉安殿《ほうあんでん》は、例年ならきちんとつけられる道もないままに、雪のなかに埋まってわずかに屋根の先端を見せるだけになっていた。

このころの満員の列車についても書いておきたい。山田風太郎の日記にもある。

「デッキの扉も窓の扉も閉じてあるのだが、何しろ三枚に一枚の割合でガラスが破れて布張りとなり、その布も切れてハタハタと風に鳴っている有様だから、その窓から入って来る手合いにはかなわないのである。仰山に騒ぎながら乗りこんで来たこの少年の群は座席は超満員で、通路も人間と荷物に充満していることを見るや、座席の背板の上に立って網棚の荷を積み上げて片寄せ、隙をつくってその上に腰かけたり、寝転がったりした」（一月十日）

わが通学列車（長岡↕信越線来迎寺《らいこうじ》）はもちろん、どの列車も椅子は三人掛け、窓ガラスはほとんど破れてなく、窓からはどんどん乗客が飛び込んでくる。石炭不足で十二月十五日いらい、列車のダイヤは半減となっているから、何時間も遅れてやっとやってくる列車は超満員で、窓から上半身だけ入って、尻と足とを窓外に出したまま長岡まで運ばれたりした。

C57の機関車《おかま》の突っさきに乗ったこともある。いわゆる貴婦人の鼻にぶら下がったようなもので、乗るほうも死にもの狂い、乗せるほうはもっと必死であったろうと、国鉄さんには感謝している。

東京をはじめとする都市の交通機関も無茶苦茶であったことが、高見順日記などから想像できる。

「十一時二十分の電車に乗ろうとしたが、満員で乗れなかった。五十分のも満員だったが、無理矢理乗り込んだ。進駐軍専用の車輛が三台ついているが、これはガラガラに空いている。そうして日本人用のは殺人的な混み方である。／帰還兵が乗っていて、『東京はひどく焼けたそうですね。新橋から靖国神社の鳥居が見えるというんだけど、ほんとうですか』と乗客に聞いている。『さあー』と乗客は首を傾げていた」（一月十一日）

そぞろ戦敗国民の悲哀が滲《にじ》み出てくる。

この年の歌会始の御題は、二年つづけての大雪に因《ちな》んだかのように「松上雪」である。そして一月二十二日がその歌会始の日。全国から詠進歌は一万四千余首に及んだという。さすがに日本人は敗戦の悲惨にもめげずに、麗《うるわ》しき伝統の、敷島《しきしま》の道を忘れなかったのである。

天皇の御歌は秀れた一首である。

ふりつもるみ雪にたへていろかへぬ
　松そをゝしき人もかくあれ

重い雪にじっと堪えている老松に倣《なら》え、と命令形で結ばれているのは、自分にいい聞かせているのであろう。その決意の表明でもある。天皇のこの年の歌はこれ一首のみ、と思うと、この一首にこめられている想いの深重《しんちょう》さのなみなみでないことが知れる。

松本国務相が天皇の御歌をどんな感慨をもって読んだものか、それは詳《つまび》らかではない。が、そこに詠まれている「雄々しくあれ」を彼は最初から地でいっている。いまや、憲法改正案の完成を前にして、ますますその決意を強めているのである。「憲法改正はあくまで自主的に、自発的にやらねばなりません」と常々主張している彼と、松本委員会は、三カ月に及ばんとしているこの間、国民にはいっさいその経過を知らせず、秘密主義を貫いた。いや、GHQにたいしても一度たりとも接触していない。小委員会の議事録を一ページたりとも提出せず、完全に無視しつづけていたのである。その態度はすこぶる壮にして、雄々しいの一語につきる。

そして歌会始のあった翌日、二十三日にGHQ法務局は「極東国際軍事法廷」条例を公布した。それはドイツの「ニュールンベルク軍事法廷」開廷のほぼ二カ月後に当たる。条例には「(ロ)通例の戦争犯罪」に加え、ニュールンベルク法廷同様に、これまでの法概念にない「(イ)平和に対する罪」「(ハ)人道に対する罪」が謳《うた》われている。戦争を起こしたのがかりに罪になるとしても、国家の責任である。それを個人の責任として処罰するのは、これまでの国際法では考えられぬ。条例はその上に理不尽にも、直接に戦いを起こしたものにとどまらず、それに至る計画に参画したもの、「共同謀議者」も犯罪者だと規定する。これでは膨大な関係者が罪を問われなければならなくなるのではないか。

となれば、天皇の身がいちばん危惧《きぐ》されることになる。

何度も書くようであるけれども、天皇と天皇制にたいする不安が強まれば強まるほど、明治憲法の部分改正による新憲法の、一日も早い完成によってその安泰を確実なものにせねばならない。その緊要性を松本は強く意識し、自分なりのスケジュールを思い描くのである。すなわち、第十五回調査会開催を二十六日とし、ここで改正要綱案を一応まとめあげ、調査会はこれで終了する。そして二月初めに、顧問を交えての総会を開く。GHQ提出の要綱案をこの日に正式決定し、松本委員会の全作業は目出度《めでた》く完了とすることにしようと。(41)

GHQ側の思惑と事情

こうした松本委員会の発足いらいのスローな進行と、会議の保守的な傾向について、GHQがまったく存じなかったはずはない。ところが、日本人をこのさい徹底的に民主化政策で洗い清めてやろう、と志している「改革者」の充満しているGHQは、熱い視線を送るだけで、余計な介入をいっさいしてこないのである。これは奇妙なことであった。

とくにホイットニー准将《じゅんしょう》を中心とする民政局（GS）は、新しい民主日本建設のための設計図の作成に、昼夜兼行で全精力を注ぎこんでいる。それなのに彼らは一言も口を挟もうとはしなかった。ましてや憲法を自分たちの手で作ってやろうなどという強烈な意図は毫《ごう》も抱いていなかった。理由のひとつに、少し前の一月十一日に、ワシントンの統合参謀本部からの「指令」があったことがあげられる。国務・陸軍・海軍の三省調整委員会が決定したもので、「日本の統治体制の改革」という、対日本戦後計画を集大成した228指令とよぶ文書である。すなわち、対日本戦後計画を集大成したもので、ワシントンが戦争中からこの文書作成のために、議論に議論を重ね、修正に修正を重ねた上で、やっとまとめ上げたのである。当然のことに、憲法をどう改革するかが書かれている。そこには天皇権限の縮小、統帥《とうすい》権独立の廃止、国務大臣の文民制、議院内閣制、議会の予算統制権、地方自治の強化、基本的人権の拡大などが列挙されている。

しかしワシントンは、あくまで憲法改正は日本政府のイニシアティブにおいてなされるべきであり、連合国側のなすべきことは、日本が提示してくるであろう改正案が、ポツダム宣言を十分に実現したものかどうかを、厳しく審査することにあると考えている。それに固執していた。そして228指令文書はこう結論する。

「最高司令官が、さきに列挙した諸改革の実施を日本政府に命令するのは、最後の手段としての場合に限られなければならない。というのは、諸改革が連合国によって強要されたものであることを日本国民が知れば、日本国民が将来ともそれらを受け容れ、支持する可能性は著しく薄れるであろうからである」

ワシントンは、憲法改正が日本側の発意の体裁をとることを、強く望んだのである。いい換えれば、できるかぎりGHQの押しつけにならないようにと、念を押してきた。やむなく「改革者」たちは従うことと決め、沈黙を守ったのである。

松本委員会がやがて受け入れられない改正案をもち出してくるであろう予想はつくし、結局はGHQが大幅に介入せねばならないであろうこともわかってはいるが、そのときが来るまで沈黙を守っている、ということであったのであろう。

ほかにも追放令にともなう日本側からの、つぎつぎに提出されてくる陳情やら哀願やら問い合わせにも、また面《おもて》をおかした抗議やらにも、いちいち応接しなければならない。事務的な繁忙《はんぼう》の処理にはいくら時間があっても足りない。字義どおり忙殺されねばならなかった。

さらにいえば、このころからGHQ内部の対立が深刻化しはじめていたのである。後に民政局（GS）と参謀第二部（G2）との、あるいはホイットニー派とウィロビー派の対立抗争として有名になる権力争いがそれである。

マーク・ゲイン『ニッポン日記』十二月二十日の記事に、早くもその一端が暴露されている。

「総司令部の内部には劇的な分裂が発展し、全政策立案者を二つの対立陣営に分けてしまった、とこの批評家たちはいう。一つの陣営〔GS〕は日本の根本的改造の必要を確信するもので、他の陣営〔G2〕は保守的な日本こそ来るべきロシアとの闘争における最上の味方だという理由で基本的な改革に反対する。日本で必要なのはちょっとその顔を上向きにさせてやることだけだというのである」

親分マッカーサーの信頼争奪をめぐって内部抗争が露骨になり、担当のGSとしては、憲法改正の地道な作業にとりかかるどころの話ではなかったのは、容易に想像できるというものである。

そして当の親分その人は、「神様は姿を示さない」その信念のままに、依然として超然たる存在であろうとしている。日本側には彼が何を考えているのか、まったく知ることはできないままである。

それに実は、このころマッカーサーは自己の責任でなさなければならない大きな最終決断を迫られている。それは十一月二十九日のワシントンからの電令「ヒロヒトが戦犯か否かの証拠を収集せよ」にたいして、いまや、まとまった報告を送らねばならないときが到来している。そのことを彼は強く自覚せざるを得なくなっていた。

天皇を裁判にかけるならば……

身のまわりには「ヒロヒトを吊《つ》るせ」の絶えざる大合唱がある。軍備を完全に解体、精神の背骨たる神道を国家から分離した、天皇制を支える教育勅語の運命も決めた、追放により天皇の下の政治体制も経済体制もガタガタにした。すべての準備は整って、あとはヒロヒトを戦犯として裁判にかける。それが新日本建設のための捷径《しょうけい》であると、意気旺《さか》んな議論ばかりが叫ばれている。周辺ばかりではない、ソ連や豪州など連合諸国からも同様なかまびすしい意見が届けられてくる。たとえば、そのひとつ、ワシントンを通してロンドンからの駐在米国大使のメッセージ（二十二日付け）が、いまもマッカーサーの手元にある。

「当地の戦争犯罪委員会は、主要戦犯として天皇裕仁のほか六十一名の日本の指導者を告発し、その名簿を作成すべきであるとの提案が、同委員会のオーストラリア代表から出されている。……」

そのいっぽうに執務室の机の引き出しのなかには、十月二日に提出された高級副官ボナー・フェラーズ准将の「天皇に関する覚書」がある。この副官はソ連の脅威についても同意見をつねに吐露し、彼のもっとも信頼のおける腹心の部下なのである。

「……われわれアメリカ軍は天皇に協力を求め、日本への無血侵入を成功裡に遂行した。七百万余の日本軍将兵があっさり武器を捨て、急速に陸海軍が解体されたのは天皇の命令による。この天皇の行為によって、数十万の米軍将兵は死傷を免れた。戦争も予期された時日よりはるかに早く終結した。／このように、いったん天皇を利用した上で、その天皇を戦争犯罪を口実に裁くならば、日本国民はそれを信義にもとるものと見なすであろう。〔……〕もし天皇を裁判にかけるならば、日本の統治組織は崩壊し、民衆の蹶起《けっき》は不可避である。他のいっさいの屈辱に耐えても、この屈辱に日本国民は耐えないであろう。……」

マッカーサーがときどきこの覚書を取り出しては読み返し、しばし物思いにふけっているのを、側近のウィロビー中将らが認めている。「神とおのれの良心」に従うことを基本におく将軍は、ひとり執務室にあって、ひたすら考えつづけてきているのである。しかも、いっぽうで自分はかつて自分の判断を誤ったことはない、という大いなる自信も抱いていた。全能の神が自分をつねに正しく導いてくれる……。それはまた、彼の支持者でも認めざるを得ない英雄気どり、神がかり、孤独な独裁者としての思念でもあった。

天皇を戦犯として裁判にかけたとしたら、日本人がどう出るか？

このとき、マッカーサーが読み返していたのは、フェラーズの覚書だけではなかった。歴史はまことに皮肉なことをする。時を合わせたように、二十年十一月ごろから翌年一月にかけて、多くの日本人が『拝啓マッカーサー元帥様』（袖井林二郎著）と、天皇および天皇制に関する直訴状的な手紙を、数多くＧＨＱへ寄せていた。彼は律儀に、丹念に英訳されたそれらに目を通している。

「近来新聞紙の報ずる所によれば、戦争責任が　上御《かみご》一人《いちにん》にまで波及するのではないか、とのことにて、全く事の意外に茫然《ぼうぜん》自失致したのであります。何としても之《これ》を防止せなければならぬ。〔……〕上御一人にもしもの事がありますれば、私共国民は生き甲斐《がい》を失います。〔……〕私の一命が御必要となれば、喜んで私の一身は差し上げます。なにとぞ私の切なる願いをお聞き届け下さいませ」

「陛下を法廷に立つるが如《ごと》き事あらば、私個人はもとよりの事、多くの日本人が歴史と伝統により蓄積されたる忠誠心、というよりむしろ信仰心により、閣下個人のみならず米国人すべてにたいし、今後永久に一大憎悪を抱き、かつ不測の事態の惹起《じゃっき》を必然にして、また我々現時に生くる日本人としては憤死するとも、如何《いか》にして死孫《ママ》に顔向けできましょうや」

右の手紙は半紙一枚に、たしかな筆致の血文字で書かれている。

「天皇陛下ハ我等日本人ノ生命デアリマス。我等ハ天皇ナクテハ生キテ行ケナイノデス。何《なに》卒《とぞ》陛下ヲ苦シメナイ様ニシテ下サイ、是《こ》レ我等日本人ノ至上ニシテ最モ切実ナル念願デアリマス」

小学生らしいたどたどしい文字のものもある。

「天皇陛下をさいばんしてはいけません。天皇陛下にせきにんはありません」

作家の武者小路実篤《むしゃのこうじさねあつ》が「新生」に書いた「マッカーサー元帥に寄す」も、やはり一種の直訴と読むことができようか。

「……新しい日本を生む産婆役をなさるあなたもやり甲斐があると思われます。大変ではありましょうが、新しい日本、西洋でない平和な日本が生れる。生甲斐のある日本が生れるのを、世話やくわけですから、うまくやって戴ければ日本はいつまでもあなたに感謝するわけですし、世界中の人も喜ぶわけと思います。／しかし私はそれには天皇制を認めることが一番まちがいない方法と思っているのです。陛下さえいられれば、米国の軍隊は今後日本では武器をとる必要が決してないことを私は信じて疑わないものです。陛下が居られなかったら米国は日本から十年以上、兵を引きあげることは先《ま》ず不可能と私は信じています。それは理《り》窟《くつ》でなく事実と思います」

マッカーサーがこれを読んだかどうか不明なれども、もし読んだとしたら、日本の老作家の天真爛漫《らんまん》な信念にはさぞびっくりしたことであろう。

一月二十四日の重要会談

袖井林二郎氏が発掘したこれら国民的熱狂ともいえるような、ほんとうに数多い投書が、政治的決断を下すべく沈思黙考しているマッカーサーに毎日どさっととどけられている。九月いらい占領をすなおに受け入れている日本人ではあるけれども、その天皇観にはいささかのゆるぎもないのであろうか。君のために自分の生命を捧げんとすることは、かつての戦場での日本兵とまるで変わってはいない。彼は天皇と日本国民の強靭《きょうじん》な紐帯《ちゅうたい》を、あらためてそこに見る。それと対決することは、はたして正しい占領政策であろうか。マッカーサーは考えぬき決断を下そうとする……。

まさにそのとき、ようやく肺炎が治癒、公務復帰した幣原《しではら》首相が、治療薬ペニシリンを分けてもらった礼をいうため、ＧＨＱを訪れてきたのである。

その日、一月二十四日は、憲法改正にきわめて重要な意義をもつ日といまもいわれている。新憲法の最重要規定の「戦争放棄」が、正午から三時間、余人を交えずつづけられた会談で提議された、といわれているからである。

しかも、第九条をみるとき、昭和三年に世界十五カ国の代表によって調印されたケロッグ・ブリアン条約（略して「不戦条約」）の、第一条を想起する人も多い。

「条約国は、各《おのおの》その人民の名において、国際紛争解決のため戦争に訴えることを罪悪と認め、かつその相互の関係において国策の手段として戦争を放棄することを厳粛に宣言す」ときの日本全権が幣原喜重郎であった。そこから幣原が二十年をへたのち同じ精神を新憲法にくみいれた、とする人がかなりいるのである。

が、そもそもがこの二十四日の会談は儀礼的なものであり、記録がとられていない。結果としては高度に政治的な内容となり、いろいろと論議を生むことになるが、すべて情況証拠からの推論となる。たしかに事実としてはそうではあるが、戦争放棄は軍人マッカーサーの発案であることは疑いをいれない、とわたくしには思われてならない。

首相辞職の直前に、この二十四日の会談について、幣原がその詳細と真の心情を吐露し、それを書き留めた、いわゆる「羽室メモ」（または大平メモ）にはこうあるのである。

「〔幣原は〕かねて考えた世界中が戦力をもたないという理想論を始め、戦争を世界中がしなくなるようになるには、戦争を放棄するということ以外にはないと考えると話し出したところが、マッカーサーは急に立ち上って両手で手を握り、涙を目にいっぱいためて、その通りだといいだしたので、幣原は一寸《ちよつと》びっくりした。しかしマッカーサーも、長い悲惨な戦争を見つづけているのだから、身にしみて戦争はいやだと思っていたのだろう」

たしかに「戦争放棄」を幣原がさきにいい出したように読みとれる。が、注目すべきは幣原がくり返して口に出しているのは、「世界中が」ということで、「日本が」一方的かつ片務的に戦争を放棄するといっているのではなく、ましてや憲法に組み入れることを提言しているわけでもない。老首相は「不戦条約」を想起しながら、日本の将来のためにあるべき理想を熱心に語ったのである。この理想論がのちに戦争放棄を憲法に明記せよというマッカーサーの「三原則」指示へのきっかけとなった、かもしれないが……。

幣原はさらに「世界から信用をなくしてしまった日本にとって、戦争をしないというようなことをハッキリと世界に表明すること、ただそれだけが敗戦国日本を信用してもらえる唯一の堂々と言えることではないだろうかというようなことも話して、大いに二人は共鳴してその日はわかれた」と語ったというのである。

ここからも憲法がどうのという事実は浮かんでこない。幣原の理想論にひたすら感動するマッカーサーの姿だけがある。

「戦争放棄」の発案者は?

歴史好きであり、宿命論者であるマッカーサーは奇妙なほどに神学的になっていた。核時代の到来したいま、戦争というものが人類を壊滅に導くであろう。その軍人らしからぬ厭《えん》戦《せん》の哲学がミズーリ艦上の獅子吼《ししく》となったのであるが、耳を傾けて感動を示してくれる欧米人はいなかった。ところがわが支配下にある日本人は……?

神の摂理にみちびかれて、日本民主化の重任を負ったと信じる彼は、核兵器の脅威で終末に直面している世界を救うため、戦争放棄という「この崇高なモラル」の実現を、日本にとらせようとする。ヒロシマ・ナガサキを体験し、敗戦によって完膚なきまでに打ちのめされた「民主主義国家としては十二歳」の日本人なら、それは可能であろう。また、そうさせることが自分の天与の使命と確信するのである。

昭和二十五年のはじめ、朝鮮戦争の直前のころ、来日した米出版業者を迎えての昼食会の席上で、マッカーサーは豪語している。

「もしも将来、アメリカで私の銅像が建てられるようなことがあるとしたら、それは太平洋戦争における勝利のためではなく、また日本占領の成功のためでもなく、日本国憲法第九条を制定させたことによるであろう」（R・マーフィ著『軍人のなかの外交官』）

ところが、トルーマン大統領による罷免《ひめん》後の昭和二十六年五月五日、アメリカ上院の軍事外交合同委員会の公聴会において、彼は突然に「戦争放棄は日本人の発案なり」と強調する。この証言をどう解すべきか。彼はこのとき、日本国憲法の戦争放棄の規定にふれて、こう述べたのである。長々と引用する。

「日本人は世界中のどこの国民にもまして原子戦争がどんなものだか了解しています。……彼らは死体を数えそれを埋葬したのです。彼らは自分の意見でその憲法の中に戦争放棄の条項を書きこみました。首相が私のところに来て『私は長い間考えた末、信ずるに至りました』といいました。彼はきわめて賢明な老人でした。……『長い間考えた末、この問題に対する唯一の解決策は戦争をなくすることだと信じます』といったのです。さらにこういいました。『軍人としてのあなたにこの問題を差し出すのは非常に不本意です。なぜならあなたがそれを受け容《い》れないものと信じているからです。しかし、私は今われわれが起草中の憲法にこのような条項を挿入するように努力したいと思います』。そこで私は立ち上がってこの老人と握手し、彼に向かい、それこそはおそらく講じ得る最も偉大な建設的措置の一つだと考えるといわないではいられませんでした」

まことに「役者よのう」と感嘆するほかはない。マッカーサーが千両役者であることは、厚木到着いらい嫌というほど見せつけられてきたが、首になり次の大統領の目のなくなったあとも、この名調子には恐れ入る。

ただし、この証言には幣原が語った日のはっきりした日付がない。もしこれが一月二十四日の会談のとき、というのなら、進行中であった松本委員会の案では、むしろ立派な軍備をもつことが規定されてあり、戦争放棄の片鱗《へんりん》も記されてはいない。まだ成案を手にしていない幣原が、憲法に「このような条項を挿入」などというはずもない。それにこの当時の幣原が目指しているのは、明治憲法をいくらか手直ししたにすぎない、古色蒼然《そうぜん》たる憲法であり、もっとも懸念していたのは天皇および天皇制の運命についてであった。軍備がどうのということはまったく念頭にない。

昭和二十六年といえば、朝鮮戦争の激越化にともない、アメリカの対日政策は大転換し、日本を無力化するよりもアジア防衛の最強の壁とすべきである、という見解が支配的になっていた。当のマッカーサー自身が、朝鮮戦争の勃発《ぼっぱつ》後、ただちにときの吉田茂首相に警察予備隊の創設を指示、みずから制定させた第九条をわが手で破っている。背信もいいところである。そして罷免されて帰国してからのマッカーサーの人気は、まったく地を払う状況になった。そんなときの公聴会である。米議会は日本国憲法第九条を制定した責任を追及せんばかりの勢いになっていた。おのれの尊厳を保つことを信条とし美学としているマッカーサーが、幣原に責任の大半を負わせることを考えたとしても不思議はない。それがわたくしの答えということになる。(42)

天皇裁判には、百万の軍隊が必要

それよりも二十四日の会談の意義は、別のところにある。といっても、このとっておきの話の日時が明確でないので、仮説の域にとどまるが。しかし、この日を最初に、幣原・マッカーサー会談はこのあと一、二回しかない。前後の事情から考えても、この最初のときがそれであった、と推理するのが至当なのではあるまいか。
その、ある書物に書かれているとっておきの話というのは、マッカーサーが「幣原さん、あなたの英語は日本人としては上手ですね」と賛辞を呈したことにはじまる。これに首相は外交官としての第一歩を踏み出したとき、ロンドンで英語の勉強のためにシェイクスピアを学んだことを語った。そして「とくに好きなのは『ベニスの商人』ですね。あの法廷における情景が忘れられない」といい、第四幕第一場のポーシャ姫の名文句を、静かにして荘重に、幣原は原文のままに朗誦《ろうしよう》したというのである。ここには老首相が朗々とやったシェイクスピアの原文ではなく、日本語訳をかかげる。
「慈悲は強《し》いらるべきものではない。恵みの雨のごとく、天よりこの下界に降りそそぐもの。そこには二重の福がある。与えるものも受けるものも、共にその福を得る。これこそ、最も大いなるものの持ちうる最も大いなるもの、王者にとって王冠よりもふさわしき徴《しるし》となろう。手に持つ笏《しやく》は仮の世の権力を示すにすぎぬ。畏怖《いふ》と尊厳の標識でしかない。そこに在るのは王にたいする恐れだけだ。が、慈悲はこの笏の治める世界を超え、王たるものの心のうちに座を占める。いわば神そのものの表象だ。単なる地上の権力が神のそれに近づくのも、その慈悲が正義に風味を添えればこそ。……」(福田《ふくだ》恆存《つねあり》訳)
これを黙って聞いていたが、終わるとマッカーサーは自分のほうから握手を改めて求めてきたという。幣原が何かを示唆したくて朗誦したのかどうか、日本人の学識と風流とを示しただけなのか、それはわからない。しかし、幣原の口を借りて届けられたポーシャ姫の言葉が、マッカーサーを心から感動させ、考慮中であった問題にたいする決断を促したことは確かのように思われる。すでに内心では決定しているものの、なお内外の動きを慎重に見極めながら、表明の機会を模索していたマッカーサーが、いまこそ「慈悲」そして「正義」とを行なうべきとき、とまさに決意したのである。

翌二十五日、米参謀総長アイゼンハウアー宛の、マッカーサーの機密電報が太平洋を越えた。マッカーサーは書いた——過去十年間にさかのぼり、徹底的に調査したが、天皇を戦犯として起訴するような証拠は何ら発見できなかったと。さらにつづけて綴《つづ》った。

「もし天皇を裁くとなれば、占領計画は大幅に変更しなければならないし、したがって実際に訴訟を起こす前に然《しか》るべき準備が戦備面でも完了していなければならない。天皇を告発すれば、間違いなく日本人の間に激しい動揺を起こすであろうし、その反響は計り知れないものがある。……天皇はすべての日本人を統合するシンボルである。彼を滅ぼすことは国を崩壊させることになる。……日本人は、連合国の天皇裁判を自国の歴史にたいする背信とみなし、憎悪と怒りを、予見しうるかぎり長期にわたって永続させるであろう。……まず占領軍を大幅に増大することが絶対に必要となってくる。それには最小限百万の軍隊が必要となろうし、その軍隊を無期限に駐屯させなければならないような事態も十分あり得る」

この文面には、本国政府や連合国がタバになって異議を唱えようとも、天皇を渡すものか、という気迫がこめられている。天皇を裁判にかけるなら、百万の軍隊をよこせというワシントンへの脅迫でもある。それでなくとも、現地軍総司令官としての判断には、おのずから権威と現実感と重量感とがある。それにしても天皇の戦争責任について実際の証拠調べや、極秘の世論調査をまったく行なってはいない。しかも、決断は極東国際軍事裁判所（東京裁判）が開設された二日後、憲法改正に関して最高権限をもつことになるであろう極東委員会（連合国十一カ国で構成）が、事実上の活動をはじめる一週間前に当たっている。

そしてこの報告には、天皇が「すべての日本人を統合するシンボル」の一行があることに注目しておきたい。

これ以後、結果として、ワシントンは何の注文も出さなくなる。天皇の身柄に関して、いかにアメリカ国内で意見対立があろうと、もはや討議に終止符を打たざるを得なくなる。いってしまえば、連合国内の天皇の戦犯問題はこうして雲散霧消したのである。

不安で憂慮すべき情勢

しかしながら、一月も終わろうとする時点で、かくて天皇の身柄は安泰になれり、と知り得たもの、いや、予感できたものは日本人にはひとりもいなかった。さまざまな情報は、天皇個人が東京裁判の法廷にひき出されるのではないか、という危惧《きぐ》をますものばかりである。戦犯として問責されることはよもやあるまいとの見通しは、何とはなしに側近や閣僚たちも抱いているが、それとても希望的観測にほかならない。万一ということもある。それに戦犯に問われなくとも、証人または参考人として、法廷に出頭を命ぜられるのではないか。法廷で天皇が厳しい連合国の戦犯追及の眼に晒《さら》されることは忍べることではないと、人びとの憂慮はなお消えることはない。

松本国務相はこの不安で憂慮すべき情勢に真っ正面から立ち向かっている。二十六日の第十五回調査会でも、松本の観点からすれば大幅改正のつもりの乙案ですら、明治憲法七十六条のうち削除は十カ条にとどまり、ほぼ半数の三十七カ条が無修正のままになっている事実が指摘される。「これでほんとうにいいのか、もう少し政治的に考え直す必要があるのではないか」という調査員からの疑問にも、胸を張って答えている。

「ご意見は確かにうけたまわった。が、憲法改正はあくまで自主的なものでなければならない。ポツダム宣言もまた、日本に任せるといっている。改正しなくてもいいくらいのものである。占領軍の意向を斟酌《しんしゃく》する要は一切ない」

そして、当面の目標として「二月十日憲法改正案完成、ＧＨＱへの提出」を明らかにする。

「こうすることで、二月末までにGHQの承認を得て、ただちに枢密院《すうみついん》審議に回し、三月下旬にはそこを通過し……」。松本の予定表には、これが砂上の楼閣を築いているという自覚など微塵《みじん》もなかったのである。

　松本委員会の開かれている首相官邸に、ほど近い日比谷公園でこの日開催された「野坂参三氏歓迎国民大会」のどよめきが、はたして届いていたであろうか。新聞は「民主日本発足の祭典／熱弁に五万の静聴／日比谷を歌と旗と拍手で占領」と翌日に報じたが[43]、それは決して誇張ではなかった。野坂は音楽堂のステージに立ち、激情を抑え諄々《じゅんじゅん》と説いたという。戦争中、われわれ共産主義者は「非国民」であり「国賊」であった。しかし本当の「国賊」はだれなのか。

「愛国の名によって諸君を戦争にかり立て、幾百万人の青年を戦場において殺傷した天皇・軍閥・財閥・反動的官僚や政治家・反動団体なのである。……この戦争に反対して勇敢に戦ったわれわれ共産主義者こそ、真の愛国者であり、民主主義の挺身《ていしん》隊である」

　そしてこの日は、奇《く》しくもマッカーサーの誕生日に当たっていた。六十六歳を自祝しながら、彼はもうひとつの重大な決定を下すことにした。日本の悲惨な食糧危機を救うべく、ワシントンが用意した六十万トンの食糧輸入では足らない。何としても三百七十万トンの輸入が緊要であると、強く農務省にたいして警告を発することにした。もはや食糧問題は日本政府に任せておけないと乗り出してきたのである。

こうして誕生日を自祝している第一生命相互ビルの六階の、彼の居室に、日比谷公園から共産党バンザイの声が響いてきている。遠く眺められる赤旗の波と、革命を求める日本民衆の雄叫《おたけ》びを、どんな思いで「青い眼の大君」は耳にしていたことか。いくらかは皮肉なものを感じていたか。いや、天皇問題に関するワシントンへの返事、そして農務省への警告と、大任を果たしたことの満足感で、「十二歳」のわからず屋が騒いでいるわ、くらいの軽い気持でマッカーサーは眺め下ろしていたことでもあろうか。

もうひとつ、一月末に突きつけてきたGHQの要請について書いておく。それは二十九日に実行に移される。はじめてのパンパンの狩り込みである。「大手町の企画院跡から、一夜に十八名の闇の女が検挙された」と新聞は報じている。大手町《おおて》の企画院跡というのは、いまのパレスホテルがあるあたりである。性病を防止するために、という理由がつけられている。狩り込みで検挙された女たちは吉原病院に送られた。MPがかたっぱしから連行したので、十八人のほかに素人の女性や人妻も検挙された、という笑えない悲劇もある。

＊この章の「余談」――

(41)　一月二十一日、日本自由党も総会をひらき、いわゆる自由党案「憲法改正要綱」を

決定している。その天皇条項の部分を参考までに掲げてみると、

「一、統治権の主体は日本国家なり。二、天皇は統治権の総攬《そうらん》者なり。三、天皇は万世一系なり。四、天皇は法律上及び政治上の責任なし」

とあって、明治憲法の天皇条項とほとんど変わるところがない。二十三日の毎日新聞が社説で、「自由党の憲法改正案は、一言にしていえば現在の大勢に順応した案である」と批判的に書いている。このころの民意がこのへんにあることを、ＧＨＱにごく「順応」的な新聞も認めていたのであろう。

また、日本進歩党の「改正案」（昭和二十一年二月十四日発表）の天皇に関係する事項も挙げておく。

「天皇は臣民の輔翼《ほよく》により憲法の条規に従い統治権を行う」

「立法は帝国議会の協賛に由《よ》り、行政は内閣の輔弼《ほひつ》を要し、司法は裁判所に之《これ》を托《たく》す」

「宣戦、講和、同盟条約、立法事項又は重大事項を含む条約の締結は帝国議会の議を経るを要す」

「統帥《とうすい》大権、編成大権及非常大権に関する条項は之を削除す」

「戒厳の宣告は帝国議会の議を経るを要す」

さらに昭和二十一年二月二十三日発表の日本社会党の「新憲法要綱」の天皇事項を。

「主権は国家（天皇を含む国民協同体）に在り」

「統治権は之を分割し、主要部を議会に、一部を天皇に帰属（天皇大権大幅制限）せしめ、天皇制を存置す」

「内閣総理大臣は両院議長の推薦に基き、天皇之を任命す、ただし天皇之を拒否するを得ず」

「条約締結は議会の権能に属し、天皇之に署名す、ただし天皇之を拒否するを得ず」

「天皇は外国に対し儀礼的に国家を代表するの権を有す」

「天皇は政治上の責任なし。なお皇位の継承は議会の承認を得るを要す。摂政を置くには議会の議決による」


いずれにしても、ＧＨＱのさまざまな指令督促と日本政府の秘密主義のために、各政党には憲法問題を十二分に練って作成し、これを検討する時間は与えられていなかった。かなり間に合わせ的という感じが否めないのはそのためと思われる。

（42）「戦争放棄」条項は幣原首相の発案による、と説く人は近ごろは減ったようであるが、なおそれを信じて強く主張する人もいないわけではない。とくに当の幣原首相が著した『外交五十年』のつぎの記載が代表的文献として挙げられることが多い。

「私ははからずも内閣組織を命ぜられ総理の職に就いたとき、すぐに私の頭に浮かんだのは、あの電車の中の光景であった。これはなんとかしてあの野に叫ぶ国民の意思を実現すべく努めなくてはいかんと堅く決心したのであった。それで憲法の中に、未来永劫《えいごう》そのような戦争をしないようにし政治のやり方を変えることにした。つまり戦争を放棄し、軍備を全廃してどこまでも民主主義に徹しなければならんということは、他の人は知らんが、私だけに関するかぎり前に述べた信念からであった。それは一種の魔力とでもいうか見えざる力が私の頭を支配したのであった」

たいする反証はいくつもあるであろう。たとえば、昭和二十九年七月七日の自由党憲法調査会での、松本烝治《じょうじ》元国務大臣の証言のほうに軍配を上げてしまうのである。

「私が書いた小さい説明書（軍備を含む松本私案）を〔GHQに〕出すときには、幣原さんはもちろん賛成して出せというので出している。その時にそういう考え（戦争放棄）を持たれる道理はないですね。後日あるいはお世辞に軍隊のことは自分で最初から考えていたというくらいは言ったかも判らない。しかしそれはお世辞であって、あれは向こうから出したものなのです」（憲法調査会速記録による）

松本はつまり、幣原の『外交五十年』の発言をもあっさり否定しているのである。

たとえこの本の昭和二十六年四月出版の時点でこうした信念の吐露があったとしても、それはGHQ作成の憲法原案を受諾せざるを得なかった責任者として、新憲法の擁護のためにこういわざるを得なかったのであろうと、やっぱり考えざるを得ない。

(43) あまりにもしばしばの引用で気が引けるが、欠かすわけにはいかない。山田風太郎日記の一月二十九日の項である。

「野坂参三今や日本最大の人気者たり。新聞第一面に活躍するは共産党ばかり。彼等に言わせると復員の入党が多い。国民は次第に共産党に好意と共鳴を持ちつつある。イヤ何だかんだと賑《にぎ》やかに宣伝し、先日の日比谷広場における野坂歓迎大会を歴史的とさえいっているが――浮ついた眼で見ていると天皇制そのものさえ揺いで来ているように見えるが――マ司令部の断如何《いかん》に依《よ》っては知らず、日本国民の胸中に関する限り天皇制は大磐石である。日本国民の九割九分まではまだほんとうの意味で微動もしていない」

恐れ入ったる大学生の活眼であることよ。

十六　昭和二十一年二月(1)　「三原則」の章

毎日新聞のスクープ

いまでもときどき口をついて飛び出してくる英語の歌がある。

Come, Come, everybody. How do you do and how are you? Won't you have some candy? One and two and three, four, five. Let's all sing a happy song. Sing trala, la, la, la.

ラジオから「証城寺《しょうじょうじ》のたぬきばやし」のメロディで流れ出たいわゆる「カムカム英語」の、冒頭の歌詞である。この英会話の時間がはじまったのが昭和二十一年二月一日で、それは二十六年まで五年間もつづいた。担当の平川唯一《ひらかわただいち》の名とともに、やりきれないほどの懐かしさで思いだせる。アメリカ兵は大嫌いではあったが、暇があればラジオの前に座って熱心に英会話を勉強した。なのについに日本語以外は喋《しゃべ》れない。所詮《しょせん》は〝洗脳〟の一種であったのか、ああ。

と、感傷的になってばかりはいられない。戦後日本の、ある意味では運命的ともいえる〝事件〟がこの二月一日に起こっている。毎日新聞がこの日、政治部の西山柳造記者が抜いた松本委員会の作成した改正憲法を大きく報じたのである。「第一条　日本国は君主国とす」にはじまって「第二条　天皇は君主にして此の憲法の条規に依り統治権を行ふ」「第四条　天皇はその行為につき責に任ずることなし」とつづく「乙案」のスクープ。

すでに書いてきたように、乙案は松本委員会の一試案にすぎず、しかもGHQに提出する予定の松本案そのものよりもずっと進んだもののほうであったが、まず、それを読んだ民政局長ホイットニー准将《じゅんしょう》は顔色を変えた。情報により保守的な案が出てくるであろうと予想はしているものの、あまりにも保守的な案ではないか。しかも、それを日本政府は故意に新聞にもらして世論の反応をうかがったのだと判断した。

「最大限の責任を日本人に与えた」のに、彼らは「伝統的な原理と古い慣習に固執して、改革を行なうという積極性はゼロ」。そして「言葉の見せかけと、お辞儀するだけで万事すませてしまおう」という無礼な態度が見え見えである。もはや満足すべき案が出てくる見込みはない。〝民主化の鬼〟ホイットニーは、俄然《がぜん》、態度を硬化させ、ただちにマッカーサーに進言する。

「反動的グループが改正の主導権を握っているのです。われわれが認めがたい改正案を彼らが決定する前に、こちらから指針を与えるほうが時間の節約になるというものです」

たしかにこれは〝事件〟といってもいいものであった。

そしてまさに同じ二月一日、松本はGHQに「改正の要旨」と「一般説明」の文書を提出したが、かんじんの「改正草案」は頬かぶりで渡そうとはしなかった。これは民政局の不信にいっそう油をそそぐことになった。

なお、民政局が発表した公的文書「日本政治の再編成」にはこう書かれている。

「……明治憲法の字句にもっとも穏やかな修正を加えたのにすぎないし、日本国家の基本的性格は変えられずに残されていた。〔……〕明治憲法を自由主義的にすることで総司令部がのめるようにし、実際の憲法はルーズな弾力性のある形で、支配者が都合のよいように適用し解釈できる余地を残してあった」

これをみても、日本側の魂胆はすべてお見通しであったことがわかる。取り組む姿勢からして小手先の誤魔化しでいこうとしたことが明らかであったのである。

不人気だった改正試案

日本側がこのホイットニー進言の事実を知らされたら、青天の霹靂《へきれき》ともいえる衝撃となったであろう。が、GHQでこのように重大な政策変更がなされようとしているなどとだれも察しない。察しないから悠長に構え、毎日新聞のせっかくのスクープも、注目して日記にその旨と感想とを記した人は皆無に等しい。高見順も山田風太郎もあっさり見逃している。あるいは憲法改正について、政府のやろうとしているのはこんなものであろう、いまさらの感であり、特別の想いをもつべくもあらず、というところであったのかもしれない。

毎日新聞も二日の「硯滴《けんてき》」欄で少しく呆《あき》れ気味にこう論評している。

「憲法改正調査委員会《ママ》の試案を見て、今更のことではないが、あまりに保守的、現状維持的のものにすぎないことを失望しない者は少いと思う。つまり、憲法改正という文字に拘泥《こうでい》し、法律的技師の性格を帯びた仕事しかできないので、新国家構成の経世的熱意と理想に欠けているからである。今日の憲法改正は、単なる法律的の問題でない。それは最高の政治である」

たしかに検討ならびに改正は日本の法学の伝統にもとづいた憲法解釈に終始している。法の背後にある大きな世界の動きや社会のうねりや、占領下という事実に少しの注意を払おうともしない改正案であることは、だれの目にも明らかであった。「硯滴」欄はそれを受けたかのようにつづけて厳しく指摘する。

「法律家の松本国務相を中心とし、恰《あたか》も民法とか商法とかの改正調査会のようなものをつくって、これに原案をつくらせるという考え方が、すでに革命的の時代感覚とは凡《およ》そかけ離れたもので、現行憲法〔明治憲法〕でさえとにかく伊藤公〔当時の首相・博文〕を中心としてつくられたことを思うべし」

そうした良識に則《のっと》った批判や、国民的無関心をよそ目に、同じ二日、松本委員会は全作業は終わったとして解散している。前年の十月二十七日に第一回総会を開いていらい、六回の総会のほかに十五回の調査会と、力のかぎりをつくし討議をつづけてきて、この日の第七回総会をもって任務は完了と認めた。GHQに提出すべき冠絶《かんぜつ》した案も成ったと、全員が至極満足していたのである。

「硯滴」欄で示されたような日本国民の、松本委員会の憲法改正試案への無関心と不人気とを、GHQ民政局は素早く察知した。とくにホイットニーが意気ごんだ。こうなれば、われわれのほうから「指針」を日本側に与えるべきだ、との信念をいっそう強める。そこでスクープされた試案の英訳につけて、彼はただちにマッカーサーにコメントを届けるのである。

「この改正案は、きわめて保守的な性格のものであり、天皇の地位にたいして実質的変更を加えてはいません。天皇は、統治権のすべてを保持しております。この理由から（ほかにも数多くありますが）改正案は、新聞論調でも世論でも、評判がよくありません」

さらにホイットニーは、「すでに憲法案討議のための会談の二月五日開催を申し込んでいたが、それを延期してほしい」という吉田茂外相からの申し入れをチャンスと捉《とら》え、十二日まで大幅に延期することにした。日本側に与える「指針」を作成するためにも、これくらいの時間があったほうがよい、と判断したからである。

「マッカーサー・ノート」の三原則

事態は急速に激変する。マッカーサーの態度が百八十度方向転換した。衆知のように、すべては「マッカーサー・ノート」として知られる三原則によって決することになる。このことは憲法を主題とする多くの本に書かれている。いまさら同じことを、の感を拭《ぬぐ》えないが、やはり抜かすわけにはいかないので、事実をなぞることにする。

すなわち二月三日朝、司令部に到着するなりマッカーサーはホイットニーを自室に呼び、憲法草案の〝起草〟を命令した。ホイットニーのいう「指針」なんかではなく、完全な「憲法草案」の作成を突如として命じたというのである。そう決意するまでの、たった一夜の間に元帥の胸中に去来した思いはいかなるものであったか、想像するほかはない。いえることは、日本政府ののろのろとした動きにたいする根深い不信、ということである。それと前年九月の最初の会談のときに抱いた昭和天皇への同情と親愛感。そして感動。さらには、日本国民が天皇制の存続を願望しているということへの再確認もあったかもしれない。

「マッカーサー・ノート」による三原則はつぎのとおりである。

一、天皇は国の元首の地位にある。

皇位の継承は世襲とする。天皇の職務および権能は憲法にもとづいて行使され、憲法に示された国民の基本的意思に応えるものとする。

二、国権の発動たる戦争は、廃止する。

日本は、紛争解決のための手段としての戦争、さらに自己の安全を保持するための手段としての戦争をも放棄する。日本は、その防衛と保護を、今や世界を動かしつつある崇高な理想に委《ゆだ》ねる。日本が陸海空軍をもつ権能は、将来も与えられることなく、交戦権が日本軍に与えられることもない。

三、日本の封建制度は廃止される。

貴族の権利は、皇族を除き、現在生存する者一代以上には及ばない。華族の地位は、今後どのような国民的または市民的な政治権力も伴うものではない。予算の型は、イギリスの制度にならうこと。

こうしてマッカーサーは天皇制の存続と昭和天皇を皇位につけたままにしておく、という方針を明確に打ち出した。結果として、やがて活動するであろう極東委員会が天皇の戦争責任を問うことを極度に困難にした、いや不可能にした。実に、あざやかに先手を打ったのである。そしてその代わりのように戦争の放棄を厳命する。

極秘裡に作業を開始

総司令官の厳命をうけた腹心のホイットニーは、二月四日、民政局の全員（朝鮮部担当を除く）を集めて訓示する。

「これからの一週間、わが民政局が憲法制定の役割を担うことになった。ジェネラル・マッカーサーは、日本国民のために、新しい憲法を起草するという歴史的意義のある任務を、われら民政局に委託されたのである。もちろん、草案の基本は、ジェネラル・マッカーサーの略述された三原則にあることは申すまでもない。日本政府の係官と、日本政府提出の憲法草案についてのオフ・ザ・レコードの会合を予定している二月十二日までに、われわれは新憲法草案を完成し、ジェネラルの承認をうけておかなければならない」

行政課長チャールズ・L・ケーディス大佐、法規課長マイロ・E・ラウエル中佐、それにアルフレッド・R・ハッシイ・ジュニア海軍中佐が分担して責任者となる。集められたのは、軍人にしても、民間人にしても、第一級の知識人にして経験豊富な人材ばかり二十五名。松本委員会のメンバーに比べれば、平均年齢は三十歳ほども若い。ひとつ疑念があるとすれば、このなかに憲法の専門家がまったくいないということにあろう。

興奮を顔色にありありと出している局員たちに、さらにホイットニーはつけ加えた。

「私は充分な説得をとおして、日本側との合意を得たいと思っているが、説得がどうしても不可能となったときには、力を用いると脅かすことによって同意させる覚悟である。また、そうしてもよいという権限をジェネラルから与えられているのである」

翌五日、極秘裡に作業開始。民政局の扉は堅く閉められ関係者以外の出入りは厳禁となる。くり返すが、このGHQの「憲法起草会議」のことは、日本政府には少しもわかっていなかった。

憲法を英訳すればConstitution。国体もまたConstitution。憲法が変わるということは、国体が変わるということと同義ということになる。敗戦国家としての、八月十五日この方のただひとつの国家目標、いや悲願である国体護持が、いまや空華《くうげ》にならんとしているのである。この二月三日から十二日までの十日間、日本国民は？　との問いに答えれば、ほとんど全員が貧困と飢餓と寒さにさいなまれつつ、それぞれが生きるにただ一所懸命であり、ほかに関心を払う余地はなかったと、何度も書いたことと同じことをいうしかない。

新聞に連日、悲惨な生活苦を示す記事が載っている。「はびこる浮浪業者に追放令」（三日、朝日）、「都民の台所、半数は闇の米買い」（五日、毎日）、「露店から主食を追出す、一斉検挙二〇四六件」（六日、毎日）、「物資不足に躍る詐欺、犬肉を闇売三万円稼ぐ」（九日、朝日）などなど。こうして国家の運命を決する重要なことを、日本人は主体的に考えることもなくなり、ＧＨＱの指令に唯唯諾諾《いいだくだく》と従うことを習い性としつつあった。左様、風のまにまに揺れ動く人にとっては、風という存在はもはや意識されなくなっているのである。

と書いてきて、ふと、むかし読んだ『ベルツの日記』の一節が想起されてきた。明治二十四年の大津《おおつ》事件（ロシア皇太子襲撃事件）についての彼の観察である。

「この事件があるまでは、次第に増大した外人憎悪感が全盛の有様で、日本人の高慢さ加減には際限がなかった。この高慢さが打って変って、今では、度はずれの卑屈さ、びくびく振りとなった」

敗戦後の日本人、また然《しか》り。つまり、国破れていまさら何かを「失った」わけではなく、日本民族はもともと何ももたなかったのである。

中学生と大学生の歴史観

さて、このころのわたくしである。越後の丈余《じょうよ》の雪の下に埋もれ、堪え難きを堪え忍び難きを忍ぶほかにテはないやと観念し毎日をぼんぼんと暮らしていた。「カムカム英語」を聞き、「リンゴの唄」を口ずさみ、ときには父の飲み残しのメチル酒を盗み飲みし、翌朝に眼ヤニで眼がくっつき、もしや「眼が散ったか」と戦《おのの》きながら、指で眼をこじあけてホッとしたりした。そして、ときどきラジオから流れてくる「のんき節」の石田《いしだ》一松《いちまつ》の歌に快哉《かいさい》を叫んでいた。

〽男なら　男なら／何をいつまで未練じゃないか／敗けた戦争の責任負って／官吏代議士
みなやめろ　ハハ、のんきだねエー

のちのことになる。これを聞いてある元代議士が怒って「芸人風情が生意気だ！」といったので、石田一松はこの年の四月の戦後初の総選挙に立候補して当選、議員バッジを光らせて、ハハのんきだねエと「のんき節」を痛烈に歌いつづけた[44]。

〽闇肉、闇酒　闇のお米で／生きてるお方　欲に目がくらみ／配給の食糧で生きてるやつ
は／栄養失調で目がくらむ　ハハ、のんきだねエー

別に巫山戯《ふざけ》て書いているわけではない。ＧＨＱの権力を笠《かさ》に着て議員や官僚が威張りだし

た当時の社会相がよく出ていると思われるので、記憶を新たにしてみただけなのである。(45)が、そのいっぽうに、真面目に国の明日を憂えていた人のいることにも触れておかなければ独断にすぎるということになろう。大学生の山田風太郎日記の二月四日の項である。長文のごく一部を。

「俺には、マッカーサーの指令は、新しく自由なる黎明《れいめい》を告げる鐘の音ではなく、日本を墓場の中へ追いこんでゆく鞭《むち》の音に聞こえてならぬ。全日本が、その指令の讃美に夢中になっている時代にこういうのは、俺の天《あま》ノ雀《じゃく》のせいであろう……」

「とにかく世間がどう騒いで廻《まわ》ろうと、俺は、はっきりという。／日本は決して『自由』も『平和』も獲得していない。客観的情勢は冷酷に、日本のゆくてに暗い寒ざむとした墓場を示している。このことを、日本人が明確に、徹底的に知った時でなければ、日本は再起出来ないであろう。／自由と平和は、自分で摑《つか》むべきものであって、決して与えられて享楽出来るしろものではないのだ」

ほとんどの知識人が、占領軍の権威に仮託して偉そうに民主主義の教訓を新聞や雑誌で垂れているときに、この直截《ちょくせつ》にして正当な、自分自身の考えにもとづく発言のすばらしさ。何度でもいう、大学生と中学生の時代を見る目、すなわち歴史観には天地雲壌《うんじょう》の差がある。脱帽するばかりである。そして負け惜しみながら、当時これを読む機会があったならば、精神の芯《しん》から同感したにちがいない。

天皇と松本の質疑応答

そしてこのころ、憲法の主役・松本国務相は何をしていたのか。木下道雄『側近日誌』の、七日と九日の必要な箇所を引く。

「午後、松本国相《ママ》、憲法草案を内奏。御説明に二時間を要したり。／直後拝謁。／一、松本国相の内奏内容につき御質疑ある由《よし》にて、右事項侍従長より書面にて同相に御尋ねあらんかの思召《おぼしめし》なりしも　予は事重大なれば御疑問の点は何度でも御召《おめし》の上御尋ねありてしかるべき旨申上《もうしあ》ぐ。御召のことに決す〔以下略〕」（七日）

ちなみに翌八日に、松本草案はやっとGHQに提出されている。そして九日、

「午前、松本国相を召され、憲法改正法案につき御質問あり（御文庫）」

この九日は土曜日で、十日は日曜日、そして十一日は紀元節で国民的祝日に当たる。それで木下が、天皇と松本との質疑応答の内容を、直接に天皇から聞いたのは十二日になる。『側近日誌』にもとづき、肝腎のところをいささかドラマチックに書き改める――。

まず、天皇の地位について、明治憲法の第一条「大日本帝国は万世一系の天皇之《これ》を統治す」と、第四条「天皇は国の元首にして統治権を総攬《そうらん》し此の憲法の条規に依《よ》り之を行ふ」と

はそのままになっているが、これらを合わせて、

「むしろ簡明に『大日本帝国は万世一系の天皇、此の憲法の条章により統治す』としてはどうか。天皇が統治す、といえば、権の字を特に用いる必要はないのではないか」

と、天皇はいった。松本は「恐れながら」と頭を下げながらも、はっきりと答える。

「仰せ、ごもっともにございますが、その観点からの議論は、閣議にても出なかったことでございまして、……また第四条はもともとが外国憲法の翻訳でございますれば、……それに憲法改正は陛下のご発議によるものでありますます以上、第一ないし第四条にふれますときは、議会でいろいろと論議を呼ぶ恐れもございます。あえて手をつけないほうがよろしいかと……。私は、陛下が統治権を総攬せられる、という大原則には何ら変更を加える必要はないと考えております。従いまして『憲法改正要綱』の第一条は、『天皇は至尊《しそん》にして侵すべからず』といたしました。それで十分かと思われます」

天皇はもう一点気にかかるところを質《ただ》した。

「第五十七条の『司法権は天皇の名に於《おい》て法律に依り裁判所之を行ふ』とあるところであるが、これが無修正のままになっているが、これは天皇が直接に裁判を行うような印象を与える。これは正しくないので、『天皇の名に於て』を削除してはどうか。そのほうがよろしいと思われるが」

松本は「そのことは司法部からもすでに疑問が提出されていますので、よく心得ております」と天皇の意向に沿う旨を奉答する。木下の、その日の感想はこうである。まさに松本その人は意気軒昂《いきけんこう》といったところであったのであろう。それをよく示している。

「かれは自己の在任中に憲法改正を終了したき意思の如《ごと》し。これは幣原《しではら》にも云おうと思うが、左程《さほど》急がずとも改正の意思を表示し置けば足ることにて、改正案は慎重に論議をなさしむべきなり」

しかし、もはや木下のいう「改正の意思を表示」で万事うまくゆく段階ではなかったのである。事態は急変する。楢橋《ならはし》渡書記官長に電話がかかり、「本日に予定されている会談をくりのべて、明十三日、憲法問題でわが方は重大な提案をするから、会合の準備をせよ」とのGHQ通告を日本側が受けたのは、十二日夕刻のことである。電話の相手は民政局長ホイットニー、と楢橋はただちに自宅でくつろぐ松本国務相に伝える。

そして会合の場所は麻布《あざぶ》市兵衛《いちべえ》町の外相官邸にすることが決められた。

この瞬間、勝負あった!

二月十三日は朝から、真冬であるというのに暖かく、空はきれいに晴れ上がっている。さっぱりした気持で吉田外相、松本国務相、終戦連絡中央事務局次長白洲《しらす》次郎《じろう》、外務省通訳長谷川元吉の四人が待ちうける外相官邸に、軍用車でホイットニー准将《じゅんしょう》、ケーディス大佐、ハッシイ中佐、ラウエル中佐が、約束の午前十時ぴったりに到着した。サンルームで互いの紹介が終わると、間髪をいれずに、民政局スタッフによって九日間の昼夜兼行の作業で作成されたGHQ憲法草案を、ホイットニーは日本側に手渡した。それを一瞥《いちべつ》しただけで、日本側のだれもが顔色を変えた光景は、マーク・ゲイン『ニッポン日記』そのほかで描かれあまりにも有名である。

また、この会談で何が話されたかについても、日米双方が記録を残している。くわしいのは断然アメリカ側であるが、内容はそれほど大きな差異はない。日本側の記録は、まず滔々《とうとう》とやりだしたホイットニーの演説をこう要約している（原文は片カナ）。

「本案は内容形式共に決して之《これ》を貴方に押付ける考にあらざるも、実は之はマカーサ元帥が米国内部の強烈なる反対を押切り、天皇を擁護申上げる為に、非常なる苦心と慎重の考慮を以て、之ならば大丈夫と思う案を作成せるものにして、また最近の日本の情勢を見るに、本案は日本民衆の要望にも合するものなりと信ずと言えり」

これがアメリカ側の記録「ラウエル文書」となると、ずっと具体的に生き生きとしたものになる。しかも、より懇切に、説得的にホイットニーが説いているのである。

「御存知かどうかわかりませんが、最高司令官は、天皇を戦犯として取り調べるべきだという他国からの圧力から、天皇を守ろうという決意を固く保持しています。これまで最高司令官は、天皇を護《まも》ってまいりました。それは彼が、そうすることが正義に合すると考えているからであり、今後も力の及ぶ限りそうするでありましょう。しかし皆さん、最高司令官といえども、万能ではありません。けれども最高司令官は、この新しい憲法の諸規定が受け容《い》れられるならば、実際問題として、天皇は安泰になると考えています。さらに最高司令官は、これを受け容れることによって、日本が連合国の管理から自由になる日がずっと早くなるだろうと考え、また日本国民のために連合国が要求している基本的自由が、日本国民に与えられることになると考えております」

この瞬間、勝負あった！　といっていいのであろう。皇位を保持する。現天皇の身柄を安泰にする。戦後日本の指導者である人びとが生命を賭《と》しても守らねばならないとしているのは、まさにこの二点であったからである。ホイットニーはその核心を衝《つ》いて、GHQ案の全面的受け入れを要請したのである。日本側の四人の様子を「はっきりと、茫然《ぼうぜん》たる表情を示した。白洲氏は坐り直して姿勢を正し、松本博士は大きな息をつき、特に吉田氏の顔は、驚《きょう》愕《がく》と憂慮の色を示していた」と、アメリカ側の記録は書きとどめている。ただ、丁寧に読めばわかるように、GHQ側は自分たちの案をあたまから日本側に押しつけているわけではない。

ところが、松本はその死去のちょうど三カ月前の二十九年七月七日に、自由党憲法調査会での講演のなかでこういっている。

「ホイットニー少将《ママ》が立ち、向こうの案をタイプしたもの八、九冊ぐらい机の上に出して、極めて厳格な態度でこういうことをいいました。日本政府から提示された憲法改正案は司令部にとって承認すべからざるものである。この当方の出した提案〔十一章九十二条〕は司令部にも米国本国にも、また連合国極東委員会にも、いずれにも承認せらるべきものである。マ元帥はかねてから天皇の保持について深甚《しんじん》の考慮をめぐらしつつあったのであるが、日本政府がこの自分の出した対案のような憲法改正を〔世界に〕提示することは、右の目的を達成するために必要である。これがなければ、天皇の身体の保障をすることはできない。この提案と基本原則および根本形態を同じくする改正案を、速やかに作成し提出することを切望する、と言われました。そして二十分くらい庭を見てくるからその間に読んでくれ、といって向こうの人たちは寒い時でしたが庭に出ていきました」

すなわち「押しつけ」を強調したのである。

しかも、GHQ側の四人がポーチから庭におりたとき、爆撃機B25一機が低空で外相官邸の上を、爆音がガラス戸をびりびりと揺るがして通り過ぎていった、というオマケまでがつくのである。それは演出なんかではない、とホイットニーは弁解したらしいが、話としてはすこぶるよくできている。もっとも、日本側のだれもがそれに気をとめることはなかった。彼らはそんな劇的な脅しよりも二十一枚の文書に完膚ないほどの打撃を受けている。

歴史は急転回する

それにしても、吉田も松本も、早々と観念したのであろうか。どうもそうは思えないところがある。天皇は国家の象徴《シンボル》(46)とは、いったい何ぞや、と猛反発する。松本にいわせればこんなのは「文学的表現」であり、法にはなじまない。およそ「当方の考察と余りに懸隔《けんかく》大」なるものである。吉田も松本も最初は愕然《がくぜん》となったが、それは瞬《また》く間に激しい怒りに変わっていったのである。とくに、「シンボル」だの、「主権在民」だのという用語自体が、「君民共治」「君臣一如」を理想とする帝国憲法の精神に根本から反している。それに、大日本帝国憲法は充分に民主的であり、過去に問題があったとするならば、それは軍人どもの誤った運用による、と考える松本は、これでは国体の変革になり、とうてい受容できない。ゆえに徹底抗戦をひそかに覚悟するのである。

十五分して白洲が呼びにいき、アメリカ側四人は戻ってきた。部屋に入るとき、この自信たっぷりの准将は芝居がかっていった。

「いやアトミック・ヒート（原子力的な光）のなかで日向ぼっこをしていたよ」

これをしも原子爆弾の圧倒的な威力を背景にした脅迫、とする説もあるがはたしてどんなものか。

そして、席についた米軍側に、松本がさっそくGHQ案にある一院制について質問し、その返答を聞きながら、「こいつらは憲法について素人だな」とひそかにほくそ笑んだ。そんなエピソードも交え、その後の四、五分間、日本側はGHQの真意を探ろうと情報の引き出しを図り、さらにGHQ案は日本の伝統にそぐわない非日本的なものだと突っ込んだりしている。

このとき、マーク・ゲイン『ニッポン日記』によれば、ホイットニーは冷然としていい放った、ということになる。

「最高司令官はこの程度以下の案はいかなるものも考慮に入れないと断言している。ただし、このアメリカ側の草案の精神に反せぬかぎりの些細《ささい》な修正には、喜んで応ずるであろうとも言っている。この草案を支持する用意が、日本政府にないというならば、マッカーサー元帥は諸君の頭の上を越えて直接に日本国民に訴えるであろう」

これが事実なら、日本側は脅迫にひとしい最後の啖呵《たんか》の前に、ただ声を飲むほかはなかったことであろう。しかし「ラウレル文書」では、

「最高司令官は、……お望みなら、あなた方がこの案を最高司令官の完全な支持を受けた案

として、そのまま国民に示されてもよい旨を伝えるよう、指示されました。もっとも、最高司令官は、このことをあなた方に要求されているのではありません。しかし最高司令官は、この案に示された諸原則を日本国民に示すべきであると確信しております。最高司令官は、できればあなた方がそうすることを望んでおります。が、もしあなた方がそうなされなければ、当方でそれを行なうつもりでおります」

となり、しかも冒頭の長広舌《ちようこうぜつ》のときに、すでにこう説明しているというのである。

ともあれ、会談は、「よく読んで検討してから、日本政府の考えを申しのべます」という日本側の申し出をもって、十一時をちょっと回って終了した。歴史の急転はここからはじまる。

＊この章の「余談」——

(44) 二月九日の東京新聞「眼と耳」欄に、石田一松のことが取り上げられている。自由党から立候補する予定であったのに、あっさりと脱退し、新党を結成し豊島《としま》区雑司ケ谷《ぞうしがや》の自宅に看板を掲げて曰《いわ》く、「日本正論党」。

「……去る五日の自由党緊急大会に於て幹部の政治的良心を喚起する目的で、追放指令該当の疑いある幹部の会場より退場の緊急動議を提出したが、満場一致でこれを否決、のみならず議長の答弁が冷笑的だったというのが石田氏脱退の弁。斯《かく》の如き政治的良心の片鱗《へんりん》も認め得ざる輩《やから》と行を共にするを得ず、自己の良心の命ずるままに——と日本正論党を結成。天皇を護持して国民大衆の自由と利益のために挺身《ていしん》、政治悪、社会悪の撲滅を期して広く同憂の士を求めている」

当時のわたくしにはそんな経緯のあったことなど存じないことであった。しかし、その代議士になってからの「のんき節」に心から喝采《かっさい》していたのである。

（45）敗戦いらいシーンと息を殺していた「天皇の官僚」の、追放されないとわかった連中が、二十一年が明けたころからまた肩に力を入れ出した、としても、あながち間違った判断ではないような気がする。「天皇の軍隊」は消滅し、ＧＨＱ指令でつぎつぎに既成の権威が崩れ去ってゆくなか、占領政策をスムーズに進めるために官僚組織に頼らざるを得ず、温存された気味があった。そしてこのころから、彼らはＧＨＱやそれに従う政府の権威を笠に着てそろそろエヘンとやりはじめたのである。たとえば、食糧危機は「供出配分に関する不合理、不徹底にもとづいている。政府、国民の努力が必要である」というＧＨＱ勧告によって、内閣は二月十七日に「食糧緊急措置令」を制定した、という事実がある。内容は要するに、政府が命じた期間内に、供出を完了しない農家にたいしては、強制買い上げを行なうこと、また、供出阻害を煽動《せんどう》するものも厳罰に処すこと、などなどを決めたのである。当然のことながら、小官僚たちの出番である。「ＧＨＱさまの命により」民衆に圧力をかけやすくなっていった。

(46)「象徴」について一言。高野岩三郎、室伏高信《むろぶせこうしん》、杉森孝次郎、森戸辰男たち七人の学者と知識人で構成された民間の「憲法研究会」がつくった憲法草案について、二二九ページでふれておいた。この「草案」がＧＨＱの「憲法起草会議」のメンバーの眼にふれ、大きな影響を与えたという説がある。たしかにうまい言葉が見つかったと採用された可能性は十分に考えられる。メンバーのひとり、岩淵辰雄がのちにエッセイに書いている。

「……あの憲法の骨子になっている天皇を象徴とし、主権在民の原則を、日本の側でたてたのは、筆者らの民間人による憲法研究会であった。……象徴という表現は、その研究会で杉森氏と室伏君で考え出したものだった。そのころ、日本の大方の知識人は、精一杯、国家法人説をとなえていたものであった。／日本国憲法に対する非難の一つは、アメリカから押しつけられたものであるから不可ということだが、この憲法が成立するとき、議会で、そういう意味で、この憲法を非難をして反対したものがいなかった」

さらに贅言《ぜいげん》をつらねれば、この〝象徴〟が多くのオールド・リベラリストによって支持されたことにも注目すべきかもしれない。日本古来からの天皇とはいわば象徴天皇であり、政治的実権や軍隊統帥《とうすい》権などをもってはいなかった。つまりこれこそが日本の伝統にもとづいた正しいあり方である、という論である。これは憲法を肯定する側には有力な論拠になっている。

十七　昭和二十一年二月(2)「聖断ふたたび」の章

甘く見すぎていた日本側

二月十三日、ＧＨＱ側との会談を終えると、松本国務相はその足で首相官邸に直行し、幣《しで》原《はら》首相に報告する。

「総理、実にこれは途方もないものです。このような憲法はいまだかつて見たことがない。……まるで共産主義者の作文です。どうも先方には法律の知識もあまりないようです。基本的には民主的な政治体制と民主的な憲法が必要なことに異存がない。しかし、あまりに急進的でしかも国情にあわない憲法では、かえって将来に悪い反動をまねくことになる。とにかく、先方の無知が問題の原因になっているると思われるので、急いで訳文をつくって十分に検討するとともに、もう一度説明書を書いて、少しずつ教えてやりながら交渉してはどうかと考えます」

首相も「それでいこう、よろしく頼む」と了承し、松本を励ましたという。

こうして幣原、松本、吉田と、吉田の代理としての白洲の四人だけに限定して、閣僚にはいっさい知らせずに、松本案の再考を求めて、GHQとの交渉がはじめられた。その詳細は諸書に載っているが、日本側の手を尽くしての説明にも、GHQはほとんど耳を貸さず、日本側の悪あがきとしか見ないのである。

また、公平に見れば、「無知」を「教示」してやるといった姿勢を保持しつづけた日本側のほうが、国家的大事を甘く観察しすぎていたと評するほかはない。

「（私の改正案は）外観上は分量少なく、かつ微温的に見ゆることあるべし。けだし右の改正案は形式的にはなるべく少なく現行憲法に触るることにより、国民の大多数を占むる保守派または中央派の人々の無用の反感を避けんことを期したるものなればなり。然《しか》れども右の案は実質的には英国式の議会的民主主義の方向に向て、相当大幅に歩を進めるものなのである」

松本が二月十八日に提出の「憲法改正案説明補充」の一節である。

「これを比喩《ひゆ》的に言えば、右改正案は多数の国民に呑ませ難き薬を糖皮に包みて呑ませせんとするものなり」

写していてガッカリする。範をイギリスにとるというが、実際の松本案の中身はそれとは違い、「なるべく少なく」改正し、説得の役に立つからイギリスをもち出したまでのもの、日本の工作は引き延ばし戦術にすぎないと、ただちに見破られる。当然、「とにかく四十八時間以内に回答を求めるのみなり」と、「説明補充」は突き返される。こうして説得工作は万策が尽き、やっとこの重要案件を緊急閣議にかけることになる。五日が空《むな》しく経った十九日のことである。

「預金封鎖、新円発行」の大騒ぎ

ところで、二月八日にとりあえず「松本案」がGHQに提出されたこと以外に、何も知らされていなかった閣僚たちは、この間をただただノホホンとしていたのか。占領下の政府が無為無策で暇をもてあましていられるはずはなく、時を同じくして、渋沢敬三蔵相が中心の大蔵省から提起されている財政策をめぐり、閣僚間で議が激しく交わされていたのである。国務相小林一三《いちぞう》の日記を拾い読みすることで、その忙しかった事情が察せられる。長々と引用する。

「……大蔵大臣は依然として馬鹿の一つ覚えで財産税千億円、公債償却五百億円の荒っぽい粗雑な財政策の夢をえがきつつあるのである。国民こそ迷惑至極である」（二月十三日）

「……午後一時より臨時閣議。金融緊急措置令、新紙幣引換法、強制預金令、物資徴発令など懸案の全部が可決された」（十四日）

「……十時閣議、昨日に引きつづき大蔵省の荒粗案実施にともなう各省関係大臣の説明等いろいろ協議」（十五日）

「……二時より臨時閣議、例の荒粗案をいよいよ明十七日公布することに手順完了。／……我日本再建の門出に於《お》て願くは無事に、騒動なしに、運んで欲しい。神よ、此国に幸あれと、ただ、今日となっては祈るより外に途《みち》はない」（十六日）

「今朝の新聞は、いよいよ大蔵省案を堂々と記載した。……各方面の批判は『失敗せば破滅だ』という心持から、どうしても成功せしむべく国民の協力を強調しているのは実に嬉しいと思う。ただ問題は、旧券の預入れが果してウマクゆくだろうか、混雑と紛擾《ふんじょう》とに終る恐れはないだろうか、闇取引を封ずる結果として食糧買いあさりと、物資の出廻《でまわ》りとが政府の思う通り静逸《せいいつ》に実行されるだろうか。実に危い芸当を演ぜざるを得ない立場に、自から好んでダラシナク暮らして来た政府の責任は重大なことだと思う」（十七日）

政府が断行したこのインフレ対策は、預金封鎖、新円発行として、体験者には忘れられぬ狂騒曲として残っていることであろう。当時の「空いているのは腹と米櫃《こめびつ》、空いていないのは乗り物と住宅」という哀れな国民生活を根元から震撼《しんかん》し、知らされた国民はだれもが腰を抜かした。

小林のいうこの「荒粗案」は、簡単にいえば、金融機関にある個人、法人の預金、貯金を全部〝封鎖〟する、つまり預貯金の引き出しの禁止である。旧円はすべて預け入れて、生活資金として、封鎖預金のなかから新円で現金として毎月引き出せるのは世帯主が三百円（四月以降は百円）、家族はひとりにつき百円だけ。会社から貰《もら》う給料のうち五百円までは新円、それ以上は封鎖小切手で支払われる。独身者は月に八百円、結婚または葬祭のために千円しか使えないことになったのである。

庶民にとって驚天動地、寝耳に水、これほど由々しいことはない。大学生山田風太郎はこの日の町の大騒ぎを記す。「……国民に対する衝撃、八月十五日以来のもの。日本国中ひっくり返るような騒ぎなり。近隣の家々よりこのことに関する百論さわがしく聞え来る」と。さもありなん。

わが父も大いにボヤいてわたくしにいった。

「稼ぎの多いわが家も、これで庶民と同等になった。やるせないが止むを得ん。汝《なんじ》も少しは大食いをつつしめよ」

戦災貧乏が何を偉そうに、と腹でケケケと笑ったものである。こうして庶民は、憲法草案がどうのといったどころの話ではなく、何も知らされてはいなくて幸いした……。

念のために書いておくと、このときの新円引換えは十円以上で、五円以下は旧来どおりであった。こうしたおかしな非常措置の煽《あお》りで、小銭をみんなが貯め込み、街ではわけのわからぬ騒動が捲《ま》き起こっていた。財布に十円以上の札をたっぷり収め、せっかく配給になった煙草《たばこ》を買いにいっても、四円二十銭がなければ売ってもらえない。小銭がなくては電車に乗れない、夕刊も買えないと、日常生活すら満足に営めなくなっている。高見順の日記にある、「新聞で見ると、どうせ使えなくなる〔十円以上の〕旧円だというので、熱海でドンちゃん騒ぎをしている者があると出ている」（二月十八日）と。それでなくとも、これまでのGHQ指令に流されるままの歳月、ほとんど呆《あき》れられている幣原内閣への不信は、ますます増大するばかりである。

天皇の「地方巡幸」がはじまる

そうした混乱のさなかに、緊急閣議が召集された二月十九日、同日の午前九時、天皇は自動車で宮城《きゆうじよう》を忍びやかに出た。前にオープンカー、後に供奉《ぐぶ》の者の乗る車、三台の前後をMPのジープが固めている。憲法草案をめぐる政府とGHQとの確執のことなど知らないままに、天皇は神奈川県下にはるばると出かけていくのである。国民に特別の通知もない行幸《ぎようこう》ゆえに、天皇の車列は道々の民衆のだれひとり気づかぬままに、六郷橋《ろくごうばし》を渡り川崎《かわさき》市に入っていく。

午前九時四十五分、昭和電工川崎工場に到着する。それが、その後足かけ八年間、総日数百六十五日、全行程三万三千余キロにおよぶ「地方巡幸」のはじまりとなる。このときの横浜市藤棚《ふじだな》町の戦災者・引揚者共同宿舎での天皇について、朝日新聞記者は感動を隠さずに書いている。

「『ああ勿体《もったい》ない』とすすり泣く老母、何人も何人も声をあげて泣いている。……焼残りの家財をおさめる場所もなく置きならべている有様、見る影もないよごれた衣服、この痛ましい戦災者の姿に仰せられる御言葉も、玉音《ぎょくおん》朗々と勅語を賜《たま》うあの議会開院式の日の御声とはまるで違っていて、陛下ももしかしたらお泣きになっているのではないかと、そっとお顔を拝してみた程である」

また、宿舎の外で整列する小学生と会話を交わしている模様は、翌日の新聞に一枚の写真とともに広く伝えられた。軍手をはめた少年に声をかける天皇の写真である。そしてその会話は二、三日後の夜のラジオで放送され、国民に知らされたと記憶している。

「キミの家は空襲で焼けたかネ」

「焼けました」

「あ、そう。……学用品は焼けなかったかネ」

「疎開していたので、焼けませんでした」

「あ、そう。それはよかったネ」

アナウンサーは「お優しい陛下という印象」と伝え、新聞は「女性的なお言葉」「優しさに満ち」と報道していた。

そしてこの「あ、そう」が流行語になるほど、国民にショックを与え、われら中学生は何かとふざけて「アッ、ソウ」を連発した。が、その反面で「人間宣言」の勅語よりも何よりも、その言葉に、天皇その人に親しみをともなう暖かみを感じとったのも確かである。

仰天する閣僚たち

こうして天皇が親しく民衆に接しているとき、午前十時からはじまった緊急閣議は、「突然エライ事件が持上がった」と小林一三国務相が日記に記したように、冒頭から仰天し緊張することになる。閣僚たちは何の資料も渡されていないままに、松本国務相の説明を聞かせられている。小林はその松本の説明を長々と書いている。肝腎のところを引く。

「……この〔GHQ〕憲法案のプリンシプルとベーシックホルムを採用するか、しないか、明日中に返事をしてくれと、いと厳《おごそ》かに、恰《あた》かも命令するが如《ごと》くに言われたのである。自分は一読して見て驚愕《きょうがく》したのである。彼らの作成せる原案は、この憲法は人民の名によって制定する、天皇には統治権もなければ主権もない、総理大臣は議会が任命する、任命されたる総理大臣は各大臣を任命して議会の承認を得ること、貴族院は廃止されて衆議院の一院となること等、恰かもソビエットの言いそうな、また独逸《ドイツ》のワイマル憲法のような、主権は人民にありというので、現行憲法を改正せんとするにあらずして、寧《むし》ろ、革命的に連合軍司令部よりこの憲法によって民主政治を樹立すべしと命令せらるるに少しも異ならない……」

この凄《すさ》まじいばかりの松本の報告には、気を動転させつつもまずは反対の声があがる。まして首相が「私としては、総司令部案は受諾できないと思う」と発言するにいたって、「総理と同意見です」と、つぎつぎに声があがっても不思議はない。内務大臣三土忠造《みつちちゅうぞう》、司法大臣岩田宙造《いわたちゅうぞう》が大声で反対論。厚生大臣芦田均《ひとし》が長々と論じる。「もしアメリカ案が発表されたならば、わが国の新聞は必ずこれに追随して賛成すると思われる。その際に内閣が責任はとれないと称して総辞職すれば、喜んで米国案を承諾する連中が出てきて政権の座につくことは間違いない。その内閣がどういうものか想像はできる。来るべき総選挙の結果を考えると、まことに憂慮すべきものがある」

対して文部大臣安倍能成《あべよししげ》が「GHQ案に反駁《はんばく》するには、内閣案をきちんと確定しておかねばならない。松本国務相の案だけというのはおかしい。正式に閣議で日本案として作る必要がある」といい出せば、「然《しか》り、各閣僚の意見の反映していないままで、改正案がきまってしまうのは遺憾この上ない」と賛成する人もある。

……といちいち書いていくと、終戦時の、ポツダム宣言受諾をめぐっての鈴木貫太郎内閣の、重苦しくも緊迫した会議が偲《しの》ばれてくる。拙著『日本のいちばん長い日』（文藝春秋）でくわしく書いた記憶が蘇《よみがえ》るが、今回はその余裕がない。ただ大きく違うのは、ＧＨＱ草案の原文も訳文も示されないままの論議ということである。これでは空転してもやむを得ない。結局は、幣原首相がマッカーサー元帥その人にじかに会い真意を確かめ、政府の方針を決めたほうがよい、という常識的な結論に落ち着くことになる。

モラル・リーダーシップをとれ

二月二十一日、幣原首相は総司令部へ赴いて、マッカーサーと会談する。会談は三時間の長きにわたってつづけられた。

天皇が元首であると明記していない憲法は、どうにかして返上したいと幣原は考えている。元首でなければ国家統治権がなくなる。国体が変わる。これはポツダム宣言受諾のさいの約束とは違うではないか、という悲痛な想いが首相にはある。それを強く訴えたのである。

しかし、マッカーサーはその陳情を受けつけなかった。

「私は心から日本のためを考えているのである。ことに〔九月に〕天皇に会ってからは、何とかして天皇の安泰をはかりたい、と念願している。総理が国のために誠意をもって働いていることも了解している。しかし、極東委員会のワシントンでの討議の内容は、日本にたいしてハッキリいってよくない。ソビエトとオーストラリアは、極度に日本の復讐《ふくしゅう》を警戒している」

そういって話を憲法問題に移す。

「総司令部案は新憲法を宣言するのは天皇であり、第二条は皇位の継承も認めている。日本政府案との間に越えられない溝があるとは思えない」として、マッカーサーは語気を強めていった。

「日本側の修正あらば検討するにやぶさかではないが、基本的な原則は変更を許されない」

その基本的な原則とは、天皇の象徴的地位と国民主権、ならびに戦争放棄の条項との二つ。マッカーサーは強調する。

「憲法が主権在民を明記したのは……進んで国民の信頼によって天皇がその位《くらい》におられるという趣旨を明らかにしたものであって、かくすることが天皇の権威を高からしめると確信している」

「もしも軍に関する条項をそのまま保存するならば、諸外国は何というだろうか。またも日本は軍備の復旧を企てていると考えるにきまっている。日本のためにはかるに、むしろ、第二章のごとく、国策遂行のためにする戦争を放棄すると声明して、日本がモラル・リーダーシップをとるべきだと思う」

幣原はあわてたように口を挟《はさ》んだ。

「あなたはリーダーシップといわれたが、恐らく世界中でだれもフォロワーとならないのではありませんか」

フォロワーとは、あとにつづく者という意味であるのは、いまさら付記するまでもないか。

マッカーサーは自信たっぷりにいった。

「フォロワーがなくても日本は失うところはない。これを支持しないのは、しない者が悪いのである」

以上の問答は、翌二十二日の閣議で、幣原が報告したのを記録した芦田均日記にもとづく。多くの書もまた同様であって、差異はないが、これが小林一三日記によると、さらに首相はこうつけ加えて説明したものと見られる。

「マッカーサー元帥の主張せらるる二点の中、戦争はやらないという文句を明記するという事、これは、軍備を持たない国は戦争なぞやれるものではない、又、やらないにきまっている、のみならず、開戦の如きすべて議会においてキメルのであるから殊更《ことさら》に明文にしなくとも、連合国司令部を安心せしむる方法はイクラでもあると思うから、又、主権は人民にありという点、これもまた法文の現し方が違うだけで、その精神は一致しているから、松本博士と、も一度、話合えば必ずまとまるものと〔私は〕信じている」

幣原は依然として諦《あきら》めないでいる。

こうして松本国務相によるGHQへの再交渉が首相から提案されたが、はたして閣僚たちはどこまで理解ができたことか。なにしろこの土壇場に及んでも、閣僚に手渡されている資料はGHQ案の第一章天皇、第二章戦争放棄の部分の外務省訳だけであったからである。これでは真剣に討議しようにも、問題点のつかみようもない。

芦田均日記によると、松本はとにかく「GHQ案は受諾するわけにはいかない」と反対意見を開陳しつづけたが、三土内相、副島千八《そえじませんぱち》農林大臣、それと芦田が事実上そのままの受け入れを主張したとある。また、安倍文相は沈痛そのままに、「天皇にたいする規定といい、戦争放棄といい、陛下にたいしても、国民にたいしても、まことに責任重大であり、慎重なる決意を固めなければならないと考える」といった。閣僚たちはいまさらのように責任の重大さに思い当たり、それ以上は余計な口をきけなくなった。

日本国民は、どちらを選ぶか？

そして、だれもが「もし日本側が突っぱねるならば、われわれのほうで日本国民にGHQ

案を示してもよい」という旨のホイットニーの発言を胸に痛いほど深刻に想起した。

歴史に「もしも」はない。が、あえて「もし松本案とGHQ案とが、ならべられて発表されたなら……」を考えてみる。先の芦田の発言がその契機になる。あにGHQに検閲統制されている新聞のみならんや、である。[47] はたして日本国民の多くが、米国案を佳《か》として受け入れることにならなかったか。軍事占領下にあるわれらは、何事であれ拒絶することはできない。拒絶すれば占領軍からの過酷なしっぺ返しを予想させる、という憂慮は日本人のだれにもあった。でも、それだけのことで、GHQ案を選択するであろう、といいたいわけではない。

松本が必死の抵抗で、「もしあまりに急進的な憲法改正案が発布されたら、穏健派の人たちに激しいショックを与え、彼らに民主主義自体にたいする反対の態度をとらせるだろう」とGHQに警告しつづけたというが、この認識はかなり的をはずれていなかったか。当時の戦争の悲惨にあえぐ国民の価値観からしてGHQ案は否定されるべきものではなかったであろう。平和、民主、自由と、GHQ案の示している価値観は、否定なんかできないほど貴重なものと映じていたのである。はっきりいえば、戦争にこりごりした日本国民のもっとも現実的な、敗戦是認と合致していた。いや、卑しくいい換えれば、二百日近くにおよぶ占領下の生活のなかで、GHQと〝寝てしまった〟日本人にとっては、日本政府よりもよっぽどG

HQのほうが信頼のおけるいい旦那《だんな》であったのである。

あえて極論しよう、すなわち戦後の日本国というものは、目的がなくただ存在している国家となっているのである。占領軍の意を迎えるだけに目を奪われ、日本人のだれもが独立国家の国民として欠くことのできない気概を失っていた。伝統や文化や歴史や〝この国のかたち〟の全否定が、民族の尊厳や存在意義を奪い去り、日本人を根なし草の哀れな国民にしてしまっていたのである。戦争における大敗北の結果には違いない。いまになってみれば、戦前の日本のあり方を反省し痛嘆すると同様に、占領期のこの国の浅薄さも心から嘆かざるを得ないのである。国家の機軸を喪失し根こぎにされた日本人は、最低限の条件を備えてさえいれば、すべてを受け入れるのに馴《な》れきっていた。

その最低限の条件である天皇制の存続、もっと現実的に「象徴」であれ何であれ、天皇の身柄保全の保障と引換えに、日本国民はGHQ草案による憲法を受け入れることに、何の心理的抵抗ももたなかったに違いない。アメリカを尊敬し、アメリカ人に親近感をもつ日本人はほんとうに多くなっていた。いまやアメリカ型の政治制度を一括して、無料で、しかもそれをうまく運用するアンチョコつきで提供されている。しかも天皇制の最大の重点は温存されているのである。これで日本の明日はうまくいくかもしれないと、思慮ある人たちも考えたのである。あのころの大人たちの情けなさ、腰っ骨の弱さを知るわたくしには、そう思われてならないのである。

日本の第二の敗戦

二十二日、時計は十一時半を過ぎている。四十八時間という回答期限まであと四時間と少しである。閣議は困惑と憂鬱《ゆううつ》の底に沈みきり、もう発言するものもいない。結局、天皇はイギリス流になることになるのであろう。むしろ一大決心をして「新思想的に」（小林一三の言葉）憲法を改正することがいいのかもしれない。自然にそういう結論に到達していくが、閣僚はひとりとしてそれを自分からいい出さない。そう納得しつつなお胸につかえるものがあるのである。

やがて幣原がボソボソといった。

「主権在民と戦争放棄は、総司令部の強い要求です。憲法改正はこれにそって立案するよりほかにない。それ以外はなお交渉を重ね、こちらの意向を活かすように努める。そうご了承を賜《たま》わりたい」

この言葉は、幣原がのちに語ったという「天皇制護持のためには、憲法原案（ＧＨＱ案）を飲んで、天皇をシンボルにすることと、戦争放棄に同意したのである」と同じことである。これを承認しなければ、さらに何かもっと大きなものを失うことになる、と言外の意味が含ませてある。これまでかたくなであった首相がいっぺんに折れた。松本国務相も煮え湯を呑《の》む気持でついに同意する。そしてほとんどの閣僚もこれにつづく。何があっても天皇制を護《まも》ること、そのこと以外に思想らしい思想をぶつけ合うこともなく、もやもやとしたうちで思考を停止、閣議は基本的にはGHQ案の受け入れという方針を一応は定めた。

そのことは、古関彰一《こせきしょういち》教授が書くように、「八月十五日につづく第二の敗戦」であったのであろう。すなわち「武力による敗戦に続く、政治理念、歴史認識の敗北であり、憲法思想の決定的敗北を意味した」という教授の意見に、全面的にわたくしも同意する。

あと残されているのは、天皇その人の意思である。明治憲法第七十三条は、憲法改正には「勅命」を絶対の必要条件としているのである。

徳川義寛《よしひろ》『終戦日記』二月二十二日の項にある。

「首相　二・〇五〜三・一五　御文庫御政務室　軽い御風邪気で終日御文庫御静養」

十九、二十日と、寒風吹きすさぶなかの巡幸を終えた天皇は、その疲れも残ってか風邪気味であった。それで御文庫の政務室で、幣原の新しい憲法についての説明を受けたのであろう。幣原平和財団編『幣原喜重郎』には、強い天皇の言葉が記されている。

「最も徹底的な改革をするがよい。たとえ天皇自身から政治的機能のすべてを剥奪《はくだつ》するほどのものであっても、全面的に支持する」

もう一説に、キッパリと天皇は、

「自分は象徴でいいと思う」

と断を下した、といわれている。

幣原はそのまま官邸へ戻り、折から追放令について話し合っている閣議にのぞみ、天皇の毅然《きぜん》とした言葉を伝える。もはや反対する閣僚はいなかった。こうして、ふたたび聖断によって、憲法改正は、主権在民・天皇象徴・戦争放棄を基本とすることが、正式に決定される。やっぱり国体を完璧《かんぺき》には護持し得なかったのか、という哀切な想いを残して、すべては終わった。


わたくしの二月のこのころの記憶では、奇妙なほど鮮やかにひとつのことが残っている。当時、汽車通学のため、授業の関係で午後二時半前後の汽車に乗り遅れると、六時すぎまで待たねばならなかった。そうしたある夕暮れのこと、学校に居残りぶらぶら時間待ちをしていたわたくしと同じ汽車通学の仲間数人は、黄昏《たそがれ》の濃くなるのを見すましたように、校長以下の数人の先生や職員が、奉安殿までの深い雪を掻《か》き除《の》け、人の通れる道をつくっているのを認めたのである。明らかに生徒たちの目を憚《はばか》るようにひっそりとやっている。それは前年十二月二十日に、文部省より次官名をもって出された通牒《つうちょう》「御真影奉還に関する件」にもとづく返還のための、もち出し作業であったのである。(48)

やがて道がつけられ奉安殿が開いた。校長の頭上高くうやうやしく白手袋に捧げもたれた御真影が……。先生たちは深々とその白い布に包まれた四角なものに頭を下げる。それに合わせて、傍観していたわたくしたちも、戦前の儀式のときどおりにいっせいに最敬礼をした。それが現人神《あらひとがみ》への最後のお別れとなったことをのちにわたくしは、自覚した。

＊この章の「余談」――

(47) 新聞社だけでなく出版社は？　いやはや、出版界にはこのころ大激震が走り、惨憺《さんたん》たる状況にあったのである。すなわち二月二十五日に、末弘厳太郎《すえひろいずたろう》を委員長とする出版界粛清委員会は、戦争責任を追及し、第一公論社、大日本雄弁会講談社、主婦之友社、旺文社、家の光協会、日本社（前の興亜日本社）、山海堂の七社に処罰を通告している。

たとえば、大日本雄弁会講談社にたいして、である。「一、社名の変更。二、幼年・少年・少女・婦人の各倶楽部、大衆娯楽、思想等各雑誌を廃刊。今後これ等以外の部門に出版を限定。三、野間家の出版関係持株を三割以内に限定、爾余《じよ》は社内外に公開」。

また、主婦之友社は「主婦之友廃刊、社内民主化の徹底」であり、旺文社は「解散し出版事業廃止」という厳罰である。

さらに、引きつづいて粛清委員会はつぎの十一社についても、戦争責任を追及審査すると発表している。対象にされたのは誠文堂新光社、文藝春秋社、新潮社、大日本青年団、日本週報社、養徳社、博文館、軍需工業新聞、日本報道社、雄鶏通信社、秀文閣の各社である。

これでは憲法論どころではなかったことであろう。

（48）通牒はいう。「今般天皇御服御制定に伴い、曩《さき》に貴管下各学校に下賜の今上《きんじょう》陛下御真影は、将来新制定の御服装に改めらるべく、また皇后陛下御真影も右に準じ下賜可相成に付き、従来下賜の御真影は至急奉還相成度旨宮内大臣より通牒有之……」となっている。服が変わるからとは苦しい言い訳としかいいようがない。これひとつを見てもいわゆる「人間宣言」が必要であったことがわかる。
また教育勅語の謄本については、昭和二十一年十月になって文部次官通達として、その扱いについてつぎのように申し送っている。

「一、教育勅語を以て我が国教育の唯一の淵源《えんげん》となす従来の考え方を去って、これと共に教育の淵源を広く古今東西の倫理、哲学、宗教等にも求むる態度を採ること。一、式日等に於て従来教育勅語を奉読することを慣例としたが、今後は之を読まないことにすること。一、勅語及び詔書の謄本等は今後も引続き学校に於て保管すべきものであるが、その保管及び奉読に当っては之を神格化するような取扱をしないこと」

読まないでただ保管しておけとは、何ともへっぴり腰の通達である。そして結局は昭和二十三年六月の国会で勅語等の失効確認に関する決議が行なわれ、文部省に返還することにきまる。

もうひとつ、ついでに書いておく。学校の主導によって行なわれる宮城遥拝《ようはい》や「天皇陛下万歳」についてである。これらが文部省通達でとりやめと決まったのは、昭和二十二年六月から。民主化の歩みのなかで、どうしてどうして心理的抵抗のなお根強かったのであろうことが察せられる。

エピローグ 「大理想」の章

アメリカナイズ、そして自信喪失

三月、しかし、遠く雪国ではまだ、春浅し。

季節が浅いとか深いとかは日本人の発明である。浅いは春、深いは秋とほぼきまっているのは、山野《さんや》の色彩の濃淡をいったのであろう。冬はいちばん色彩に乏しい季節で、そこに色がつく、しかしいまだ浅き春色、それが春浅しである。依然として飢餓と貧困の毎日がつづいているが、やがてこの国にも春が来るであろう。少なくともかつての大日本帝国よりはいい国ができるであろう。そう思えばナイナイづくしの生活も苦にはならなかった。

そんな春まだきに、家が焼け残っているからと、さっさと東京へ戻っていった同じ疎開組の、文学少年の友から、楽しい手紙がとどいた。日比谷の有楽座でディアナ・ダービン主演の『春の序曲』というアメリカ映画が封切られたので、さっそく観《み》にいったという報告である。いまになると、戦後初のアメリカ映画の封切りは昭和二十一年二月二十八日であり、『春の序曲』と、グリア・ガースン主演の『キューリー夫人』がそれであったとわかる。戦争中には観ることかなわざる敵国映画である。当時三円の日本映画にたいして入場料金十円、それでも観客は殺到し、入場整理に巡査が出動したという。

長岡は焼野原で、映画館も消滅しているから当分は縁なき衆生《しゅじょう》、羨《うらや》ましい限りであった。それよりも飛び上がらないわけにいかなかったのは、スクリーンの画面いっぱいに、西洋人の男女のキス・シーンを観た！　と友は得々と書いてきたことであった。こうなるとひとりだけの秘密というわけにはいかなくなる。とくに仲のいい連中にその手紙を回覧して、「ひそひそ」「ひそひそ」と、それぞれが思い描けるかぎりの濃厚この上ない男女の姿態を語り合って、ウヒャーッと手足を空中にくねらせ突き出してのタコ踊り。もうすぐ中学四年生になるというのに、と、まことに情けない気持で思い出せるのである。

ついでに書けば、これが皮きりで日本映画各社にも、キス・シーンはノー・カットの許可が、ＧＨＱより出たという。張り切った各社がただちに競作、四月十八日封切りの大映映画の『彼と彼女が行く』で、唇と唇の間にセロハンをはさんでのキス・シーンが初公開された。

もちろん、映画館のないところにいては観るべくもなかったのであるが……。日本人のアメリカナイズは猛スピードでとどまるところなしに開始されたのである。

さらに少し後の話になるが、腰の蝶番《ちようつがい》の外れそうになった驚くべき知らせが、同じ友からあった。〝文学の神様〟志賀直哉《しがなおや》が四月上旬発売の「改造」四月号に、「国語問題」と題する感想を寄せ、こんな途方もないことを提唱したというのである。

敗戦直後の日本には、食糧難、インフレ、失業など緊急の問題が少なくないが、日本の将来を考えれば、文化の進展を阻害してきた国語の問題がある。

「〔不完全で不便な日本語の解決なくして〕将来の日本が本統の文化国になれる希望はないといっても誇張ではない」かといって、「今までの国語を残し、それを造り変えて完全なものにするという事には私は悲観的である」。それゆえに、

「私は此際、日本は思い切って世界中で一番いい言語、一番美しい言語をとって、その儘《まま》、国語に採用してはどうかと考えている。それにはフランス語が最もいいのではないかと思う」

と志賀はいう。さて、この神様のご託宣を読み、貴意や如何《いかん》？　と友に問われて、正直なところわたくしは声もなかった。もちろん、手紙ゆえに声の必要はないのであるが、教科書なんかで名文中の名文として読ませられている作品がいくつか想起され、これがその文豪の意見とは、どうしても思えなかった。これまでの自分のしてきた仕事を、いったい何と心得

ているのか。やっとの思いで認《したた》めた返事に、敗戦ボケがここにもいるよ、と書いた覚えだけがある。

エピローグであるからと、気楽な雑談を長々とやりすぎたかもしれない。されど、日本人の自信喪失をもっともよく物語る愚かしい提言として外したくはなかったのである。

はかなし、最後の抵抗

本題である憲法の成立まで二百日の、残りの経緯に戻らなければならない。それを簡略に書いておく。

天皇の聖断をうけたあと、二月二十六日、閣議は改めてＧＨＱ案の線で、新憲法草案とその説明書の起草を松本国務相に一任することにした。一言でいえば、この日をもって日本政府としては、抵抗をふくめた強い折衝を諦めたということになる。記録には、いくつかの松本の最後の抵抗らしいものが残されている。たとえば、戦争放棄の条項についてである。松本は、これは一種の宣言であるゆえに、憲法条文として法的拘束力をもたせることもなく、前文に書くだけでいいのではないか、と執拗《しつよう》にねばった。が、ホイットニーの返事はつれない一語につきる。

「いや、それはならない。戦争放棄はもっとも顕著に世界の耳目を聳動《しょうどう》させなければならないことなのだ。断じて条文中に置かなければならない。自分は、むしろ第一章に置きたい、と思っているくらいなのだ」

こうして万策のつきた松本は、法制局の佐藤達夫と手分けして、草案の作成にかかるのである。とりあえず佐藤は国民の権利義務、司法制度、地方自治の三章を受持ち、松本は前文、天皇、国会、戦争放棄などの章を担当することにした(49)。法制局長官入江俊郎《としお》が相談相手となる。ただし結果的には、GHQの強い要求のある天皇条項と戦争放棄の条項は、多少の字句を修正する程度で、ほとんどそのままということにせざるを得なかった。

三月二日、草案は一応できあがる。その間にも、GHQは、とにかく急いで「日本政府案」を提出せよと督促《とくそく》してきて、ついには三月四日までに提出せよと日時を限定してきたのである。たしかにおおよそのところは完成しているが、これではいい文章に練る余裕がない。閣議にもかけていないし、英文に翻訳するのに時間もかかるから、四日は無理である、と日本側は返答する。GHQは頑是《がんぜ》ない赤子のようにわめき散らす。

「日本文の原稿のままでよい。とにかく提出せよ。司令部で当方と一緒に英文に翻訳すればいいのだから、日本側は翻訳者を連れてくるようにせよ」

それというのも、いまになると二月二十七日の読売報知新聞のトップ記事「御退位めぐって」が大問題となったためとわかる。天皇退位にいまや「皇族方は挙げて賛成／反対派には首相や宮相」であり、そして、陛下に退位の御意思、摂政には高松宮を、などの文字が見える。これにＧＨＱとくにマッカーサーが由々しきものと感じとったというのである。木下道雄『側近日誌』の三月五日の項に、真実を穿《うが》ったような見事な観察が記されている。多分にそれは正しかったようである。

「……〔ＧＨＱが草案提出に〕かくも急なるは、先日出た読売の記事、これは東久邇宮《ひがしくに》が外人記者に談《かた》られた御退位の問題に関すること。即《すなわ》ち、天皇には御退位の意ある事、皇族挙《こぞ》ってこれに賛成すると云う事。これが折角《せっかく》いままで努力したＭ〔マッカーサー〕の骨折を無にする事になるので、Ｍ司令部はやっきとなり、一刻も早く日本をして民定の民主化憲法を宣言せしめ、天皇制反対の世界の空気を防止せんとし、一刻も速かにこれを出せと迫り来るによる」

もはや松本も引き延ばし作戦に固執することはできなくなった。ことごとにイスカの嘴《はし》と食い違い、悪く悪く回転する。三月四日午前十時から、外務省きっての翻訳の名手などの応援も加えて、ＧＨＱ内に「日米合同会議」がもたれた。そしてほとんど休むことなしの種々の困難な審議と折衝をへて、草案翻訳の作業が五日午後四時になって完了する。昼も夜もないぶっ通しの作業である。松本は疲労もあり、心の底から憲法にかかわることに嫌気がさして、途中で会議から抜け出してしまう。残された佐藤は、日本にふさわしくない、法律的におかしい、と思われる個所は細部にわたって異議を申立て、訂正、削除を求めるなど精一杯の努力を傾注した。アメリカ側はほとんど認めようとはしなかった。徹夜の作業で窓が白々と明け、綺麗に晴れ上がった空を仰ぎみたとき、「孤軍奮闘」の四文字を佐藤はしみじみと思い浮かべたという。

「憲法改正草案要綱」決定

三月六日、敗戦国日本の政府は臨時閣議をひらいて、全文十一章九十五条の、主権在民・天皇象徴・戦争放棄をふくむ「憲法改正草案要綱」を決定した。そして午後五時、国民に勅語とともにこれを発表する。八月十五日から数えると実に二百三日。

「……国民ノ総意ヲ基調トシ、人格ノ基本的権利ヲ尊重スルノ主義ニ則《のつと》リ、憲法ニ根本的ノ改正ヲ加ヘ、以テ国家再建ノ礎《いしずえ》ヲ定メムコトヲ庶幾《こいねが》フ。政府当局其レ克《よ》ク朕《ちん》ノ意ヲ体シ、必ズ此ノ目的ヲ達成セムコトヲ期セヨ」

幣原《しではら》首相もこれを受けた談話を発表する。

「畏《かしこ》くも天皇陛下におかせられましては、わが国民をして世界人類の理想に向かい同一歩調に進ましむるため、非常なる御決断を以て、現行憲法に根本的改正を加え、以て民主的平和的国家建設の基礎を定めんことを明示せられたのであります」

明治憲法の第七十三条「此ノ憲法ノ条項ヲ改正スルノ必要アルトキハ勅命ヲ以テ」するという形式を守り、政府としては、新憲法が法手続き上は明治憲法と連続性をもつものとした。同時に、楢橋《ならはし》書記官長がGHQを訪ね、閣僚の署名した十二通の英文草案を手交し、日本語原文の正確な公式訳であることを証明する。そして十二通のうちの一通はマッカーサーの手に、残りの十一通はただちにワシントンに運ばれ、極東委員会の十一カ国の代表に渡されることになる。なお、極東委員会は、戦争放棄条項を諒《りょう》とし、これを憲法改正案に明記することを歓迎した。

マッカーサーは用意していた声明を日本国民に告げる。

「余は今日、余が全面的に承認した新しい啓蒙《けいもう》的な憲法を、日本国民に提示しようとする天皇ならびに日本政府の決定について、ここに声明しうることに深い満足を表するものである。この憲法は、五カ月前に余が内閣に対して発した最初の指令いらい、日本政府と連合軍最高司令部の関係者の間における労苦に満ちた調査と、数回にわたる会合の後に起草されたものである。……」

そしてGHQはその裏で、民間検閲支隊が日本の新聞やラジオにたいして、憲法草案がGHQの担当者によって書かれたという事実に、いかなる形にせよ、言及することを厳禁する、と厳しく命じていた。

これで手続き、いや、おごそかな行事はすべて終わったことになる。日本共産党をのぞく各政党は「進歩的なもの」「わが党の原則とまったく一致する」などとこれを歓迎した。考えてみるまでもなく、これがポツダム宣言受諾をめぐって論議された「最終的の日本国の政治形態は……日本国国民の自由に表明する意思により決定せらるべきものとす」の、いわば結論ということになる。すなわち象徴天皇制として皇統の存続はともかく保障されたのである。[50]そして政府は草案発表の四日後に、総選挙は四月に行なうことを公示した。

七日の高見順日記はそっけない。

「本日、憲法改正政府草案発表さる。

主権在民、戦争抛棄を明らかに規定す」

山田風太郎も七日の日記に端的に記した。

「新憲法制定さる。戦争は永遠に放棄。痴人のたわごと」

ともに、それだけである。当時の大人たちは「平和な文化国家たれ」「東洋のスイスたれ」といったスローガンが声高に叫ばれはじめたころから、もう新憲法はこんなものと、とうに中身を承知していたのであろうか。

懐疑の波濤《はとう》に……

たいして何も知らぬままに発表されたものを読み、そこにある戦争を永遠に放棄するの条項に、それは武者震いの出るほど、わたくしには素晴らしいことのように思えた。新しい日本をつくろうと理想に燃えていたし、東京の焼け跡で見た悲惨な数かぎりない焼死者の死を無意味にしないためにも、こよなく有意義なことと信じられたからである。そして、それを口に出してもいい、父に「お前は溺《おぼ》れ死にそこなったため頭に水が溜《た》まってるのと違うか」と嘲笑《ちょうしょう》され、なんて親父は現実主義者なんだと、大そう憤慨した覚えが残されている。あまりに軽蔑されたので、いらい戦争放棄礼讃は口に出さないことにしたが、かえって腹の底に溜まるいっぽうになっている。いまも人類の理想として、地球の明日のために、世界の各国が日本国憲法にならえ、とときどき叫びたくなっている。半ば泣きべそをかきかきの老骨の遠吠《とおぼ》えなんかでは、だれも耳を傾けまい。

その代わりにといっては申し訳ないことながら、昭和天皇その方もそのことを大理想としていた事実を示す史料を、最後にご紹介しよう。サンケイ新聞が発掘した「天皇・マッカーサー会談」第三回（昭和二十一年十月十六日）の、昭和五十年八月十五日付けの紙面に大きく報じられた記録である。その一部を引用する。

「天皇　今回憲法が成立し、民主的新日本建設の基礎が確立せられた事は、喜びに堪えない所であります。この憲法成立にさいし貴将軍に於《お》いて一方ならぬご指導を与えられた事に感謝いたします。

元帥　陛下のお蔭にて憲法は出来上ったのであります（微笑しながら）。陛下なくんば憲法も無かったでありましょう。

天皇　戦争抛棄の大理想を掲げた新憲法に日本はどこまでも忠実でありましょう。しかし、世界の国際情勢を注視しますと、この理想よりは未《いま》だに遠いようであります。その国際情勢の下に、戦争抛棄を決意実現する日本を、危険にさらさせる事のないような世界の到来を、一日も早く見られるように念願せずにはおれません。

元帥　最も驚くべきことは世界の人々が戦争は世界を破滅に導くという事を、充分認識しておらぬことであります。戦争はもはや不可能であります。戦争を無くするには、戦争を抛棄する以外には方法はありませぬ。それを日本が実行されました。五十年后に於て、私は予言致します。日本が道徳的に勇敢且《かつ》賢明であった事が立証されましょう。百年后に日本は世界の道徳的指導者となった事が悟られるでありましょう。世界も米国も未だに日本に対して復讐的気分が濃厚でありますから、この憲法も受くべき賞讃を受けないのでありますが、すべては歴史が証明するでありましょう」

しかしながら、このマッカーサーの予言がはずれつつあるいまの全世界である。戦争はなくなるどころか、二十一世紀になり増大しそして危険度は拡大するいっぽうとなっている。ふと、これを書きながらも、あのときにわたくしを嘲笑した父の言葉が蘇《よみがえ》ってくる。

「馬鹿か、お前は。人類が存するかぎり、戦争がなくなるはずはない。そのためには人間がみんな神様にならなきゃならん」

さらにはフランスの作家サン＝テグジュペリの絶望的な言葉が。

「恐怖の描写ばかりに専念しても、われわれは戦争をなくすことはできないだろう。生きることの歓びと無益な死の悲惨をいくら声高に述べ立ててみても、われわれは戦争をなくすことはできないであろう。すでに数千年来、母親たちの涙については語られてきた。だが、そのような言葉が息子たちの死を阻止することはできなかったことを認めなければならない」

（『人生に意味を』）

この「大理想」の明日について、わたくしは懐疑の波濤ではげしく打ちゆさぶられている。

＊この章の「余談」——

（49）　たとえば、日本国憲法の前文に、こんな文章がある。
「日本国民は、恒久の平和を念願し、人間相互の関係を支配する崇高な理想を深く自覚するのであつて、平和を愛する諸国民の公正と信義に信頼して、われらの安全と生存を保持しようと決意した」

どう考えても翻訳調であり、すらすらと頭に入らない悪文である。これがつねに憲法議論のさいに目の仇《かたき》にされる。作家池澤夏樹《いけざわなつき》さんやハロラン芙美子《ふみこ》さんが前文の新訳を試みて、「中央公論」平成十三年十二月号に掲載された。それによって右の部分を引用してみる。まず、池澤さんの訳。

「私たち日本人はいつまでも平和を求める。世界の人々が仲よく暮らすためには高い理想は欠かせないから、私たちは常にこの理想を頭においてことを決める。この国の存続、この国の安全は、私たち同様に平和を大事にする世界の人々の正義感と信念に委ねよう」

つぎにハロランさんの訳。

「日本国民は平和が続くことを望み、人間同士の関係を司《つかさど》る高い理想を深く自覚する。そして、平和を愛する世界の人々の正義の観念と、平和存続への信念を信頼して、わが国の安全と生存を維持していくことをわれわれは決意した」

どちらにしても明快そのものであり、どうみても憲法の前文は、完全翻訳とすれば悪訳にすぎるようである。わざわざわかり難《にく》くしているのではないかと疑いたくなる。ではあるけれども、そこにこめられている「若々しい理想主義」（池澤さんの言葉）を、日本人は再確認すべきであると思う。

（50）　三月六日、憲法草案の発表をうけて、枢密院、衆議院、貴族院で議論がはじまる。五月二十二日、吉田茂内閣に代わってから、国務相金森徳次郎《かなもりとくじろう》が担当相となり、国会審議の矢面に立った。その答弁回数は一千三百六十五回に及んだというから、いかに審議がつくされたかがわかる。そして、八月二十四日、憲法草案は衆議院で採択される。投票総数四百二十九票のうち、賛成四百二十一票、反対八票（主に共産党）である。共産党の反対理由のひとつに第九条があった。これは「民族の独立を危うくする危険がある」ゆえ、というのである。さらに十月七日、貴族院も通過。総数三百票の三分の二以上の起立で可決され、十一月三日に公布された。そして施行が翌年五月三日であることは、書くまでもないことであろう。この日、各新聞の社説は口をそろえて、新憲法を礼讃したことも書きそえておく。

この施行された日の、五月三日の永井荷風日記が愉快である。

「五月三日。雨。日本新憲法今日より実施の由《よし》なり」

これは荷風が生前にみずから手を入れて発表したもの。死後の岩波全集本は違っている。

「五月初三。雨。米人の作りし日本新憲法今日より実施の由。笑う可《べ》し」

たしかにこのころの日本人は皆その内情を知っていた。中学生のわたくしでさえ存じていた。戦後の諸改革は「米人の作りし」ものならざるとなし。なにも不思議とは思わなかった。出し遅れた証文みたいに「押しつけられた」ゆえに受け入れられぬ、という近ごろの説には啞然《あぜん》とする。日本人はまさしく四月十日の総選挙によって「正しく選ばれた代表から成る国会を通じて」、この憲法を歓迎し、そして受け入れ、制定したのである。いい換えれば、事実として、日本人は圧倒的多数で民主主義と、平和主義を守り、国際社会の一員として生きていくという考え方に賛成したのである。制定過程が拙速であり、与えられたものであることに相違はこれっぱかりもない。といって、「押しつけだから」論で内容まで全否定してしまうのは、荷風さんではないが、「笑う可し」というほかはない。

あとがき

プレジデント社の阿部佳代子、今井道子、天野恵二郎の三人の編集者に囲まれて、日本国憲法成立までの物語を書いてみないか、と半ば強要的に相談をもちかけられたとき、

「その話なら、だれが書いたって同じになるよ」

と、わたくしはあっさりと答えた。

敗戦時、連合国から見れば、昭和天皇の戦争責任はあまりにも明らかであった。が、日本占領の全責を引き受けたアメリカ、とくに連合軍総司令官マッカーサー元帥は、占領政策をスムーズに遂行するためにも、天皇が必要であり、その人を戦犯として法廷に立たせることを、何があろうとも阻止したかった。そのためにも、戦後日本が侵略的でなく、民主国家であることを世界に示さねばならない。そこで、明治憲法を変え、その事実を新憲法で明文化する要があった。ところが当時の日本の為政者は小手先の誤魔化しで、これを乗り切ろうと考えている。ならばと、連合軍総司令部は自分のほうで新憲法草案を用意して、なかに世界列強が驚倒するような超平和主義条項を組み込んだ。その結果として、第九条と象徴天皇制

とがひとつのセットとなって憲法が成立した。

「……と、まずは、そういう話の運びとなる。すでに多くの書物に書かれ、新味のないことおびただしいものがある。さりとて他に書きようがない」

しかし、そんな断りで引き下がるようなら、編集者を辞めなければなるまい。三人とも例によって執拗《しつよう》である。昭和二十一年十一月三日の新憲法発布の日に、何をしていたか、どんなことを思ったか、と根掘り葉掘りに問いただす。聞いているうちに、そうか、当時十五歳であったわたくしの体験を書けばいいのか、と勝手に合点することにした。

「新憲法成立までの経緯は、もう汗牛充棟《かんぎゅうじゅうとう》で書き尽くされている。特ダネなんかはない。でも、俺がどんなふうにして戦後を生き、何を感じ何を思っていたか、それを憲法話にからませて書け、というなら、男、沓掛時次郎《くつかけときじろう》、頼まれては後へは引けぬ」

ということで、本書のもともとは雑誌「プレジデント」（月二回刊）に、二〇〇二年五月十三日号より二〇〇三年一月十三日号まで十七回にわたって連載された。ただし一回が四百字詰め原稿用紙で十八枚とあっては、書き足りないところも多々あり、単行本にするに当たってかなり加筆した。が、まがりなりにも書き上げてしまったあと、新しい話をもりこむのは構成上なかなかにむつかしい作業になる。そこで「余談」として大量に補うことにした。

それと、プロローグとエピローグの二章を新たに書き下ろした。

＊

スタートが右の次第であったので、本書が学術書や研究論文でないことをいまさら申すまでもない。歴史探偵を自称するものがとにかく史実や資料を調べに調べ、それをずらりと並べた上に、自己の体験を重ねてつくりあげた歴史読物ということになる。歴史ということでいえば、いまの若い人にとっては、あの言語を絶する飢餓も、わたくしが幼いころに古老から聞いた日本海海戦の話にひとしい遠い昔話になろうか。その点からすれば、面白く読める読物として提供することの意味もいくらかはあることであろう。これくらいの歴史常識をもっておいても無駄にはならないと思うのである。

それにしても、戦後の社会動静や憲法やＧＨＱにかんする先達《せんだつ》の書物の多いことには驚かされた。読物であるのでいちいち脚注はつけなかったが、大原康男、児島襄、古関彰一、袖井林二郎、竹前栄治、高橋史朗、田中英夫《たなかひでお》の諸先輩の書物や論文にたいそうお世話になった。それと高見順、山田風太郎両先生にも。その日記はわれわれに残された秘宝にもひとしい。参考にした文献は別に掲げたが、それぞれの著者と出版社にお礼を申し上げる。とくに断ったもののほか、若い人に読んでもらいたいと思い、引用の記事、日記などは原則的に常用漢字、新かな遣いとし、読みやすいように句読点やルビをほどこした。

月二回の雑誌連載中は編集部の今井道子さんに、本にするに際しては天野恵二郎氏に、それぞれ面倒をおかけした。とくに今井さんが毎号いちばんに読んで、「いまの日本って天与のものかと思っていましたが、そうではないことがよくわかりました」などなど、老骨激励のための感想を率直にもらしてくれたことが嬉しかった。

＊

これを書きはじめたときに、米英軍のイラクへの攻撃がはじまった。そういえば、一九九九（平成十一）年三月、「人権が国家主権を超える」という新しい戦争の定義で、NATO軍のコソボ空爆が敢行されたとき、二十一世紀が「戦争の世紀」になる可能性の大きいことを憂慮したものであった。いまその上に、潜伏したテロ組織との「新しい戦争」が加わった。アフガニスタンにつづいてイラク、さらに……。アメリカは主張する、わが国に攻撃の可能性のある危険な国にたいして予防的先制攻撃をかけ得る、と。これを認めれば、どこの国にもその権利があると認めざるを得なくなる。となれば、主権国家間の関係によって保たれる国際秩序は成立しなくなる。世界秩序が存在しなければ、国際法も存在せず、あるのはただ露骨な国家防衛だけとなる。人類がつぎに直面するのは、対テロ戦争のどろ沼である。かくてこの「新しい戦争」論のもとに、二十一世紀の地球は、あちらこちらで予防先制攻撃につぐ予防先制攻撃の連続ということになろう。これ以上に単独攻撃主義を突き進むのを抑制し、相互依存の多国間主義へと世界の国々がアメリカを導かなければ、やがて人類は滅亡する。

そしてわが日本である。基本の国家戦略をいまだうち樹《た》てないままに、「新しい戦争」を、つまり「ブッシュ戦争を支持します」とただ恰好《かっこう》つけていうのは、目をつむってテロのターゲットになることを覚悟した、ルビコン河をあっさり渡ったと同義になろう。あの日から五十七年、いまの日本の指導層の頭のなかでは、すでにして「大理想」は空華《くうげ》に化しているのであろう。非命に斃《たお》れた何百万の霊はそれを喜んでいるであろうか。

それにしても、大量破壊兵器の徹底的な除去、という当初のアメリカの戦争目的は、イラクの軍事独裁政権を壊滅させ、あとに自由で、民主的な国を建設する、いつの間にかそう変わったが、よっぽど日本民主化の歴史的占領体験に自信をもっているのであろう。しかも、その方式プラス外資導入によるイラク復興という強引な図式も描いているのではないか。日本のときと同じように反米ナショナリズムの惹起《じやつき》や、「植民地化」の非難を避けながらも、こんどは米国資本の進出を計っている意図が濃厚のようである。またまた永井荷風をもちだす失敬を許してもらえば、「笑う可し」というほかはない。

二〇〇三年三月二十日米英軍のイラク攻撃開始の日

主要参考文献（本文で明示したものは一部除いてある）

芦田均『芦田均日記』第一巻　岩波書店
入江相政『入江相政日記』第二巻　朝日新聞社
宇垣一成『宇垣一成日記』3　みすず書房
内田百閒『東京焼尽』　講談社
海野十三『海野十三敗戦日記』　講談社
大佛次郎『大佛次郎敗戦日記』　草思社
大佐古一郎『広島昭和二十年』　中央公論社
岡本潤『時代の底から——岡本潤戦中戦後日記』　風媒社
木戸幸一『木戸幸一日記』下巻　東京大学出版会
木下道雄『側近日誌』ならびに同書の高橋紘「解説」　文藝春秋
小林一三『小林一三日記』第二巻　阪急電鉄ＫＫ
斎藤茂吉『斎藤茂吉全集』第三十二巻　岩波書店
高松宮宣仁親王『高松宮日記』第八巻　中央公論社
高見順『高見順日記』第五巻・第六巻　勁草書房

徳川義寛『徳川義寛終戦日記』 朝日新聞社
富永次郎『失われた季節』 角川書店
中井英夫『黒鳥館戦後日記』 立風書房
永井荷風『断腸亭日乗』第五巻・第六巻 岩波書店
永井健児『あゝ国民学校』 朝日新聞社
野田宇太郎『桐後亭日録』 ぺりかん社
東久邇稔彦『東久邇日記』 徳間書店
福原麟太郎『かの年月』 吾妻書房
細川護貞『細川日記』 中央公論社
山田風太郎『戦中派不戦日記』 番町書房
山田風太郎『戦中派焼け跡日記』 小学館
渡辺一夫『渡辺一夫敗戦日記』 博文館新社

Iの会・伊藤一男編『たえがたき・を・たえ』 PMC出版
青木一男『聖山随想』 日本経済新聞社
猪野健治編『東京闇市興亡史』 草風社
石田健夫『敗戦国民の精神史』 藤原書店
磯田光一『戦後史の空間』 新潮社

大嶽秀夫編『戦後日本防衛問題資料集』 三一書房
小熊英二『〈民主〉と〈愛国〉』 新曜社
山田宗睦・尾崎秀樹『戦後生活文化史』 弘文堂新社
加藤典洋『敗戦後論』 講談社
亀井勝一郎『現代人の研究』 角川書店
児島襄『史録日本国憲法』 文藝春秋
古関彰一『新憲法の誕生』 中央公論社
佐藤達夫『日本国憲法成立史』第一〜第三巻 有斐閣
相良竜介編『ドキュメント昭和史』第六巻 平凡社
塩田潮『日本国憲法をつくった男』 文藝春秋
幣原平和財団編『幣原喜重郎』 幣原平和財団
週刊新潮編集部『マッカーサーの日本』 新潮社
杉原泰雄『資料で読む日本国憲法』上下 岩波書店
鈴木昭典『日本国憲法を生んだ密室の九日間』 創元社
住本利男『占領秘録』 毎日新聞社
袖井林二郎『マッカーサーの二千日』 中央公論社
袖井林二郎『拝啓マッカーサー元帥様』 大月書店
高柳賢三・大友一郎・田中英夫編著『日本国憲法制定の過程』 有斐閣

武田清子『天皇観の相剋』岩波書店
竹前栄治『占領戦後史』『ＧＨＱ』ともに岩波書店
立野信之『日本占領』正続　講談社
田中英夫『憲法制定過程覚え書』有斐閣
玉川一郎『たべもの世相史・東京』毎日新聞社
鶴見俊輔編著『日本の百年』第二巻　筑摩書房
戸川猪佐武『戦後風俗史』雪華社
中島健蔵『回想の文学』５　平凡社
秦郁彦『裕仁天皇五つの決断』講談社
藤倉修一『マイク余談』隆文堂
藤田尚徳『侍従長の回想』講談社
村山有『終戦のころ』時事通信社
山岡明『庶民の戦後』生活編・風俗編　太平出版社
山極晃・中村政則編『資料日本占領１天皇制』大月書店

チャールズ・ウィロビー『知られざる日本占領』番町書房
ジョン・ガンサー『マッカーサーの謎』時事通信社
ピーター・キャリシャー『われわれは来た・そして見た』子供マンガ新聞社

主要参考文献

ア・クルガノフ『日本にいるアメリカ人』　五月書房
マーク・ゲイン『ニッポン日記』　筑摩書房
セオドア・コーエン『日本占領革命』上下　TBSブリタニカ
ウィリアム・J・シーボルト『日本占領外交の回想』　朝日新聞社
ハワード・ハンドルマン『日本に吹く三つの風』　読売新聞社
ラッセル・ブラインズ『マッカーサーズ・ジャパン』　朝日ソノラマ
マージェリー・F・ブラウン『垣根越し』　日本出版協同
イ・ポルタフスキー、ア・ヴァーシン『占領下の日本』　蒼樹社
ダグラス・マッカーサー『マッカーサー回想記』　朝日新聞社
ウィリアム・マンチェスター『ダグラス・マッカーサー』上下　河出書房新社

犬丸徹三「マッカーサーの東京見物」「文藝春秋」昭和四十二年十月号
大原康男「マッカーサーの『詔書』」「VOICE」昭和六十三年九月号
佐藤功「平和憲法を作った力と守る力」「世界」昭和二十六年十一月号
幣原道太郎「憲法第九条を強要された父・幣原喜重郎の悲劇」「週刊文春」昭和五十六年三月二十六日号
高橋史朗「アメリカは天皇をどう見たか」「VOICE」昭和六十一年五月号
田中知之「八重の潮路の果てに」「世界の艦船」平成十四年五月号

豊下楢彦「天皇は何を語ったか」「世界」平成二年二月号
涌井昭治「喜びも悲しみも数寄屋橋」「文藝春秋臨時増刊」昭和四十六年九月号

解説

梯《かけはし》 久美子《くみこ》（ノンフィクション作家）

日本国憲法について書かれた書物は数多《あまた》あるが、こんなにも人間くさく、ドラマチックな本をほかに知らない。

あっというまに最後のページにたどりつき、ああ面白かったと本を閉じると、頭の中にたくさんの声が反響している。敗戦という未曾有の経験を生きた人たちの声だ。

本書の縦軸となっているのは、日本国憲法が成立するまでの過程である。敗戦の日、昭和二十年八月十五日から、翌二十一年三月六日までの二百三日間。三月六日は、日本政府が臨時閣議をひらき、主権在民・天皇象徴・戦争放棄をふくむ「憲法改正草案要綱」を決定、詔勅とともに国民に発表した日だ。

しかし著者の半藤一利氏は、この二百三日間の歴史的事実をただ追いかけるだけではない。その間に日本人が発した数かぎりない声――それは半藤氏が小耳にはさんだ電車内の会話から、新聞の投書欄、闇市の看板の文句、街頭録音の発言、文士の日記など、実に多岐にわたる——を拾い上げ、それらをたくみに織り込んで、終戦直後の日本の姿を活写してみせる。
本書から聞こえてくるのは、この時代を描いた書物につきものの悲壮な声だけではない。呑気な声、けちくさい声、捨てばちな声、前向きな声、消沈した声、取りつくろう声——。あらゆる年代・階層の人々の、さまざまな思いにいろどられた声である。
「わが国の英霊は、靖国神社本殿の上空、三〇メートルほどの辺りを舞っておられるのであります」（靖国神社の宮司）
「天皇陛下が神様でないことは前から知っていましたよ」（アメリカの新聞記者に天皇のいわゆる人間宣言の感想を聞かれた人）
「主任さんに聞いてから返事します」（NHKラジオ『街頭録音』で「今度の戦争をどう思いますか」と聞かれた人）
「天皇陛下をさいばんしてはいけません。／天皇陛下にせきにんはありません」（マッカーサーにあてた小学生の手紙）
「〽男なら　男なら／何をいつまで未練じゃないか／敗けた戦争の責任負って／官吏代議士みなやめろ　ハハ、のんきだねエー」（石田一松の歌う『のんき節』）
「消費者の最も買い良い民主自由市場」（新橋の闇市に、テキヤの松田組が掲げた看板）
「漢字を廃止するとき、われわれの脳中に存在する封建意識の掃蕩《そうとう》が促進され、あのてきぱきしたアメリカ式能率にはじめて追随しうるのである。文化国家の建設も民主政治の確立も漢字の廃止と簡単な音標文字（ローマ字）の採用に基く国民知的水準の昂揚《こうよう》によって促進されねばならぬ」（昭和二十年十一月十三日付読売報知新聞社説）

きりがないのでこのへんにしておくが、正史には残らないであろう名言あるいは迷言が、これでもかというくらい登場する。読んでいるだけで面白いが、このなんともいえないアナーキーさは、戦争も占領も終わってから生まれたわたしのような世代の人間にとっては衝撃的でもある。こうしたリアルな時代の声を背景に、日本国憲法が紆余曲折を経て誕生するまでが語られているところに、本書のユニークさがある。

それにしても、半藤氏による〝引用の妙〟には目を見張らされる。敗戦直後の世相についてのおびただしい資料から、意外な話、納得させられる話、馬鹿馬鹿しい話、胸打たれる話を、自由自在に引いてくる。そして、それらを単につなぎあわせるのではなく、無数の人間ドラマを織り込んだ時代という大きなタペストリーに仕立て、読者の眼前にあざやかに広げてみせる。

このタペストリーの太く強靭な縦糸は、歴史の流れを見通す透徹したまなざしによって紡がれている。そして無数の横糸は、人生の機微に通じ、市井の喜怒哀楽をていねいにすくいとる指先が撚《よ》りあわせたものである。

怜悧《れいり》な目と、熟《こな》れた手――半藤一利という昭和史研究家にして作家のもつふたつの特質が、この一冊に、端的にあらわれているとわたしは思う。だから憲法という硬いテーマを描きながら、本書はかぎりなく面白く、ときどきやたらと切ないのである。

ＧＨＱ、政治家、皇室、思想家……。憲法の成立を描いた書物では、おおむね以上のような人々の動きを叙述し、それでよしとする。しかし本書は違う。有名無名とりまぜて、人々がこの時期どう生きていたか、その人生の断片を、ずらりと並べて見せてくれる。たとえば昭和二十年十月を描いた第七章と八章を見てみよう。

この月、マッカーサーが近衛文麿《このえふみまろ》に憲法改正を示唆している。直後、東久邇《ひがしくに》内閣が総辞職、幣原喜重郎《しではらきじゅうろう》を首相とする内閣が成立した。草案作りは自分の仕事と信じた近衛が動き出す一方で、新内閣の国務大臣の松本烝治《まつもとじょうじ》が、憲法改正は国務であるとして「憲法問題調査委員会」を設置する。

同じ月に何があったか。

新聞に天皇制廃止説が初めて載る。聯合艦隊が解隊し、陸海軍の復員が終了する。共産党の徳田球一らが釈放され、再起の大会で「朝鮮人民共和政府万歳、日本人民共和政府万歳」を叫ぶ。そのあと進駐軍司令部の前で「マッカーサー万歳」を、徳田の発声で三唱し解散。十五歳の半藤少年が疎開していた新潟県の寒村では、赤旗を立て天皇制打倒、大地主打倒を叫ぶ人が突如あらわれる。戦争中は鬼畜米英の旗振りを先頭に立ってやっていた人だった。

東京では銀座通りに灯がともり、料亭やバーがあいついでオープンする。フィリピンから進駐してきたばかりのGIは、日本人の勤勉さに驚嘆し「負けた連中のほうが、ずっとまともなことをやっている」と本国へ書き送った。

東京の私立上野高等女学校の四年生が、自分たちの汗の結晶である学校農園を理事長が私ししていること、尊敬する先生が復員余剰でクビになったことなどを理由に大々的なストライキに入る。半藤少年が通う田舎の中学校ではこのニュースに仰天、熱狂し「どんげんことしても、俺たちもやるこてね」「女学校ごときに負けられねえしのお」という騒ぎになる。

「リンゴの唄」を主題歌とする松竹映画『そよかぜ』が封切られる。この歌で一世を風靡《ふうび》した並木路子は、三月十日の東京大空襲で火に追われて隅田川に飛びこみ、危うくおぼれるところを救助された。映画公開からわずか七カ月前のことである。一緒に飛びこんだ母親は遺体となって浮かび、父は南方で殉職、次兄は千島列島で戦死。作曲家の万城目正《まんじょうめただし》は「並木君、君に明るく歌えというのはつらいのだが……」といったという。

このころの半藤少年は、ひたすら腹を空《す》かし、初めて読んだ夏目漱石の『吾輩は猫である』に出てくるトチメンボーをはじめとするさまざまな食べものに舌なめずりし、ゆえ知らない悲しさに襲われたという。よく知られているように、長じてのちの半藤少年は、漱石の孫にあたる女性と結婚する。やがて義理の祖父となる文豪の代表作との出会いがこれだとは、なんともおかしく切ない。同時に、ああそんな時代だったんだねと、腹っぺらしの半藤少年に寄り添いたくなる。

わたしがこの本を好きな最大の理由が、実はここにある。半藤少年の〝十五歳の目〟である。

この本は、半藤少年が体験した昭和二十年三月十日の東京大空襲からはじまっている。〝日本国憲法の二〇〇日〟は、戦争の終った八月十五日を起点とする。それでもあえて、空襲の日から書きおこしたのは、それが、半藤少年が〝目〟を獲得した日だったからではないだろうか。

半藤氏が本書で初めてくわしく描写したという空襲の日の光景は、抑えた筆致にかえって悲しみと憤りがにじむ。わが家の焼け跡に立って、半藤少年は、ただひとつのことを思ったという。これからは「絶対」という言葉を使うまい、と。

――絶対に正義は勝つ。絶対に日本は正しい。絶対に日本は負けない。絶対にわが家は焼けない。絶対に焼夷弾は消せる。絶対に俺は人を殺さない。絶対に……と、どのくらいまわりに絶対があり、その絶対を信じていたことか。それが虚《むな》しい、自分勝手な信念であることかを、このあっけらかんとした焼け跡が思いしらせてくれた。俺が死なないですんだのも偶然なら、生きていることだって偶然にすぎないではないか。中学生の浅知恵であろうかもしれない。でも、いらい、わたくしは「絶対」という言葉を口にも筆にもしたことはない。（「プロローグ」より）

これは歴史家が歴史を見るときの発想である。深い傷とひきかえに、半藤少年はこのとき、十五歳にして歴史家の目を獲得したのだ。そしてその目でもって、敗戦から憲法成立までを見つめ続けた。

八月十五日、玉音放送を聞きながら、半藤少年は天皇の朗読の奇妙な抑揚に、東京・下町の算盤《そろばん》塾での先生の読み上げを連想し、クスリとなる。ゆっくりと抑揚をつけた「ご破算で願いましては……」という調子がよみがえり、とうとうわが大日本帝国もごはさんになったんだな、と思うのである。この醒《さ》めた目。

しかし、醒めた目をもてば心までクールになるとは限らない。やわらかく熱い心を半藤少年が持ちつづけたことも、本書を読めばよくわかる。

昭和二十一年三月六日に発表された新憲法の政府草案、その戦争放棄の条項に、半藤少年は、武者震いが出るほど感動する。東京の焼け跡で見た数かぎりない焼死者の死を無意味にしないために有意義なことだと信じたのである。そんな彼を父は「馬鹿か、お前は。人類が存するかぎり、戦争がなくなるはずはない。そのためには人間がみんな神様にならなきゃならん」と嘲笑したという。大学生だった山田風太郎の日記には「新憲法制定さる。戦争は永遠に放棄。痴人のたわごと」とある。

あのとき日本国憲法がかかげた理想は、いま、そしてこれからもはたして有効なのか。半藤氏は「わたくしは懐疑の波濤《はとう》ではげしく打ちゆさぶられている」と書く。

経験ゆえにいまもゆさぶられている半藤氏と違って、わたしはといえば、経験がないゆえに揺れている。それは「懐疑の波濤ではげしく」などというものではなく、強い風が吹いたときだけ、ブーラ、ブーラと頼りなく揺れる無人のブランコのようなものだ。なんとも情けなく格好悪いが、これが高度成長期に生を受けたわが世代というものか。

しかし〝人間の顔の見える敗戦後史〟ともいうべき本書を読んで、わたしたち戦争を知らない世代も、もうすこしだけ強くゆさぶられてみる必要があるのではないかと思った。

いまと未来ばかり見ていても、進むべき道が見えてこないことがある。それぞれの時代を生きた人たちの、過去からの声に耳を傾けるところからはじめるのもいいのではないだろうか。

本書は、二〇〇三年五月にプレジデント社より刊行され、二〇〇八年四月に文春文庫化された『日本国憲法の二〇〇日』を新書化したものです。

底本には文春文庫版初版を使用しました。

新書化にあたり、著作権継承者のご了解を得て、原本の誤記誤植を正し、新たにルビを付しました。

半藤一利（はんどう・かずとし）
1930年、東京都生まれ。作家。東京大学文学部卒業後、文藝春秋新社（現・文藝春秋）へ入社。「週刊文春」「文藝春秋」編集長、専務取締役を歴任。著書に『日本のいちばん長い日』、『漱石先生ぞな、もし』（新田次郎文学賞）、『ノモンハンの夏』（山本七平賞、以上文藝春秋）、『昭和史 1926-1945』『昭和史 戦後篇 1945-1989』（毎日出版文化賞特別賞）、『墨子よみがえる』（以上平凡社）など多数。2015年菊池寛賞受賞。2021年1月逝去。

日本国憲法《にほんこくけんぽう》の二〇〇日《にひゃくにち》

半藤一利《はんどうかずとし》

2024年 4月 10日 初版発行

◇◇◇

発行者 山下直久
発 行 株式会社KADOKAWA
〒102-8177 東京都千代田区富士見2-13-3
電話 0570-002-301(ナビダイヤル)

装 丁 者 緒方修一（ラーフイン・ワークショップ）
ロゴデザイン good design company
オビデザイン Zapp! 白金正之
印 刷 所 株式会社暁印刷
製 本 所 本間製本株式会社

角川新書
© Kazutoshi Hando 2003, 2008, 2024 Printed in Japan ISBN978-4-04-082496-3 C0221